JN087364

ACCOUNTING HISTORY

会計のヒストリー80

野口昌良・清水泰洋・中村恒彦
Noguchi Masayoshi　　Shimizu Yasuhiro　　Nakamura Tsunehiko

本間正人・北浦貴士
Honma Masato　　Kitaura Takashi

［編］

80
EPISODE

中央経済社

刊行にあたって

　本書は，日本会計史学会のスタディグループ研究から生まれたものです。「簿記論・会計学講義で語るべき会計史」と題する研究は，2015年10月から17年10月までの2年間にわたって行われ，その後，その成果がまとめられて本書に結実することとなりました。本研究の目的は，タイトルにあるように会計教育において会計史の情報がどのように提供されるべきかを明らかにし，講義において利用可能な教材を提案することにありました。日本の大学の会計教育において，会計史の講義科目は必ずしも多くは開設されておらず，また，会計科目の中で会計史情報が語られる度合いも少ないように思われます。隣接する経済学や経営学に比べて，残念ながら会計学における歴史研究・教育の取組みは弱いと言わざるをえません。

　社会科学における学問が深化し成熟していくには，歴史研究が重要であるとかねがね考えていますが，その点では会計学はいまだ途上にあると言わねばなりません。会計学は実践的な側面の強い学問ですが，その実践も歴史の中で生まれ変化し続けています。実践の意味を理解するには，それを相対化しうる理論や歴史についての認識が求められるのではないか。理論の発展も歴史的知見を必要とするのではないか。歴史（ヒストリア）という言葉は古代ギリシアでは「調べて得られる知」を意味したという。「知」は歴史を知ることによって形成されるのです。

　そうした視点から本書は編まれたが，当初の目的である教材の提供という以上に魅力的な書物になっています。1つのテーマが数ページのコンパクトな叙述で述べられており，全体は67のテーマ，13のコラムで構成されています。そのすべてに会計史研究の成果が組み込まれているのが特徴です。関心のあるテーマを探す事典のような使い方ができますが，読み進むと財務会計，管理会計，監査の領域の主要な知識を学べるように系統立てられており，テキスト教材としての使い方もできるのが類書にない特徴です。本書は，学生や社会人を問わず，会計を学ぶすべての初学者に向けられていますが，多くの会計研究者に対しても会計史研究の意義を伝え学問的刺激を与える書物になっていると確信しています。

　本書は，日本の会計史学の到達点を示す研究成果であり，本書を契機に会計史研究・教育がさらに発展していくことを願っています。

前・日本会計史学会長

小栗　崇資

はじめに

◆本書のねらい

　本書のねらいは大きく2つあります。1つは、**会計に対する「なぜ」という素朴な疑問に答えること**です。「簿記ほど学ばれずして嫌われる学問はない」と述べた会計史研究者がいます。これは簿記検定を思い浮かべてみればわかります。一定の水準に達するまでは、仕訳のルールや制度の条文などを丸暗記したほうが点数をとりやすく、短期間で試験に合格しやすい。そのため、借方・貸方の意味や仕入・繰越商品の決算整理仕訳などにはいっさい疑問をもたず、一心不乱に覚え続けたほうが高度資格試験合格に達するまでは早いかもしれません。しかし、この学習法では、簿記に素朴な疑問をもつような人たちが簿記嫌いになってしまい、仕訳や制度の歴史的経緯を後回しにする人たちが会計専門家になってしまいます。そこで、本書は、会計好きの人たちが現在の仕組みがどのようにできあがってきたかということを歴史から学ぶことをねらいにしています。

　もう1つは、**歴史（日本史・世界史とも）に関心を寄せる人たちに応えたいからです**。これは、文学・歴史・映画・ドラマなどのメディア作品を考えてみればわかります。たとえば、「武士の家計簿」「「忠臣蔵」の決算書」などにみられるように、歴史研究者が江戸時代の勘定書を研究した成果を新書として発行し、それらから映画作品が作られて話題になっています。すなわち、歴史好きな人たちは「会計」に強い関心を寄せています。ただし、彼らが「会計学」に関心があるかどうかは別問題です。なぜなら、会計学といえば、資格や制度の話ばかりで物語（ストーリー）がありません。そこで、本書は、歴史好きな人たちが、歴史のエピソードを通じて会計技術・記帳方法・技法に関心をもってもらうことをねらいにしています。

◆本書の読み方

　このように、本書のねらいは、会計好きと歴史好きの相互交流を促進することにありますので、2つの読み方ができるよう工夫しました。

　1つは、**歴史のダイナミズムを楽しむ**ことです。たとえば、日本では江戸時代の武士が家計簿をつけていたころ、オランダ東インド会社の長崎商館ではすでに本支店会計を備えた複式簿記が採用されていた、イギリスではスコットランドの会計士が銀行の倒産にともなう破産業務の仕事をこなすことから専門家として成立していたなどです。実は、歴史上の大きな出来事と、会計技術・記帳方法・技法の歴史とは無関係ではないのです。一見、無関係にみえる事象が実は密接に結びついている様子を発見してゆくことは学びの喜びになることでしょう。

　もう1つは、**会計の歴史を通して会計技術・記帳方法・技法に関する知識を深く掘り下げ**

ることです。たとえば，減価償却と取替法と減損といった，固定資産を費用にすることなのに，制度や計算の仕組みが少し異なる場合があります。減価償却と取替法と減損の違いは，それぞれの歴史的経緯を紐解いてみれば理解がより深まるでしょう。減価償却と取替法は，19世紀のイギリス鉄道会社に関連していますが，減損は1970年代アメリカの石油危機に関連して始まっていることがわかるでしょう。このように，仕訳のルールや制度の条文を丸覚えするだけではわからない事情を歴史的経緯から学ぶことができます。

　このように，本書は，会計好きと歴史好きが会計史に興味関心をもってもらえるように企画されました。ここでは本書の読み方の一例をご紹介しましたが，ほかの読み方もみつけることができるでしょう。読者の方々が本書から少しでも学びを見いだすことを切に願っています。

◆謝辞

　本書は，2015年の日本会計史学会第34回全国大会（於大阪経済大学）総会において設置が承認されたスタディ・グループ「簿記論・会計学講義で語るべき会計史」の研究成果に基づき作成された会計史教材です。教材開発にあたっては，伝統的な歴史的記述だけでなく，最新のトピックにかかわる現代史も包有するよう努めるとともに，日本会計史学会の会員だけにとどまらず，会計学・経営学等を専門とする研究者にも依頼することとなりました。執筆にあたっては，歴史的背景を説明するだけでなく，テーマそのものの説明も組み込み，見開き2～6ページ程度の体裁をとっています。

　こうして，今日，「会計のヒストリー」総計80テーマ（簿記・財務会計領域33テーマ，管理会計領域20テーマ，監査領域14テーマ，コラム13項目）に関する教材を出版する段階にいたっています。出版に際しては，日本会計史学会から多大な支援を受けるとともに，会員外の研究者からも執筆協力を仰ぐかたちとなりました。また，広島経済大学の角裕太先生には，調査・執筆・校正にいたるまでかなりの協力をいただくことになりました。さらに，中央経済社の田邉一正氏には，出版にいたるまでの長い道程に根気強く付き合っていただきました。この場をかりて，深くお礼を申し上げます。

　2020年2月

編者を代表して

中村　恒彦

目　　次

第 1 部　簿記・財務会計

1　簿記・会計の起源─勘定の生成・2

2　複式簿記の起源─帳簿組織の生成・6

3　15世紀に至るまでの簿記の生成・10

4　ネーデルラントの簿記書とオランダ東インド会社・12

5　イギリスへの複式簿記の伝播と展開─理論と実践・14

6　簿記から会計へ・16

7　日本への簿記の伝播─簿記はいつ日本に伝わり，どのように制度化されたのか？・20

　　コラム1　日本の簿記書・23

8　製本簿からコンピュータへ・24

　　コラム2　XBRL GL・27

9　商法会計制度の展開（17世紀～）・28

10　20世紀初頭の会計・32

11　企業会計原則・34

　　コラム3　Instruction・37

12　国際会計基準の生成・38

13　国際会計基準の歴史─比較可能性プロジェクトとコア・スタンダード・40

14　国際財務報告基準の台頭・42

15　概念フレームワーク（conceptual framework）・44

16　連結財務諸表・46

　　コラム4　わが国における連結財務諸表制度の確立・48

　　コラム5　非営利組織会計の歴史的展開・49

17　キャッシュフロー計算書・50

18　株主資本等変動計算書導入の歴史的背景・54

19　資産負債アプローチと収益費用アプローチ・56

20　包括利益計算書導入の歴史的背景・58

21　資産評価（基準）・60

22　収益認識・62

23　商品勘定の歴史・64

24　減価償却・66

　　コラム6　日本における減価償却・69

25　減損会計・70

26　リース会計・72

27　のれん・76

28　研究開発費・78

29　税効果会計・80

30　純資産・82

31　株主資本・86

32　自己株式・90

33　ストック・オプション・93

　　コラム7　農業簿記・96

第2部　管理会計

34　アメリカ管理会計史・98

35　業績評価におけるコントロール・チャート・104

36　ドイツにおける原価計算の歴史的展開・106

37　日本における管理会計実務（1920年代から50年代）・108

38　「原価計算基準」はいかにして制定されたか・112

　　コラム8　命を懸けた会計学者たち・115

39　CSRと会計の歴史的展開・116

40　直接原価計算の誕生と展開・発展・118

41　標準原価計算の誕生と展開・120

42　設備投資意思決定の誕生から展開，発展について・122

43　品質原価計算・124

44　原価企画―原価企画の誕生から展開，発展について・126

　　コラム9　造船業の原価企画・129

45　ABC（ABM，ABBを含む）・130

46　研究開発費管理・132

47　ライフサイクル・コスティングの誕生と展開・134

コラム10 ドイツのプロセス原価計算（Prozeßkostenrechnung）・137

48 業績管理会計の生成と発展・138

49 アメーバ経営の生成と発展・140

50 環境管理会計・142

51 マテリアルフローコスト会計・144

52 バランスト・スコアカード・146

53 インタンジブルズ・148

コラム11 北米の鉄道会社における経営分析・150

第3部 監 査

54 スコットランドにおける会計プロフェッションと会計士監査制度の成立・152

コラム12 戦前日本における英国勅許会計士と電力外債・155

55 会計士監査制度の歴史（英国と米国）・156

56 日本の会計士制度・158

コラム13 日本の計理士制度の形成・161

57 公認会計士法・162

58 監査基準・164

59 監査法人制度・166

60 監査人の職業的懐疑心（監査人の責任）・168

61 リスク・アプローチ・170

62 監査手続─実証手続・分析的手続・その他各種手続・174

63 継続企業の前提に関する監査・176

64 継続企業の前提に関わる監査─津島毛糸紡績株式会社の1961年12月期の監査報告書に注目して・178

65 不正リスク対応・182

66 監査意見・184

67 内部統制監査・186

◆執筆者一覧 （50音順：2020年4月1日現在）

安藤　英義	一橋大学名誉教授・専修大学名誉教授
足立　　浩	日本福祉大学名誉教授
飯野　幸江	嘉悦大学教授
石川　　業	小樽商科大学准教授
石川　純治	大阪市立大学名誉教授
石原　裕也	専修大学教授
伊藤　和憲	専修大学教授
今村　　聡	北海学園大学教授
潮　　清孝	中央大学准教授
薄井　　彰	早稲田大学教授
岡嶋　　慶	拓殖大学教授
岡野　憲治	松山大学名誉教授
小津稚加子	九州大学准教授
梶原　太一	高知県立大学准教授
春日部光紀	北海道大学准教授
上總　康行	京都大学名誉教授
片岡　泰彦	大東文化大学元教授
河合　隆治	同志社大学教授
北浦　貴士	明治学院大学准教授
久保　淳司	北海道大学教授
倉田　幸路	立教大学名誉教授
桑原　正行	駒澤大学教授
髙梠　真一	久留米大学教授
坂上　　学	法政大学教授
坂柳　　明	小樽商科大学教授
櫻井　通晴	専修大学名誉教授
佐々木重人	専修大学教授
澤登　千恵	大阪産業大学教授
篠田　朝也	北海道大学准教授
清水　泰洋	神戸大学教授
杉田　武志	大阪経済大学教授
高須　教夫	兵庫県立大学名誉教授
高橋　　賢	横浜国立大学教授
田坂　　公	福岡大学教授
千代田邦夫	立命館大学大学院客員教授
辻川　尚起	兵庫県立大学准教授
津村　怜花	尾道市立大学准教授
戸田　龍介	神奈川大学教授
友岡　　賛	慶應義塾大学教授

中嶌　道靖	関西大学教授
中溝　晃介	松山大学准教授
中村　将人	中京大学准教授
中野　常男	国士舘大学教授・神戸大学名誉教授
長野　史麻	明治大学准教授
橋本　武久	京都産業大学教授
橋本　寿哉	大東文化大学経営研究所客員研究員
原　　征士	法政大学名誉教授
原　　俊雄	横浜国立大学教授
檜山　　純	札幌学院大学准教授
平野由美子	会計事務所勤務
菱山　　淳	専修大学教授
福島　一矩	中央大学准教授
藤川　義雄	京都先端科学大学教授
藤野　雅史	日本大学教授
二村　雅子	大阪産業大学教授
本間　正人	海上自衛隊下総航空基地隊
町田　祥弘	青山学院大学教授
松本　祥尚	関西大学教授
三原　武俊	公認会計士
宮地　晃輔	長崎県立大学教授
藻利　衣恵	高崎経済大学准教授
森本　和義	羽衣国際大学教授
諸井勝之助	東京大学名誉教授・青山学院大学名誉教授
矢野　沙織	西日本短期大学准教授
山口不二夫	明治大学教授
山下　修平	秀明大学准教授
山田ひとみ	聖学院大学助教
山田　康裕	立教大学教授
渡邉　　泉	大阪経済大学名誉教授

◆編集委員会

野口　昌良	東京都立大学教授
清水　泰洋	
中村　恒彦	桃山学院大学教授
本間　正人	
北浦　貴士	

第 1 部

簿記・財務会計

簿記・会計の起源―勘定の生成

1 勘定とは

　「勘定」とは，会計の基礎をなす複式簿記における記録，集計の単位である。そもそも，複式簿記とは，勘定による分類記録方式であるといえる。複式簿記は，地中海交易の興隆を端緒に発展を遂げた中世後期のイタリア諸都市における商業実践の中から生成したと考えられているが，ドイツの経済史家ヴェルナー・ゾンバルト（1863-1941年）は，その著書の組織的簿記の歴史的発展に関する議論において，新約聖書にある「はじめに言葉ありき」という文言になぞらえて，「はじめに勘定ありき」と書いている。勘定なくしては，複式簿記も，会計もあり得なかったというのである。

　複式簿記は，記録の対象となる経済事象，すなわち「取引」を，二面的に捉える記録方式であるが，取引の原因と結果を正しく示すような勘定の組み合わせによって記録されなければならない。こうした一定のルールの下で記録された諸勘定の残高を集計して，最終的に，貸借対照表と損益計算書が，有機的な連携をもって作成されることになる。会計とは，このように巧妙に作り上げられた複式簿記の仕組みによって成り立っているといえるが，以上のようなことが実現されるには，勘定の体系があらかじめ整備されていなければならないことが理解できるであろう。

　勘定は，一般的には，資産，負債，資本，収益，費用の5つのカテゴリーに分類される。これらがすべて揃って，初めて記帳方式としての複式簿記が成り立つことになるが，最初からすべてが出揃っていたわけではなかった。中世イタリア商人達が試行錯誤を繰り返す中で，勘定の体系が整えられていったのである。同時に，今日見られるような勘定の記帳形式も生み出されるに至った。こうした変遷は，複式簿記が完成されるまでの過程そのものでもあったということができる。

2 人名勘定の生成

　歴史的に見て，会計的な記録は，備忘目的で始められたと考えられる。特に，他者に対する債権債務の文書証拠として発展した。

　中世後期イタリアにおいて商業活動が活発化した11～12世紀頃，あらゆる商取引は，公証人によってその内容が文書化され，証人立会いのもとで当事者同士が合意，署名することで契約として成立した。資金の貸借も当然その対象であったが，銀行業が発展し，同じような取引が繰り返し大量に行われる中で，いちいち公証人に形式的な文書の作成を依頼して取引を実行することが困難になっていった。そこで，商人自らが帳簿を設け，そこに一件ごとの取引を記録するようになったと考えられる。

　記録は，公証人文書の形式にならって，記帳者（企業主）の立場からではなく，第三者の立場から，取引相手を主語とした三人称の文章形式で行われた。たとえば，A氏に資金を貸し付けた際には，「A氏は，○○リラを（借りたので）支払うべし」，B氏から資金を借り入れた際には，「B氏は，××リラを（貸したので）受け取るべし」のように記録したのである（当時は，負債と資本の厳密な区別がなく，B氏から出資を受けた場合も同様に記録）。「借方」，「貸方」という用語の元々の意味はここにある。すなわち，「借方」は勘定主（すなわち，取引相手）の借りを意味し，「貸方」は勘定主の貸しを意味するのである。

　こうした記録は，取引量が増大する中で，帳簿内に取引相手ごとの専用のページが設けられ，ここに貸付も回収も，借入も返済も（そして出

資も），すべてまとめて行われるようになった。現存する最古の会計帳簿として知られる1211年に記録されたフィレンツェの一銀行家の帳簿には，取引相手ごとに資金貸借が発生順に記録されており，こうした記録方法が勘定の始まりになったと考えられる。すなわち，勘定は，取引相手別の名前を冠した「人名勘定」として生成したのである。

3 勘定を用いた複式記入の始まり

　中世イタリアにおいて銀行業が発展したのは，資金決済や債権債務の相殺が，銀行家の帳簿上で可能になり，現金を必要としなくなったことが大きいと考えられる。

　たとえば，ある商人が他の商人に対して何らかの支払いの必要がある場合，その相手とともに資金を預けた銀行家のもとに赴き，自らの口座から相手方の口座に支払額相当を振り替えるように口頭で依頼し，銀行家が自らの帳簿上で振替記入を行うと，これで決済が完了したのである。

　この時，銀行家の帳簿上では，一方の商人に対する貸付と他方の商人からの借入という形で2回の記入が行われた。こうした処理が，1つの取引を2つの勘定を用いて，すなわち二面的に（複式で）記録することの始まりになったと考えられる。

4 勘定形式の確立

　取引相手別の債権債務を記録するために生成した人名勘定は，当初，発生順に取引が記録されていたが，取引が繰り返される中で，その顧客との債権債務関係がどのようになっているかが把握されにくいという問題が生じてきた。こうした問題を解決するために，ページの上段から貸付だけを連続して記入し，スペースを空けて中段から下段にかけて借入（あるいは回収）だけを記録するような工夫がみられた。

　しかし，それでもまだわかりにくいことから，見開きページの左側に貸付（あるいは返済）を，右側に借入（あるいは回収）を記入することで債権と債務を対照できるような記入方法が発案

図表1■勘定記帳形式の確立 ─人名勘定（A氏勘定）を例に─

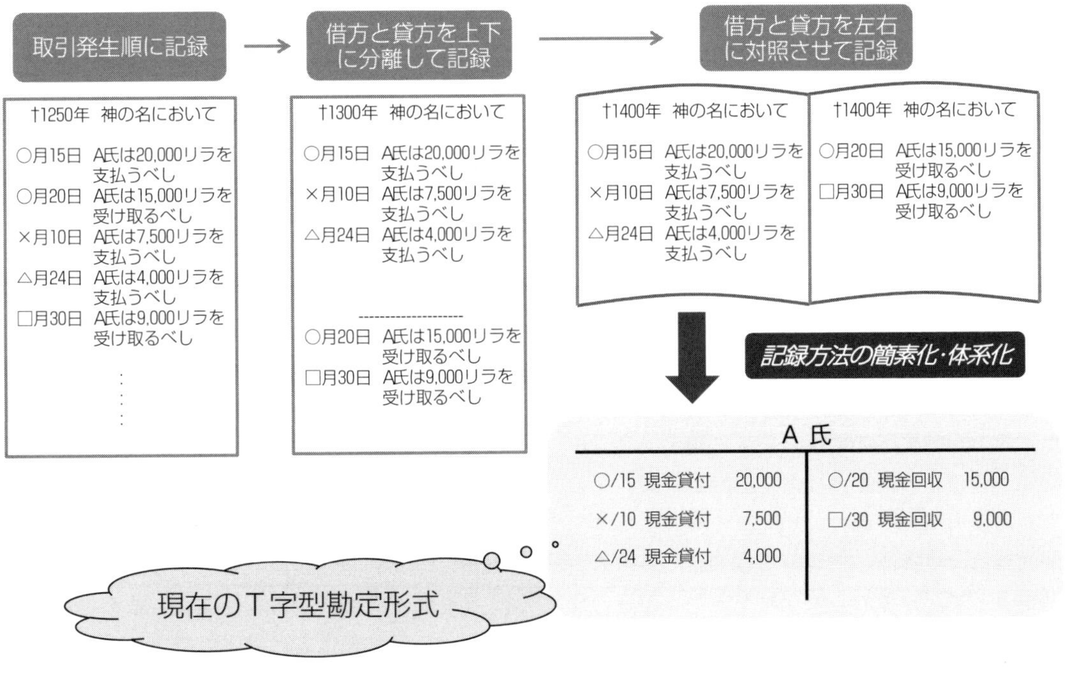

3

された。こうした方式は「ヴェネツィア式」とよばれ，その便利さからイタリア各都市に広まったが，これは，今日われわれが知るT字型の勘定形式に他ならない。

この左右対照方式では，債権および債務の総額が容易に把握できるとともに，その差額たる債権債務の純額（勘定の残高）は，直接的な差額計算ではなく，小さい方の額にいくら加えれば大きい方の額に等しくなるかという形で示されることになる。このようにすべての計算を足し算で捉える勘定形式独特の計算法（「加法的減算」という）が確立され，今日の勘定形式が生み出されたのである。

また，取引は文章形式で記録されていたが，文書証拠から会計計算へと記録の目的が変わってきたことで，記録方法の定型化が進んだ。ヴェネツィアでは，借方には"Per"（英語のforに相当），貸方には"A"（英語のtoに相当）という前置詞を勘定名の前に付けることで貸借を示した。また，フィレンツェを始めとして各都市では，文章中に記載された取引金額が，文章の右側のスペースに別途金額欄が設けられて記入されるようになった。こうして，記録方法の簡素化，体系化も図られていったのである。

5 物財勘定の生成

人名勘定の記録方式は，他のものにも応用され，新たなカテゴリーの勘定を産むことになる。それは，商業活動の活発化に対応して取扱商品が増え，事業活動単位が個人から商業組織へと変化したことと強く関係している。

まず，現金については，現金出納係の人名勘定を設定して記録が行われるようになった。すなわち，現金入金は記帳者（企業主，商業組織）からみた出納係への債権の発生，現金支出は出納係への債務の発生と捉えて記録が行われたのである。

同様に，取扱商品についても，商品係の人名勘定として記録されるようになった。商品の仕入は商品係に対する債権の発生，商品の売却は

債権の減少として記録されたのである。

図表2 ■人名勘定を用いた取引の二面的記帳と物財勘定の生成

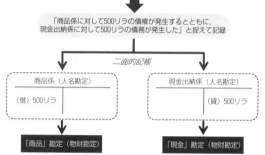

このような擬人化による勘定カテゴリーの拡大により，それまで対象となっていなかった多くの取引が二面的に記録されるようになった。現金で商品を仕入れた際は，商品係に対する債権が発生すると同時に，現金出納係に対する債務が発生したと記録したのである。

人名勘定の記録方式を適用することで生成したこれら現金や商品等の勘定は，物財勘定とよばれる。さらに，人名勘定と物財勘定を合わせて実在勘定（real account）という。これらの勘定が生成したことで，資産，負債に関する勘定がとりあえず出揃ったことになる。

6 名目勘定の生成

しかし，この時点では，まだすべての勘定が出揃っておらず，そのため，すべての取引が二面的に記録されるようにはなっていない。事業活動の結果，いくらの利益が得られたのか（あるいは，損失になったのか）を捉えるための勘定が生成する必要があった。

従来の実在勘定だけの状況では，資金の貸借取引において，貸付額は取引相手の名を冠した人名勘定の借方に記録し，回収額は貸方に記録したが，利息として収受した額も貸方に記録されると，元利全額の回収が完了しても貸借の計上額が一致せず，貸方が超過する結果となる。同様に，借入額は人名勘定の貸方に記録し，支

図表3 ■勘定の生成過程─勘定カテゴリーの増加─

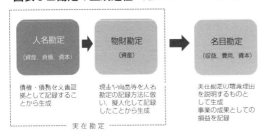

実 在 勘 定

図表4 ■名目勘定の生成

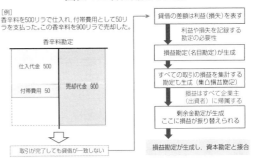

払利息も含めた返済額を借方に記録すると，返済が完了しても借方が超過する結果となる。また，ある商品を仕入れた際は，商品名を冠した物財勘定の借方に仕入額を記録し，その商品を売却した際に貸方に売却額を記録すると，仕入額よりも高く売却できれば貸方超過となる。これらの貸借差額が損益であることは，早くから認識されていたと思われるが，そのことを明らかにするための勘定が14世紀初頭に登場することになるのである。

　利息として収受した額は，元本の回収とは別に，「利息受取りによる収入」等の名を冠した勘定を用いて記録され，同様に借入利息も，「利息支払いによる損失」等の勘定に記録されるようになった。そして，これらの損益を集計する集合損益勘定も設けられて集約され，その損益は記帳者である企業主に帰属するものであることから，最終的に，今日の剰余金に相当する勘定が設けられてここに振り替えられ，企業主の持分として把握されるに至るのである。以上のような勘定は，実際に存在する財産等を表す実在勘定に対して，そうした財産の増減について説明するものとして，名目勘定（nominal account）とよばれる。

7 勘定の統合─複式簿記の完成

　このようにしてすべてのカテゴリーの勘定が出揃ったことで，これらの勘定を用いて，企業体のすべての取引が二面的に記録されるようになった。すべての勘定記録方法は全体として矛盾なく有機的に統合され，名目勘定で記録された損益が集約され，最終的に資本（出資者持分）に接合されるようになった結果，二面的に記録されたすべての勘定をある時点において締め切って残高を集計することによって，企業体の一定期間の損益が，財産法と損益法とによって二重に，そしてその時点における企業体の資本（正味財産）が，総資産額から総負債額を差し引いて算出する方法と期首資本に損益を加減する方法とによって二重に計算しうる複式簿記が遂に完成したのである。それは，14世紀末から15世紀初頭にかけてのことであった。

　このように見てくると，複式簿記は単なる記録方式というよりは，「勘定」に基づいて成り立つ記録・計算システムといえ，その根幹をなす勘定の生成なくして今日の会計はあり得なかったことが改めて理解されるのである。

●参考文献

泉谷勝美［1997］『スンマへの径』森山書店。

片岡泰彦［1988］『イタリア簿記史論』森山書店。

橋本寿哉［2009］『中世イタリア複式簿記生成史』白桃書房。

（橋本寿哉）

複式簿記の起源—帳簿組織の生成

10～11世紀の商業の復活以来，東方貿易で繁栄した中世イタリア諸都市において，商人や銀行家は，現金出納帳，債権債務帳，商品売買帳など複数の帳簿を使用していた。この複冊帳簿制の下で，帳簿は備忘記録や管理の必要に応じて設けられ，取引の記録簿（日記帳），分解簿（仕訳帳），分類簿（元帳）という帳簿の3機能を分担して一冊で担っていたが，必ずしも網羅的，組織的な記録ではなかった（泉谷［1997］，299-307頁）。

図表1■複冊帳簿制
取引→現金出納帳，債権債務帳，商品売買帳，秘密帳等

さて，帳簿組織の生成プロセスについて論じる場合，厳密には商人等の帳簿を対象とすべきかもしれないが，実務は多種多様で，それが当時の典型であるとは限らない。そこで若干のタイムラグはあるかもしれないが，ここでは実際の帳簿ではなく簿記書を対象として帳簿組織の生成プロセスをとり上げることにする。

周知の通り，取引の記録簿・分解簿・分類簿という帳簿の3機能を分解したものが，パチョーリ（L. Pacioli）の『算術・幾何・比及び比例総覧（スンマ）』（1494年）で採用された三帳簿制である。この三帳簿制の日記帳と仕訳帳が合体したものが，今日のテキストでおなじみの仕訳帳（仕訳日記帳）・元帳の二帳簿制であり，日記帳の名残が仕訳帳の摘要欄に小書きとして見られる。

パチョーリの祖述者（Paciolian）といわれるマンゾーニ（D. Manzoni）の『複式元帳』（1534年）では，日記帳が主要簿ではなく二次的な帳簿となって家計費，農業経費，給料，家屋経費，賃貸料収入等に分割され，合計仕訳を行って元帳に転記する仕組みが採用されていた（Peragallo［1938］，pp. 60-62）。現代の簿記に準えると，単一仕訳帳制の下での小口現金出納帳のシステ

ムに相当するものである。

その後，イタリア戦争の戦場となり荒廃したイタリア諸都市に代わり，16世紀にはアントウェルペンが国際的中継都市として台頭した。そのアントウェルペンで商人として活躍したウェディントン（J. Weddington）が英語で出版した『簡単な手引と手法』（1567年）では，パチョーリの三帳簿制とは異なり分割日記帳・元帳制が採用されており，特殊仕訳帳制の萌芽と考えられている。ただし，合計転記は行われず，後世への影響も見られなかったようである（小島［1987］，122-123頁）。

一時代，隆盛を誇ったアントウェルペンも，八十年戦争のさなか16世紀後半に陥落し，重商主義そして産業革命を迎え，欧州経済の中心はオランダ，そしてイギリスへと遷っていった。当時の代表的な文献が，オランダで出版されたステフィンの簿記書（S. Stevin, 1607年），そしてスコットランドのマルコム（A. Malcolm, 1718年），メアー（J. Mair, 1736年）の簿記書である。彼らが採用した帳簿組織は，伝統的な三帳簿制または二帳簿制で，いずれも単一仕訳帳制であった。

図表2■単一仕訳帳制
パチョーリの三帳簿制
取引→日記帳→仕訳帳→元帳

単一仕訳帳・元帳及び補助簿制
取引 ⟨─▶仕訳帳（仕訳日記帳）→元帳
　　　─▶現金出納帳，仕入帳，売上帳など

単一仕訳帳制の採用者が，いずれも教師であったのに対して，特殊仕訳帳制の先鞭をつけたウェディントンは商人であった点は付言すべき点であろう。ウェディントンと同じく商人のブース（B. Booth）は，アメリカでの実務経験を経てイギリスに帰国後，『完全な簿記システム』（1789年）において，伝統的な単一仕訳帳制は大規模企業に適用できないとして，「複式

簿記の利点とともに単式簿記の簡明性と迅速性を有する」（Booth［1789］，pp. 5-6）システムを提唱し，イギリスにおける分割仕訳帳制の先鞭をつけた（Bywater and Yamey［1982］，pp. 189-195；小島［1987］，367-376頁；渡邉［1993］，131-150頁）。彼のシステムは，日記帳を現金出納帳，手形記入帳，仕入帳，売上帳，日記帳に分割し，

仕訳帳への月次合計仕訳によって元帳に合計転記する分割日記帳制であり，合計仕訳が行われる仕訳帳は日記帳の索引，合計転記される元帳は仕訳帳の索引と考えられている（Booth［1789］，pp. 9-29）。単式簿記の簡明性と迅速性を有する複数の日記帳と，記帳検証，一覧性の確保という複式簿記の利点を有する仕訳帳・元帳を融合したシステムとなっている。

ほぼ同時代に，ブースの簿記書のタイトルに「New」を加えたアメリカ人による初の簿記書といわれるミッチェル（W. Mitchell）の『新しく完全な簿記システム』（1796年）が出版された（Bywater and Yamey［1982］，pp. 200-202；久野［1985］，93-117頁）。彼は分割仕訳帳制を採用し，小売業向けの現金出納帳，仕訳帳，元帳で構成される第一セット，国内および国外取引向けに手形記入帳，補助簿を追加した第二セット，そして伝統的なメアー等の三帳簿制を第三セットとして例示していた。ブースとは異なり月次合計仕訳は行われておらず，特殊仕訳帳を多欄化することにより，相手勘定への合計転記も行われている。この場合，仕訳帳と合計試算表の照合はできないが，彼は各仕訳帳の合計額を集計して元帳と照合する残高検証表を作成している（Mitchell［1796］，p. 204）。さらに，第二セットと第三セットの比較によって，伝統的な三帳簿制に対して，記帳労務，転記で生じる

図表３■ブースの簿記書

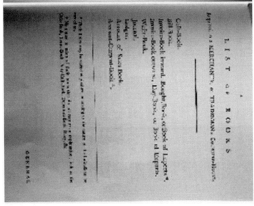

出所：写真上は渡邉泉教授より提供，中央・下は雄松堂書店の復刻版

図表４■ミッチェルの簿記書

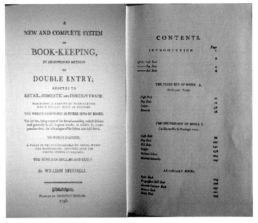

出所：Arno Pressの復刻版

図表5■クロンヘルムの簿記書

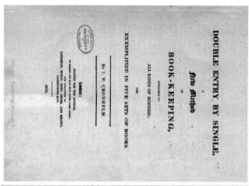

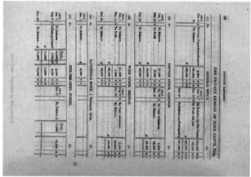

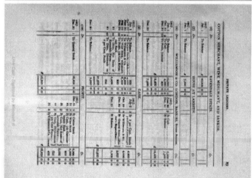

出所：カリフォルニア大学図書館所蔵
（https://archive. org/details/doubleentrybysin00
cronrich/page/n10）

誤謬や脱漏の機会を減少させる分割仕訳帳制の優位性を主張している（Mitchell [1796]，p. 448）。

　ブースのシステムをさらに一歩進めたのが，資本等式説の先駆者でもあるクロンヘルム（F. W. Cronhelm）である。クロンヘルムの『単式による複式記入』（1818年）は，タイトルの通り「形式上は単式記入，原理上は複式記入」（Cronhelm [1818]，p. vii）というもので，仕訳

帳を廃止し，現金出納帳，手形記入帳，商品売買帳が特殊仕訳帳と元帳を兼ねる仕訳元帳制を採用している（Cronhelm [1818]，pp. 20-23）。総勘定元帳に現金預金勘定を設けず現金預金出納帳で代用する手法は，大陸式に対してイギリス式として紹介されていたものであり（Dicksee [1903]，pp. 45-71），現代のイギリスでも一般的な帳簿組織である。

　イギリスでは，合計転記による転記回数の軽減，現金預金出納帳の仕訳元帳化によって転記ミスを軽減する分割仕訳帳制が採用されている。20世紀初頭にライルの会計百科事典（Lisle [1903]，pp. 454-474）でディクシー（R. Dicksee）が詳細に説明していた秘密元帳や独自平均元帳は見られなくなったが，債権債務管理のために個別転記される売掛金元帳・買掛金元帳と，合計転記される統制勘定との照合という元帳の分割を利用した部分的な記帳検証の手法は健在である。現代のテキストにおける帳簿組織の一例をあげよう。

図表6■イギリスの帳簿組織

| 売上帳 Sales Day Book | 売上戻り帳 Sales Returns Day Book | 仕入帳 Purchases Day Book | 仕入戻し帳 Purchases Returns Day Book | 仕訳帳 Journal | 現金預金出納帳 Cash Book |

収納 Receipts / 支払 Payments

個別転記 individual accounts updated　　合計転記 the T accounts in the nominal ledger

売掛金元帳 Sales Ledger　　買掛金元帳 Purchase Ledger　　総勘定元帳 Nominal Ledger

試算表作成 Extract a Trial Balance

損益計算書及び貸借対照表作成 Prepare a Trading and Profit and Loss Account and Balance Sheet

出所：Marriott et al. [2002]，p. 131

　以上，当初の複冊帳簿制では複数の帳簿でもっぱら財産管理を行うシステムであったのに対して，単一仕訳帳制は，総勘定元帳でも管理可能な一部の静止勘定を除き，主要簿で決算という価値計算を，補助簿で財産管理という管理計算を独立して行う分業システムであった。その後，企業規模の拡大，取引量の増大に伴う

「記帳量の増大と記帳能力の有限性，即ち記帳
労力の節約という相対立した矛盾の解決の表
れ」（木村［1934］，59頁）である分割仕訳帳制
への展開は，補助簿の主要簿化によって，価値
計算と管理計算という機能の融合を図ったもの
である（小島［1965］，89頁）。周知の通り，こ
の分割仕訳帳制にも大陸式と英米式があり，教
育的見地からは，元帳への転記のすべてを仕訳
として可視化し，合計試算表による照合も可能
な大陸式が望ましいが，記帳労力の節約という
帳簿組織の展開の本旨，そして現代の会計シス
テムの視点からすると英米式に軍配が上がるで
あろう。

　なお，わが国では特殊仕訳帳は複式簿記の主
要簿と位置づけられているが，イギリスでは現
金預金勘定を兼ねる現金預金出納帳を除き，
Day Bookは複式簿記を構成する帳簿とはされ
ておらず，期中の管理機能を担う帳簿となって
いる。

●参考文献─────────

Booth, B. ［1789］ *A Complete System of Book-keeping, by an Improved Mode of Double Entry*, Couchman & Fry.

Bywater, M. F. and B. S. Yamey ［1982］ *Historical Accounting Literature: a companion guide*, Yoshodo.

Cronhelm, F. W. ［1818］ *Double Entry by Single*, Longman, Hurst, Rees, Orme, and Brown.

Dicksee, L. ［1903］ *Bookkeeping for accountant students*, 4th ed., Gee & Company.

Lisle, G. ed. ［1903］ *Encyclopædia of accounting*. Vol. 1, William Green & sons.

Marriott, P., J. R. Edwards and H. J. Mellett ［2002］ *Introduction to Accounting*, 3rd. ed., Sage Publications Ltd.

Michell, W. ［1796］ *A New and Complete System of Book-Keeping by an Improved Method of Double Entry*, Bioren & Madan.

Peragallo, E. ［1938］ *Origin and evolution of double entry bookkeeping*, Rumford press.

泉谷勝美［1997］『スンマへの径』森山書店。

久野光朗［1985］『アメリカ簿記史』同文舘。

小島男佐夫［1965］『複式簿記発生史の研究（改訂版）』森山書店。

小島男佐夫［1987］『会計史入門』森山書店。

渡邉泉［1993］『決算会計史論』森山書店。

（原　俊雄）

15世紀に至るまでの簿記の生成

1 複式簿記起源論

　複式簿記起源論は，古代ローマ起源説と中世イタリア起源説がある。古代ローマ起源説は，複式簿記の起源を，古代ローマの会計記録に求める説である。中世イタリア起源説は，13–14世紀の活気あるイタリア諸都市の商人の中で，複式簿記は誕生したとする説である。一般には，中世イタリア起源説が認められている。この中世イタリア起源説は，複式簿記に対する研究者達の定義の違いから，トスカーナ説，ジェノヴァ説，ロンバルディーア説，ヴェネツィア説そして同時期説に分類される。

　(1)　トスカーナ説　この説はフィレンツェの国立古文書館に保管されているレニエリ・フィニ商会の元帳（1296–1305年）を，複式簿記最古の会計帳簿とするものである。この元帳は，仕訳帳から転記されたものではない独立した帳簿で，借方はde dare（与えるべし），貸方はde avere（持つべし）で統一され，貸借対照の形式で記入されている。勘定は人名勘定，利息勘定，経費勘定，利益勘定が記入されている。

　(2)　ジェノヴァ説　この説は，ジェノヴァ国立古文書館に保管されている1340年のジェノヴァ市庁の財務帳簿を複式簿記最古の会計帳簿とするものである。左側・借方は，debet nobis pro，右側・貸方はRecepimus で，左右貸借対照形式で記入され，商品名勘定，人名勘定，資本金勘定，損益勘定が記録されている。

　(3)　ロンバルディーア説　この説は，ミラノのドゥオーモ建物古文書館に保管されているカタロニア商会の元帳（1395–1398年）に複式簿記の起源を求めるものである。左側・借方はdebet dare，右側・貸方はdebet habere で統一記入されている。この帳簿によれば，複式簿記とは，左右対照の複式記入であること，人名勘定，商品名勘定，資本金勘定，損益勘定，現金勘定を必要とする。

　(4)　ヴェネツィア説　この説は，ヴェネツィア国立古文書館に保管されている，ソランツォ兄弟の新元帳（1406–1434年），バルバリゴの会計帳簿（1430–1582年），バドエルの元帳（1436–1439年）等を複式簿記の証拠資料とするものである。貸借の用語は，借方をde dar，貸方をde aver で統一した貸借複式記入がなされている。そして人名勘定，現金勘定，旅商勘定，商品名勘定，損益勘定，資本金勘定等が記録されている。

　(5)　同時期説　この説は，複式簿記の起源を，一都市および特定の会計帳簿に限定せず，ジェノヴァ，フィレンツェ，ミラノ，そしてヴェネツィア等の各都市で，ほぼ同時期，すなわち13–14世紀にかけて，複式簿記が生成したと考えるのである。その背景には，銀行，共同事業，為替手形，保険，商業通信等の発展が重要な役割を果たした。

　各都市の商人達は，同都市または他の都市商人達から情報を得ながら複式簿記を生成させたとするのである。

2 ベネデット・コトルリの簿記論

　ベネデット・コトルリ（Benedetto Cotrugli）は，1416年頃，ドブロブニクで生誕し，1469年に没している。はじめは商人として貿易に従事したが，後に国家で認められ，裁判官や大使として活躍している。

　コトルリは，1458年8月に『商業技術の本』という名前の原稿を執筆した。この原稿はすぐには出版されず，執筆後115年経った1573年に，『商業と完全な商人』というタイトルで，ヴェネツィアで出版された。このコトルリの原稿は，今も発見されていない。しかし，この原稿には，

2冊の写本（＝原稿本）が作成されていた。この写本には，出版本にない複式簿記に関する解説が見られたのである。コトルリが写本で解説した簿記論の特徴は次のごとく要約できる。

① 日記帳，仕訳帳，元帳の三帳簿制を採用した。
② 毎年帳簿を締め切ることを解説し
③ 損益計算の方法について説明している。
④ 貸借用語について解説している。
⑤ 複式簿記（dupple partite）という用語を用いている。
⑥ 一連の仕訳帳例題を作成した。
⑦ ヴェネツィア式簿記を採用した。
⑧ 決算時に損益の差額を資本金に振替える方法を解説した。コトルリは，世界で初めて，複式簿記という言葉を使って，複式簿記を記述したことで高く評価される。

3 ルカ・パチョーリの簿記論

フラ・ルカ・パチョーリ（Fra Luca Pacioli, 1445年頃－1517年）は，有名な数学者兼修道僧である。少年時代，生誕地である中央イタリアのボルゴー・サン・セポルクロで同町出身の大画家ピエロ・デラ・フランチェスカから数学，絵画の教えを受けている。後にヴェネツィアに行き，ヴェネツィア商人から複式簿記の知識を得ている。さらに，イタリア諸都市に滞在し，多くの有名な人々と親しくなっている。その中には，レオナルド・ダ・ヴィンチやレオン・バッティスタ・アルベルティがいた。

1494年，パチョーリは，数学全書である『スムマ』（正式名称訳『算術・幾何・比及び比例全書』）をヴェネツィアで出版した。この本の中で論述された「簿記論」は，世界最古の複式簿記文献である。複式簿記の知識は，パチョーリ簿記論を中心として全世界に波及した。またパチョーリ簿記論の基本的構造は，現在に至るまであまり変わっていない。それゆえ，パチョーリは，近代会計学の父とよばれている。パチョーリ簿記論は，次のような特徴を持ってい

る。

① 全体を通して宗教的論述（キリスト教フランチェスコ修道会コンヴェンツァル派）が見られる。
② 日記帳，仕訳帳そして元帳の三帳簿制を採用している。
③ 商人に必要な3つの主要な事柄として，「現金とその他の資産」「善良な会計係」「すべての取引を借方と貸方に整理すること」をあげている。
④ ヴェネツィア式簿記を採用した。
⑤ 財産目録を解説している。
⑥ 時価主義・高価主義を採用した。
⑦ 元帳の締切と年度決算を解説している。
⑧ 損益計算について解説している。
⑨ 借方と貸方の説明をしている。
⑩ 元帳締切後の残高試算表（ビランチオ）について解説している。
⑪ 組合（コンパニア）勘定について解説している。
⑫ 貸借対照表と損益計算書を作成していない。
⑬ 支店会計について解説している。

●参考文献
片岡泰彦［1988］『イタリア簿記史論』森山書店。
片岡泰彦［1994］『ドイツ簿記史論』森山書店。
片岡泰彦［2007］『複式簿記発達史論』大東文化大学経営研究所。
片岡泰彦・片岡義雄共訳［1977］『ウルフ会計史』法政大学出版局。
片岡泰彦編著［1998］『我国パチョーリ簿記論の軌跡』雄松堂。
千葉準一・中野常男編著［2012］『体系現代会計学第8巻　会計と会計学の歴史』第1章，中央経済社。
中野常男・清水泰洋編著［2014］『近代会計史入門』同文舘出版。

（片岡泰彦）

ネーデルラントの簿記書とオランダ東インド会社

1 アントワープ市場の形成と簿記・会計

　ネーデルラント（今日のオランダ，ベルギー等を含む地域）における複式簿記の伝播とその最初の革新は，16世紀のアントワープで起こったのである。

　この地では1531年に，他都市に先駆けて取引所（bourse）を設け，取引の継続化が現出した。このような「取引所の出現＝取引の継続化＝人的な期間の設定」が，簿記・会計にもたらした影響は大きかったと考えられる。事業は継続化し，商品の売れ残り（在庫）は必然的なものとなったためである。このような事態に対する商人（や金融業者）達から新たな記録・計算上の要求が生起することになり，これに応えたのがJan Ympynによる『新しい手引』（1543）である。

　Ympynは，特定商品勘定に売残商品の期末棚卸高を記入し，そして，その貸借差額から販売済商品の商品販売益を計算し，その上で，期末商品棚卸高は，売残商品勘定の貸方に記入したのである。

　Ympynは，期間損益計算の思考を意識していたと考えられるが，その思考はまだ不十分であり，その完成は，記帳の主体である企業が継続化し，期間損益計算を会計処理に包含すべきとする要請が切実なものとなる継続企業（going concern）としての株式会社が成立する17世紀を待たねばならないのであった。

2 アムステルダム市場の興隆と簿記・会計

　ネーデルラント独立戦争（「八十年戦争」）が起こった。そして，1585年にアントワープが陥落し，代わってアムステルダムに繁栄がもたらされ，こうした中，オランダの主要都市には多くの先駆会社（Voorcompagnieën）が出現し，

これらは，やがて，1602年に世界最初の株式会社として有名であるオランダ東インド会社（正しくは連合東インド会社（Verenigde Oost indische Compagnie）；以下，VOCと略記）へと発展した。

　このような会社の出現に対応した「簿記論」が，十進法による小数点の発見で有名な数学者であったSimon Stevinによる『イタリア式王侯簿記』（1607）である。同書は，当時のオランダの最高権力者の一人であり，ホーラント他各州の総督であったMaurits van Nassauに仕えた行政官でもあったStevinがMauritsに献じたものであった。

　Stevinの「簿記論」で注目されたのは，その仕訳帳例示が，1年を1会計期間としていたことと，その損益計算法が，彼の提唱するStaet（以下，「状態表」と表記）とStaetproef（以下，「状態証明表」と表記）という2つの表を用いた形で精緻化された点である。すなわち，状態表を基に，期首と期末の純資本を比較し，財産法的に純利益を計算する。そして，これが正しいか否かを確かめるために，損益法的な計算を状態証明表において行うことを示したのである。

　しかしながら，Stevinは損益計算の精緻化には成功したものの，（結果的にではあるが）株式会社≒継続企業の発生という社会経済的背景の変化を反映した資本勘定の説明には失敗したのである。そして，この資本勘定の本格的な説明に初めて取り組んだ文献が，Willem van Gezelの『商人の帳簿の理論的教育についての概説』（1681）である。

　Van Gezelは勘定を，自己勘定系統と反対勘定系統に大別し，これは19世紀にドイツ語圏で体系化される物的二勘定系統説の源流と見ることもできるのである。

　このような物的資本勘定に対する認識は，継続企業の発生を反映したものであり，近代会計において重要な「資本と利益の区別」に不可欠

なものであって，会計史上重要な展開である。

3 オランダ東インド株式会社の成立と簿記書

　VOCの会計システムは，同社のガバナンス・システムを反映した「1会社2会計システム」というべきものであった。

　具体的には，VOCでは，複式簿記（またはイタリア式貸借簿記）とよばれる形式の簿記を採用しており，主として仕訳帳と元帳が使用された。また年度末には総合状態表（Generale staat）が作成されたが，ここでは貸借の差額を示すのみであり，出資者の払込資本をもって資本とするような考えには至っていなかったが，その一方で在外支店の1つ長崎支店では，バタヴィアを本店，長崎を支店とする本支店会計が成立している等，会計システムは大変精緻化していたのである。

　このような2面性の原因は，VOCが，アジアと本国の二元体制下にあった点にある。すなわち同社の経営の実質は，バタヴィアを本店とするアジアの会社であって，アムステルダムの本社は，そこで仕入れられた商品を販売する会社にすぎず，VOCの母体となった先駆会社以来の古い簿記が踏襲され，その一方，在外支店における各商館長は本国に年次の報告を出さねばならず，そのためには複式簿記を駆使した最新の精緻なシステムが構築され使用されたのである。

　しかしながら，「1会社2会計システム」体制や会計システムの不整備が，VOC崩壊の主因となったとするこれまでの説に関して妥当性はないと考える。なぜなら，この会社は幾度かの会計部門の改革を経て，200年もの長い間存続し続けたからであり，この点については今後のさらなる検討が必要である。

●参考文献──────

Gaastra, F. S. [1989] *Bewind en Beleid bij de VOC: De financiële en commerciële politiek van de bewind hebbers, 1672-1702*, Zutphen.

Gezel, W. van [1681] *Kort Begryp van 'tBeschhouwig Onderwijs in 'tkoopmans Boekhouden*, Amsterdam（雄松堂書店による復刻版（1979年）を使用した）.

Korte, de J. P. [1984] *De Jaalijkse Financiële Verantwoording in de Verenighe Oostindische Compagnie*, Leiden.

Korte, de J. P. [2000] *The Annual Accounting in the VOC*, Amsterdam（translated by L. F. van Lookeren Campagne-de Korte）.

Stevin, S. [1607] *Vorstelicke bouckhouding op de Italiaensch wyse*, Leyden（雄松堂書店による復刻版（1982年）を使用した）.

Ympyn, J. C. [1543] *Nieuwe Instructie‥‥*, Antwerpen（雄松堂書店による復刻版（1982年）を使用した）.

大塚久雄 [1969]『株式会社発生史論』（大塚久雄著作集第1巻）岩波書店。

岸悦三 [1975]『会計生成史』同文舘出版。

友岡賛 [2006]『会計の時代だ―会計と会計士との歴史』（ちくま新書）筑摩書房。

中野常男・橋本武久 [2004]「『連合東インド会社』における企業統治と会計システム」『生駒経済論叢（近畿大学）』第2巻第1号，13-31頁。

橋本武久 [2008]『ネーデルラント簿記史論―Simon Stevin簿記論研究』同文舘出版。

茂木虎雄 [1969]『近代会計成立史論』未来社。

行武和博 [1992]「出島オランダ商館の会計帳簿―その帳簿分析と日蘭貿易の実態把握」『社会経済史学』第11巻第22号，59-97頁。

行武和博 [1998]「平戸オランダ商館の会計帳簿―その記帳形態と簿記計算構造」，平戸市史編さん委員会編 [1998]『平戸市史海外資料編III（訳文編）』，401-427頁。

渡邉泉 [1983]『損益計算史論』森山書店。

（橋本武久）

イギリスへの複式簿記の伝播と展開
―理論と実践

1 イギリスの複式簿記解説書
―簿記教授法の展開と理論化の試み

　イングランドやスコットランドを含めたイギリスでは，オールドカースル（Hugh Oldcastle）の簿記書と推断される*A profitable treatyce,*‥‥（1543）を嚆矢として，徐々に複式簿記の解説書が刊行されるようになる。特に18世紀に入ってからの簿記書の出版点数の増加は顕著である。このことは，イギリスにおける簿記，特に複式簿記に対する関心の高まりを反映しているものと解することができる。

　パチョーリ（Luca Pacioli）の「簿記論」（1494）等の従前の簿記解説書に見られない，イギリスの簿記書に認められる１つの特徴をあげれば，簿記教授法の工夫と簿記の理論化である。ピール（James Peele）の*The maner and fourme*‥‥（1553）は，外国簿記書の翻案でない，イギリス人の創意に基づく最初の簿記解説書とされるが，そこでは，複式簿記が，取引の貸借分析の指針となる仕訳規則の提示を機軸とした簿記教授法上のアプローチである仕訳帳アプローチによって解説されていた。かかるアプローチは，イギリスの簿記書として初めて版を重ねたダフォーン（Richard Dafforne）の*The Merchants Mirrour:*‥‥（1635）を含め，18世紀前半までにイギリスで出版された多くの簿記書において，単一の包括的規則を提示する手法から，取引例化された多数の個別的規則を提示する手法へと変化しながら継承されていく。

　仕訳規則の定立は帰納的方法による簿記の初期の理論化の試みと解することもできるが，多数の個別的規則を機械的に暗誦・暗記させる教授法は早晩行き詰まりをみせる。そして，これに代わるものとして，たとえば，マルカム（Alexander Malcolm）の*A New Treatise of Arithmetick and Book-keeping,*‥‥（1718）等，主に18世紀のスコットランドで出版された簿記書において元帳アプローチが教示される。

　元帳アプローチの要は元帳に収容される諸勘定の分類であり，当初は人名勘定・物財勘定・名目勘定という三勘定分類が提唱されたが，18世紀末頃には，これに対する批判から，元帳勘定を大きく二分する考え方，つまり，資本の全体とその構成要素からなる二勘定分類が提示される。特にそれは19世紀初頭のクロンヘルム（Frederick W. Cronhelm）の*Double Entry by Single,*‥‥（1818）において，資本等式＜資産−負債＝資本＞を用いて明快に解説される。

　残念ながら，クロンヘルムの教示は，イギリスでは追随者を得ることができなかったが，北アメリカに移植され，19世紀以降に同地で資本主（主体）理論（proprietorship theory）が展開される素地を提供することになる。いうまでもなく，資本主理論は，ある時点での資本主持分（純財産）の計算，つまり，財産計算（財産管理計算）を指向するものである。

2 イギリス商人の会計帳簿
―複式簿記の利用とその目的

　イギリスにおいて複式簿記が利用されたことを示す会計記録は，ガレラニ（Gallerani）商会ロンドン支店の会計帳簿（1305〜1308）や，ボロメオ（Borromeo）商会ロンドン支店の会計帳簿（1435〜1439）に見出すことができるが，これらはいずれも当時のロンドンに居留していたイタリア商人により記帳されたものである。外国の商人でないイギリス商人自身が複式簿記を完全な形で利用したことを示す，現存する最古の証跡は，16世紀後半のロンドンの富商グレシャム（Thomas Gresham）の仕訳帳（1546〜1552）に求められる。

ただし，グレシャムの帳簿に先行して記帳された16世紀前半の会計帳簿，特に海外貿易に携わっていたイギリス商人の帳簿には，基本的に複式記入（double entry）が適用されていたことを示す証跡も見出される。もっとも，彼らの帳簿は，現金勘定または資本金勘定等の特定の勘定を欠くため，厳密には体系的勘定組織の確立が認められず，複式簿記の最も重要な特徴というべき「取引の完全複記」が実現されていない。そうではあっても，これらの会計帳簿の存在は，16世紀当時のイギリス商人が複式簿記を自らの会計実務の中に導入しようと試みた模索の過程を反映していると解される。

もう少し時を経た17世紀半ば以降になると，複式簿記を完全な形で運用したことを示す会計帳簿が多く現存するようになる。ただし，そこに見出される複式簿記の利用目的を考えると，複式簿記の機能を大きく損益計算と財産（管理）計算に分けるならば，会計帳簿の勘定記録に依拠した損益計算は，少なくとも16〜18世紀のイギリス商人の会計帳簿を見る限り，副次的なもの，極言すれば，個々の商品勘定ないし元帳全体の締切に伴う副産物にすぎなかった。むしろ，主たる利用目的は，経営活動の管理計算的把握，具体的には，単独または他者との共同，あるいは，他者の代理人として携わった多様な取引と，そこから生じる顧客や，主人・代理人，組合企業の他の構成員等との債権・債務等について包括的で秩序だった記録を保持することにより，これらを管理・統制することにあった。

イギリス東インド会社（ロンドン東インド会社）は，1600年の設立当初の制規組合から徐々に組織形態を転換させながら，17世紀半ばには株式会社としての姿を現す。そして，同社は，これとほぼ同時期の1664年に複式簿記の導入を決定し現実に運用することになるが，その導入の目的もまた，膨大な商品の受払いを中心とした，財産の一括的記録・管理のためであった。

16〜18世紀のイギリス商人の大多数は現金と信用取引（債権・債務）の記録・管理を中心とした簡便な簿記（便宜上「単式簿記」とよびうるもの）を用いていたようであり，複式簿記の利用は，比較的大規模な海外貿易に携わるような大商人・大会社に限られていた。しかも，その実際的利用目的は，損益計算というよりは財産（管理）計算にあった。その意味で，会計の歴史を損益計算の観点からのみ一面的に捉えることは，歴史解釈に大きな過誤をもたらすことになろう。複式簿記の本格的な普及は，他国に先駆けて工業化の道を歩んだイギリスにおいても，株式会社形態を採る大規模企業の増大や，所得課税の本格的実施，会計専門職業人の台頭をみる19世紀，それも後半のことになる。

●参考文献───────

Winjum, J. O. [1972] *The Role of Accounting in the Economic Development of England: 1500-1750*, Urbana, Illinois.

Yamey, B. S., H. C. Edey and H. W. Thomson [1963] *Accounting in England and Scotland: 1543-1800, Double Entry in Exposition and Practice*, London.

Yamey, B. S. [1978] *Essays on the History of Accounting*, New York.

小島男佐夫 [1971] 『英国簿記発達史』森山書店。

中野常男 [1992] 『会計理論生成史』中央経済社。

中野常男編著 [2007] 『複式簿記の構造と機能─過去・現在・未来』同文舘出版。

（中野常男）

6

簿記から会計へ

1 会計史研究における15世紀と19世紀の意義

　A. C. リトルトン（1886-1974）は，名著『1900年までの会計発達史』（1933）の筆を置くにあたり，「会計発展の史的論述はここにおわった。光ははじめ15世紀に，次いで19世紀に射したのである。15世紀の商業と簿記の急速な発達にせまられて，人は帳簿記入を複式簿記に発展せしめた。時うつって19世紀にいたるや当時の商業と工業の飛躍的な前進にせまられて，人は複式簿記を会計に発展せしめたのであった。だが，それは，しょせん，悠久なる歴史のひとつの断面であるにすぎない」（Littleton [1933], p. 368；片野訳 [1978], 498-499頁）と述べ，会計史研究にとって，15世紀と19世紀の重要性を強く説いた。

　15世紀は，世界最初の簿記書『スンマ』が数学者ルカ・パチョーリによってヴェネツィアで出版された時を指し，19世紀は，産業革命のイギリスで簿記が会計へと進化していく時を指している。簿記・会計の歴史研究にとっては，それ以外にも簿記が誕生する13世紀と中世簿記が近代簿記へと羽ばたく17世紀の重要性も忘れてはならない。

2 簿記と会計の違い

　会計の利益計算構造を支えている複式簿記は，13世紀のイタリアで信用取引の発生によって債権債務の備忘録として誕生し，14世紀を迎え組合の出現により組合員相互間での利益分配の必要性によって，備忘録から損益計算の技法として完成する。17世紀には期間損益計算制度が確立し，さらに，19世紀を迎えると，企業の中心が組合から株式会社に移っていくにつれて，損

益計算の技法としての簿記が報告機能を中心に据えた会計へと進化していくことになる。

　では，簿記と会計は，どこが違うのか。ごく単純にいえば，簿記（bookkeeping）は，帳簿（book）に取引を記録する（keep）行為（ing）であり，会計（accounting）は，1年間で得た利益を株主に説明する（account）行為（ing）である。簿記で計算した利益を株主や債権者といった利害関係者に報告するプロセスが会計なのである。

図表■複式簿記と会計の関連図

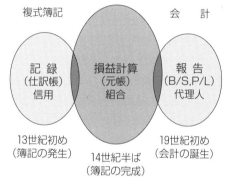

出所：渡邉 [2017] 参照

　したがって，会計は，なぜこれだけの利益を獲得できたのかについて，複式簿記で求めた原因（フローの側面からの計算）と結果（ストックの側面からの計算）の2つの側面からの企業利益を株主や債権者に報告するシステムということになる。フローの側面からの報告が損益計算書であり，ストックの側面からの報告が貸借対照表である。一般的に，会計の役割に情報提供機能と利害調整機能の2つがあるといわれるが，この情報提供機能が会計の中心的な役割である。

3 会計の主要な役割──情報提供機能

　複式簿記の発生当初では，企業形態は，個人か家族あるいは少人数の組合であったため，大

勢の株主を抱える今日の株式会社とは異なり，あえて別の紙に貸借対照表や損益計算書を作成する必要はなかった。帳簿それ自体を閲覧すれば，それで事足りたからである。

しかし，遠隔地に支店を持つ比較的大規模な組合では，出資主や経営者は，支店に出かけていつも帳簿をチェックすることができないため，定期的ではなかったが，どこかの時点で業績の報告を受ける必要が生じてきた。支店の責任者が経営者に対して説明責任（受託責任）を果たすことが求められた。ただし，14・15世紀の段階では，その報告は，実地棚卸で作成したビランチオや損益勘定，あるいは残高勘定や試算表によって行われていた。

しかし，18紀末から19世紀になると，産業革命の進行によって，状況は大きく変動する。巨大な株式会社が相次いで設立され，巨額の資本が必要になる。資本調達のためには，投資の安全性と必要性を広く情報提供することが何よりも要求される。その方策として考え出されたのが，貸借対照表による投資の安全性と損益計算書による投資の有利性の担保である。こうして財務諸表が作成され，開示されることになる。

貸借対照表の最も初期の事例は，17世紀後半のイギリス東インド会社の帳簿で見られるが，株主への開示という今日と同じ機能を有した財務諸表が登場するのは，19世紀イギリスの産業革命期まで待たなければならない。投資誘因のためとはいえ，膨大な帳簿そのものの開示には，経営上の秘密漏洩のリスクが生じると同時に，何よりも物理的に困難が伴った。そこで，別の紙葉での財政状態や経営成績の要約の開示，すなわち貸借対照表と損益計算書の作成が考え出された。この財務諸表の作成と開示が会計学の最も主要な役割である情報提供機能を誕生させた要因である。

情報提供機能としての財務諸表の最初の実例，すなわち貸借対照表の萌芽としてはフィンレイ商会の残高帳を，損益計算書の初期形態としては鉄道会社の収益勘定表ないしは収支計算書をあげることができる。次にこの点を見ていくこ

とにする。

4 フィンレイ商会の残高帳（貸借対照表）と鉄道会社の収支計算書（損益計算書）

会計の最大の役割は，情報提供機能であり，この機能を遂行するために考え出されたのが財務諸表の開示である。その中でも，貸借対照表の先駆けが19世紀のスコットランドで登場する織物製造業フィンレイ商会の1789年から1935年にわたって残存する残高帳（バランス・ブック）である。この残高帳は，決算の時に作成した残高勘定だけを一冊に集めた帳簿である。これが今日の貸借対照表の萌芽的な形態である。

1789年の残高帳における残高勘定の借方には，資産，具体的には製造過程の製品，現金，期末棚卸商品，受取手形，それに売掛金と貸付金を示す人名勘定が記載され，貸方には負債，具体的には支払手形，貸倒引当金，資本金，それに買掛金と借入金を示す人名勘定が記載されている。両者の差額1,230ポンド15シリング が１年間の利益として計上され，J. フィンレイ，K. フィンレイ，J. ライトの３人で出資額に応じた分配がなされている。

フィンレイ商会の残高帳の特徴は，残高勘定でありながら，①利益が表示されている，②元帳の残高勘定と同一であることの証明のために記帳責任者のサインがある，の２点に求められる。これがフィンレイ商会の残高帳を貸借対照表の萌芽と位置づける根拠である。なぜなら，残高勘定に利益を表示し，会計責任者のサインまで記帳したというのは，明らかに株主や債権者への説明責任を果たすことが目的であったと思われるからである。ただし，正式に貸借対照表が会社法（登記法）に登場するのは1844年であり，その雛形が掲載されるのは1856年の会社法まで待たなければならない。

それに対して，損益計算書の最も初期の事例は，リバプール・マンチェスター鉄道会社の1831年１月１日からの半期の会計報告書（収支計算書）や1833年に設立されたロンドン・バー

ミンガム鉄道会社の1838年の収益勘定表に見出すことができる。とりわけ後者の場合は，名前は，収益勘定表ないしは収支計算書であるが，単に現金の収支だけではなく，減価償却費も費用として計上されており，この点を考慮すれば，単なる現金の収支記録ではなく実質的には損益計算書であるのは明らかである。

ただし，会社法で損益計算書という名称で特定した計算書の作成が義務づけられるのは，1929年法まで待たなければならず，貸借対照表が規定された1844年法よりも85年も遅れている。しかし，1856年会社法ではすでに，年に1度収支計算書を株主総会に提出しなければならないと定めている。ここでいう収支計算書を損益計算書と見なせば，貸借対照表と損益計算書の両者は，相前後してその作成が義務づけられていたことになる。

こうして，株主への情報提供として財務諸表が作成されてくる。しかし，その開示内容に虚偽や誤りがあれば問題である。そのため，企業は，決算書類が正しいことを証明するために，企業とは利害関係のない会計の専門家にその正否を依頼する道を選択した。職業会計士，今日の公認会計士の誕生である。

イギリス最初の会計士協会は，1853年に設立されたエディンバラ会計士協会で，翌年には国王より勅許を受けた。今日のスコットランド勅許会計士協会（ICAS）の前身である。ここに初めて，公認会計士（勅許会計士）という職業がイギリスで誕生することになる。ほぼ四半世紀ほど遅れて，1880年にイングランド・アンド・ウェールズ勅許会計士協会（ICAEW）も国王より勅許を受けた。

アメリカ公認会計士協会（AICPA）の前身であるアメリカ最初の職業会計士団体，アメリカ会計士協会（AAPA）が設立されるのは，1887年でイギリスに遅れることわずか34年である。初期のアメリカで職業会計士の役割を担ったのは，そのほとんどがイギリスから移民した人達である。

この職業会計人の登場によって，これまでの

単なる記帳技法にすぎなかった簿記にその計算原理や構造，あるいは各帳簿や勘定間の関連についての理論的な説明が要求されるようになる。簿記の記帳技法の習得だけでは説明がつかず，新たな体系的な理論の構築が必要になってきたのである。これが会計学の始まりであり，19世紀を迎えて簿記が新たに会計へと進化していくことになる。単なる記帳技法（技術）として誕生し発展してきた簿記に（社会）科学としての説明理論が加えられ，技術としての簿記が科学としての会計学へと昇華していく瞬間である。

●参考文献
AAA［1957］"Accounting and Reporting Standards for Corporate Financial Statements 1957 Revision", *The Accounting Review*, Vol. 32, No. 4.

AAA［1966］*A Statement of Basic Accounting Theory*, Illinois.（飯野利夫訳［1969］『アメリカ会計学会基礎的会計理論』国元書房）

Alvaro, Martinelli［1974］*The Origination and Evolution of Double Entry Bookkeeping to 1440*, Part 1, 2, Denton.

Littleton, A. C.［1933］*Accounting Evolution to 1900*, New York.（片野一郎訳［1978］『リトルトン会計発達史［増補版］』同文舘出版（初版昭和27年））

De Roover, Reymond［1956］"The Development of Accounting Prior to Luca Pacioli According to The Account-books of Medieval Merchants", in Littleton, A. C. and B. S. Yamey, eds., *Studies in the History of Accounting*, New York.

Paton, W. A.［1922］*Accounting Theory :with special reference to the corporate enterprise*, New York.

Yamey, B. S.［1978］*Essays on the History of Accounting*, New York.

泉谷勝美［1997］『スンマへの径』森山書店。

小島男佐夫［1971］『英国簿記発達史』森山書店。

齋藤寛海［2002］『中世後期イタリアの商業と都市』知泉書館。

高寺貞男［1981］『会計政策と簿記の展開』ミネルヴァ書房。

千代田邦夫［1987］『公認会計士—あるプロフェッショ

ナル100年の闘い』文理閣。

渡邉泉［2014］『会計の歴史探訪』同文舘出版。

渡邉泉［2016a］『帳簿が語る歴史の真実』同文舘出版。

渡邉泉［2016b］「複式簿記の発生以前に簿記は存在したか」『會計』第190巻第1号。

渡邉泉［2016c］「会計の役割―受託責任と信頼性」『企業会計』第68巻第10号。

渡邉泉［2017］「会計の生成史を論ずるに先立って」『會計』第191巻第6号。

（渡邉　泉）

7

Bookkeeping & Financial Accounting

日本への簿記の伝播
―簿記はいつ日本に伝わり，どのように制度化されたのか？

1 歴史的背景

江戸時代以前の日本には，和紙に筆で縦書きにする日本固有の記帳技術（和式帳合等ともよばれる）が存在していた。記帳技術は商家ごとにOJT（On the Job Training）の中で習得するものであり，重要な項目には符牒を用いる等「極度の秘密主義」を採る商家もあったという。また，当時は外部報告会計が不在であったことから，記帳技術の統一化や理論化はされなかった。しかし，江州中井家や三井家等一定以上の規模の商家の簿記技術は，財産計算と損益計算による二系列の複式決算が採られる等，複式簿記に匹敵するほどに発達していた（西川（登）［1993］，3，31-34頁；河原［1977］，まえがき 1，63頁）。

このように固有の簿記技術が発達した理由として，当時の日本はオランダ等の限られた国のみと交易を行う「鎖国」体制が採られていたことがあげられる。しかし，1885（安政５）年にアメリカと締結した修好通商条約を皮切りに各国と通商条約が結び交易を開始する「開港」により，状況は一変する。上記の条約はいわゆる不平等条約であり，これの改正には欧米と同様の近代国家としての体制を整え，近代化を進める必要があった。具体的には，欧米留学により技術や制度を学んだ者の他，明治政府に「お雇い外国人」として雇い入れられた欧米の技術者等が，日本へ欧米の技術や制度を移植する一役を担った。

これは簿記技術も同様であり，1873（明治６）年６月にはBryant, H. D. Stratton, S. S. Packardによるアメリカの簿記教科書（初級編：*Bryant and Stratton's Common School Book-keeping*, New York, 1871）を福澤諭吉が訳した『帳合之法』（初編２冊：二編２冊は翌年12月出版），そして同年12月にはA. A. Shandの講述を大蔵省の官吏らが訳すとともに削補した『銀行簿記精法』（５冊組）が出版され，教育や実務に欧米の簿記技術（西洋簿記）が制度として取り入れられていくことになる。

図表１■『帳合之法』の日記帳

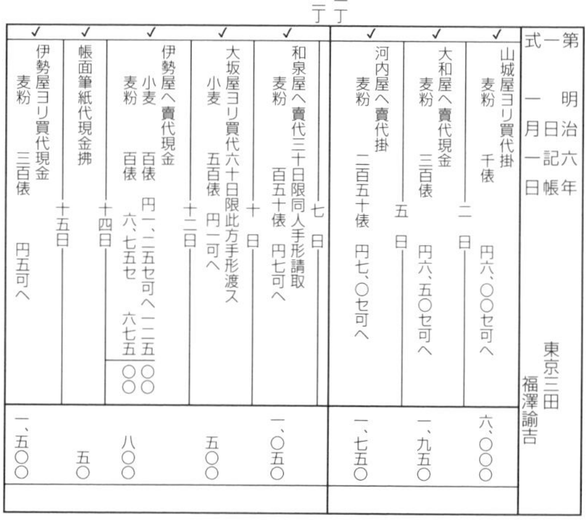

出所：福澤［1874］，巻之三，25丁より作成

2 教育への西洋簿記の伝播

「開港」に伴い，教育制度も近代化が進められた。1871（明治４）年に創設された文部省は翌年８月に学制を公布し，学校を大学・中学・小学の三段階として組織し，文部省の管轄下に置くこととした。実施にあたっては学区制が設けられ，学制第21章において男女ともに必ず卒業しなければならない初級の教育を受けると定められた小学から順に制度を実施していくこととされた。小学校の設立にあたり文部省の積極的な支援もあり，1983（明治６）年からの３年間で全国に24,000校以上が設立された。ただし，その総数の約70％は寺院および民家の借用であり，教員は各小学校に１名，生徒数は40～50名という規模であった。このため，明治初期の就

学率は1877（明治10）年に至っても約40％という状況であったが，校舎の新築が進み，教員の人数の増加と質の向上等がなされる中，就学率も上昇した（文部省編［1972a］，129-137，192-195頁）。

この小学は，学制第27章により下等小学は6歳から9歳まで，上等小学は10歳から13歳までに卒業することが原則とされた。そして学ぶ科目は学制第27章に明記されており，上等小学でその土地ごとの状況に合わせて教授することを認められる科目の1つとして，「記簿法」があげられている。ただし，1872（明治5）年11月に公布された小学教則概表や翌年5月に公布された小学教則改正には，いまだ簿記という科目名はあげられていない（文部省編［1972a］，130-131頁；文部省編［1972b］，13-14，80-88頁）。これは文部省による簿記の教科書（『馬耳蘇氏記簿法』（2冊組：1875（明治8）年），『馬耳蘇氏複式記簿法』（3冊組：1876（明治9）年））が出版されていなかったためと考えられる。

ただし上記の教科書出版後も簿記が単独の科目として取り上げられることは少なく，一部の府県の上等小学や師範学校の科目において，作文や数学の一学科として取り上げられることが多かった。この教科書として，『馬耳蘇氏記簿法』等の文部省の教科書も使用されていたが，この他にも『帳合之法』や『銀行簿記精法』等の教科書が使われていた。そして，1870年代後半には，簿記が一学科として定着したとされる。ただし，簿記教育における順次性・系統性が配慮され，中等教育において複式簿記を学ぶための準備として，上等小学で扱われる簿記の教示内容はほぼ単式簿記に限定されていたようである（森川［1990］，3-12頁）。

実際に，中学は学制第29章において小学を卒業した生徒に普通学科を教える中等教育機関であり，下等中学は14歳から16歳まで，上等中学は17歳から19歳までに卒業するよう定められている。また，下等中学・上等中学ともに「簿記法」が必須の科目としてあげられている（文部省編［1972b］，14頁）。1879（明治12）年の教育

令により上等小学の科目から簿記が削除された後，各府県で用いられた中学の教科書（1881〜1885（明治14〜18）年）を見ると，多くの中学で文部省の教科書を用いているが，一部の中学では『帳合之法』等他の教科書も用いられており，おおむね下等中学では単式簿記が，上等中学では複式簿記が教授されていたことがわかる（四方［2004］，資料）。

このように，日本では教育制度の近代化に伴い，小学・中学の教科目に簿記が取り入れられたことがわかる。今日のような義務教育制度にまでは至っていないため，就学率の伸び悩みがみられるものの，当該教育制度を通して簿記の知識が早期かつ全国的に伝播したといえよう。

3 実務への西洋簿記の伝播

一方，実務においては教育ほど早期に西洋簿記が伝播したわけではないが，こと銀行業には早期かつ全国的に西洋簿記が用いられた。日本に株式会社としての近代的な銀行が誕生したのは，1873（明治6）年に設立された第一国立銀行に遡る。これは1872（明治5）年に制定された国立銀行条例および国立銀行成規に基づいた金融組織であり，その後，全国に153行の国立銀行が誕生した。この第一国立銀行の経営のために大蔵省は，イギリス系のマーカンタイル銀行横浜支店の支配人を務めていたShandを紙幣頭附属の書記官として招聘した。Shandの主要な任務は，西洋簿記の法を定め，第一国立銀行の銀行員や官吏らにこれを教授することであった（明治財政史編纂会［1905］，723頁）。

Shandの講述した内容は，大蔵省の官吏らが翻訳等を行い，先にあげた通り『銀行簿記精法』として出版された。当該教科書は，Shandの経験に基づくイギリス式の銀行簿記実務の教示ではなく，アメリカの銀行制度にならった日本の状況を鑑みた内容とするべく工夫がなされていたとされる（黒澤［1990］，60-61頁）。また，大蔵省の官吏であった小林雄七郎，宇佐川秀次郎，丹吉人が，Shandの講述に不足する内容を

「凡例」として加筆していたことも指摘されている（西川（孝）［1982］，26-27頁）。

このような工夫がなされていた理由の1つとして，国立銀行条例や国立銀行成規により，『銀行簿記精法』にならった簿記実務を国立銀行で行うことが求められており，帳簿や様式も定められていたことがあげられる（明治財政史編纂会［1905］，47-50，86-89頁）。

図表2■銀行簿記精法における帳簿組織の一部

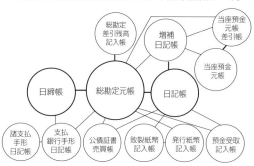

出所：津村［2016］，31頁

実際に，『銀行簿記精法』は銀行学局（1874-1876）等の教科書として用いられる等，教育を通してその知識が広く伝わったのも確かであるが，法規により銀行実務での実践が義務づけられていた。このため，たとえば第百三十三国立銀行では，国立銀行条例や同成規に従い，大蔵省より下付された帳簿や，その規定に即した帳簿を独自に印刷して用いていた（経営史料館［1960a］，49-50頁；同［1960b］，61頁）。また，第四国立銀行（1873年設立：現第四銀行）の1873（明治6）～1874（明治7）年の日記帳の欄外に，振替勘定の突合，収納帳および支払帳の突合は『銀行簿記精法』第三巻の28-29丁に詳細な解説があると記されている（久野［1969］，110頁）ことから，実務において『銀行簿記精法』の解説が役立てられていたことがわかる。

さらに，『銀行簿記精法』で教示された簿記技術は徐々に実務に適した形に改められ，後世の教科書や新たな法規として提示されるとともに教示されていった。この結果，『銀行簿記精法』に端を発する簿記技術は，①伝票を原書記録として用い，②現金式単一仕訳帳制度を採り，

③多くの場合，日記帳と総勘定元帳が主要簿として用いられるという特徴を有したシャンド・システムとよばれる簿記技術へと発展した（津村［2016］）。また当該簿記技術は，日本のすべての銀行に準拠され，時間は有するものの徐々に商工業へも広まり，その影響は昭和40年代の初め頃まで色濃く残っていたとされる（黒澤［1990］，12頁）。

●参考文献

河原一夫［1977］『江戸時代の帳合法』ぎょうせい。

黒澤清［1990］『日本会計制度発達史』財経詳報社。

経営史料館［1960a］「第百三十三国立銀行の帳簿について」『彦根論叢』第63号，41-51頁。

経営史料館［1960b］「第百三十三国立銀行の帳簿について（二）」『彦根論叢』第64号，49-63頁。

津村怜花［2016］「国立銀行の設立と銀行簿記―シャンド・システム形成過程に関する一考察」日本簿記学会年報，第31号，29-37頁。

西川孝治郎［1982］『文献解題　日本簿記学生成史』雄松堂書店。

西川登［1993］『三井家勘定管見』白桃書房。

久野秀男［1969］「『銀行簿記精法』と第四国立銀行「資料」との比較吟味（第1次中間報告）」『學習院大學經濟論集』第6巻第1号，91-111頁。

福澤諭吉［1873/1874］『帳合之法』（巻之一～巻之四）慶應義塾（雄松堂書店による復刻版を使用）。

明治財政史編纂会［1905］『明治財政史』第13巻，丸善株式会社。

森川治人［1990］「学制期における普通教育としての実業教科の内容と性格に関する研究―上等小学教科「記簿法」の成立過程に即して」『職業と技術の教育学』第12巻，1-16頁。

文部省編［1972a］『学制百年史（記述編）』帝国地方行政学会。

文部省編［1972b］『学制百年史（資料編）』帝国地方行政学会。

四方一瀰［2004］『『中学校教則大網』の基礎的研究』梓出版社。

（津村怜花）

コラム 1 　日本の簿記書

　明治初年の簿記書は，19世紀のアメリカの簿記書と共通の特色を有していた。これは，明治初年の簿記書が（主として）19世紀のアメリカの簿記書の翻訳からスタートしたためである。そこでは，近代会計理論のような「期間損益2重計算」の論理は見られず，「期末資本2重計算」の論理が採られていた。

　明治5（1872）年に学制が頒布され，小中学校で記簿法の授業が行われるようになった。その際に文部省から刊行されたのが，『馬耳蘇氏記簿法』と『馬耳蘇氏複式記簿法』である。これらは，アメリカのC. C. Marshの1871年の著作を小林儀秀が翻訳したものである。

　『馬耳蘇氏複式記簿法』では，「期間損益2重計算」ではなく，「期末資本2重計算」が記されている。期末資本2重計算とは，まず「本財并借財残金」（貸借対照表に相当）で期末資本を求め，そして「利潤損耗残金」（損益計算書に相当）で期間損益を求めた後に，期首資本に期間損益を加算して期末資本を出し，「本財并借財残金」の期末資本の金額と一致することを確認するための計算である。

　福澤諭吉訳『帳合之法』でも，同様の計算方法が採られている。これらは，『帳合之法』の原著であるBryant, Stratton & Packard著 "Bryant and Stratton's Common School Book-Keeping"（1871）において記されている論理である（園［2012］，64-66頁）。

　明治23（1890）年には，ドイツ商法を基にわが国の商法が公布された。これに伴い，磯村音介・齋藤軍八郎共著『商法活用帳合之法』（三版）（1891）や小野幾之助著『商法活用商業簿記法』（1892）といった，商法における商業帳簿規定に対応した簿記書が出版されるようになった（江頭［2012］，81-83頁）。ここで，アメリカの簿記書の翻訳に源流を持つ明治初年の簿記書とは異なった性格の簿記書が刊行され始める。

　やがて，Hatfieldの会計理論書の影響もあり，わが国の簿記書は「期間損益2重計算」への論理的転換期へと向かう。今日の簿記書とほぼ同一の論理の簿記書が広く刊行され始めるのは，大正時代から昭和初年のことである。

●**参考文献**

江頭彰［2012］「第Ⅲ章　3．1　明治『商法』導入期の財産目録と貸借対照表の作成方法―誘導法的損益計算構造の貫徹による近代的貸借対照表の確立」日本簿記学会簿記教育研究部会『明治以降の簿記書の歴史の研究』。

園弘子［2012］「第Ⅱ章　2．3　福澤諭吉『帳合之法』の現代的意義―Bryant & Strattonの業績を視野に入れつつ」日本簿記学会簿記教育研究部会『明治以降の簿記書の歴史の研究』。

矢野沙織［2017］「第4章　19世紀の米国における会計的認識と利益計算構造の歴史的考察―C. C. Marshの簿記理論を手がかりとして」高橋和幸・岸川公紀・矢野沙織編著『企業会計システムの現状と展望』五絃舎。

（矢野沙織）

製本簿からコンピュータへ

1 コンピュータおよび情報システムの変遷

　ミサイルの軌道計算といった軍事的な目的で当初は開発されたコンピュータであるが，真空管を素子とした第一世代コンピュータが出現した当初より，会計分野に応用されてきたという歴史がある。コンピュータは，やがてトランジスタを搭載した第二世代から，集積回路（IC）や大規模集積回路（LSI）等を搭載した第三世代を経て，超大規模修正回路（VLSI）とパーソナル・コンピュータ（PC）の出現に代表される第四世代へと続いて今日に至っている。

　また情報システムの展開という観点から眺めると，経理等の計算作業を効率化するために導入されたEDPシステムに始まり，1960年代には複数のコンピュータをオンラインで結んで統合処理を行うオンライン・システムが登場し，さらに1960年代終わりから1970年代にかけて経営情報システム（MIS）がブームとなり意思決定支援システム（DSS）が登場した。1980年代になるとPCが出現したことによりオフィス・オートメーションとエンドユーザー・コンピューティングが進み，1980年代終わりから1990年代にかけては，単なる作業の効率化ではなく戦略的な意思決定を支援するための戦略情報システム（SIS）がブームとなる。1990年代以降は，LANの普及によるクライアントサーバーシステムが主流となり，インターネットの登場によりテレワーク等ワークスタイルそのものも変化するようになった（佐藤［2003］）。

　以上の展開とは別に，会計情報システムを構築するために用いられるデータベース管理システムも大きな変化を遂げており，これらを統一的な視点から会計帳簿との関係を説明することは難しい。そこで，主としてデータベース理論を基礎として展開された会計データモデル研究

の成果に従って，会計データの格納の仕方（すなわちコンピュータ上にどのように「帳簿」を再現するかという問題）が，どのような変遷をたどってきたのかを概観することにする。

2 階層モデルおよび網モデルの時代

　会計データモデル論は，階層モデルおよび網モデルの議論から始まった。これらは，初期のコンピュータシステム上で稼働する商用のデータベース管理システムで採用されたデータモデルである（増永［1990］，21-22頁）。階層モデルは，勘定科目のように階層性を持つ対象を管理するのに適している。勘定科目の階層性に注目して会計データのモデル化を行った研究は，おそらくEaves［1966］が最初のものであろう。網モデルは，CODASYL［1971］によって提唱されたもので，Haseman & Whinston［1977］による応用研究が最初であろう。いずれにおいても，これらの研究で想定されているデータベースは，基本的に勘定科目を階層構造に落とし込み，仕訳をどのように効率的にデータベース上に格納するかといった観点から語られていた。したがって，まったく同一というわけではないが，基本的に実際の製本簿をいかにコンピュータ上に再現するかということを指向していたといえる。

　これらの研究では，仕訳データをデータベースに記録する際に，勘定科目名とともに，その勘定科目に対応する階層化されたコードを付与する。これにより，そのコードを手がかりに勘定科目ごとの集計が可能となり，勘定科目ごとに新たに集計されたデータベースから財務諸表がアウトプットされることになる。つまり，実際の手作業による製本簿による記帳と同じく，まずは仕訳帳に記帳し（仕訳データベースに記録し），元帳へと転記し（勘定科目ごとに集計さ

れる別のデータベースに記録していき），その残高をまとめて財務諸表としてアウトプットするようにシステムが構築されていたわけである。

　この段階において，コンピュータ上に構築されるデータベース（すなわち電子的に表現された会計帳簿）の論理構造は，概念的には製本簿と同じであった。

3 関係モデルの登場

　データベースの論理構造が，実際の会計帳簿と大きく乖離することになったのは，Codd [1970] による関係モデルが登場してからである。関係モデルは，集合理論をベースに数学的に厳密な定義がなされたモデルである。表の形でデータが表現され，プログラムに依存しないためデータの独立性が高く，またデータの更新異常を避けるようなデータ構造を規定するデータの正規化理論と，関係モデルの理論に基づいてデータベースを操作できるようにするために操作言語が用意されている点が大きな特徴である。

　この関係モデルを最初に導入した研究としては，Everest & Weber [1977] をあげることができる。彼らはこの関係モデルを導入することで，データを格納する上で問題となっていた冗長性を大きく改善できることを示した。つまり仕訳を入力したデータベースから，電子的に転記（別のデータベースへ記録）することなく，勘定科目ごとの集計が可能になったことを意味している。また最初に仕訳の入力画面で記録されるデータベース自体も，必ずしも仕訳帳のような構造をしている必然性はなく，元帳のような構造をしたデータベースである場合もあった。

　第四世代コンピュータが出現し，オフィス・オートメーションとエンドユーザー・コンピューティングが普及すると，多くの財務会計ソフトウェアがPCベースで開発されるようになったが，当時はフロッピーディスクといった低容量の記録メディアが主流であったため，データの冗長性を極力避ける必要があった。このため，メインとなるデータベースの設計には

大きく2つのアプローチが登場することになる。1つは仕訳帳データをメインのデータベースとするタイプで，もう1つは元帳データをメインのデータベースとするタイプのものである。後者の場合，入力画面には仕訳帳のようなものが表示されているが，そこに入力すると，元帳データベースに直接書き込むような形でデータ更新が行われていた。当時，記録メディアの容量が十分ではなく，仕訳データベースと元帳データベースの両方を同時に記録するだけのスペースが十分に確保できなかったという事情があったためである。

　いずれのアプローチのメリット・デメリットも，コンピュータの処理速度の向上と，記録メディアの高速化・大容量化によって，次第に仕訳帳データベースをメインとするアプローチに収斂するようになっていった。当時，情報システムの構築のアプローチとして「大福帳システム」という言葉がもてはやされた時期もあったが，これは会計事象を歴史的に記録していくような，仕訳帳データベースをメインとしていたからである。

　このように実際の論理的な構造と，記録メディアへの物理的な格納のための構造，そしてデータを操作する利用者が目にする構造（しばしば「ビュー」とよばれる）は異なっていることが多いが，これはANSI/X3/SPARCの三層スキーマ（Tsichritzis & Klug [1978]）を理解していればごく自然なことである。実際のデータベースの構造がどのようなものであろうと，仕訳帳のビューを与えれば，そのデータベースは仕訳帳として見える。同じく，元帳のビューを与えれば，そのデータベースは元帳のようにも見える。会計情報システム内部で動作しているデータベースの論理構造は，実際の製本簿の論理構造から解き放たれることになったのである。

　記録されたデータベースが，製本簿の論理構造と乖離したもう1つの理由は，データの正規化理論の影響もあるだろう。正規化理論についてはここで詳述できないが，繰り返し項目を持たない第1正規形への変換，データを識別する

ための識別キー属性と非識別キー属性との間に従属関係がない第2正規形への変換，非識別キー属性間の従属関係がない第3正規形への変換，といったように正規化を進めていくと，正規化する前は仕訳帳データベースのようだったファイルも，いくつかのファイルに分割されていき，もはや仕訳帳として体裁をなしていない構造を持ったデータベースと形を変えていくからだ。

4 XBRLの登場と帳簿データの標準化

最後に述べておきたいのは，帳簿データの標準化についてである。これを実現するための技術としてXBRL（eXtensible Business Reporting Language）があるが，当初は財務諸表データの標準化を目指したものであった。しかしながらXBRL技術は帳簿データの標準化にも応用可能であり，XBRL GL（当初はGeneral Ledger，後にGlobal Ledgerの略とされた）のタクソノミ・フレームワークが開発され，帳簿を表現するためにも用いられるようになったのである。XBRL GLは仕訳タクソノミともいわれるように，元帳と仕訳帳は厳密に区別をしていない。技術的な観点から見れば，仕訳帳と元帳というものを区別する意義は失われたといえる。

ただしデータの見え方としての「仕訳帳」ビューや「元帳」ビューの意義は依然として残されており，複式簿記とその製本簿の役割は，手作業による記帳のための技術から，コンピュータ化を通じてビジネスの実体を捉える視点を与える思考様式・認識のフレームワークを提供するものへと変容していったといえる。

5 ブロックチェーン技術の登場

Nakamoto［2008］の論文から始まった仮想通貨ビットコインの開発過程で，ブロックチェーンという技術が考案された。当初は仮想通貨を実現するための技術として開発されたものであったが，分散ネットワーク上で取引記録の改ざんを防ぎ，信頼性を確保するための仕組

みを提供しているため，さまざまな領域への応用が模索されている。井尻［1984］の時制的三式簿記との関連も言及されていることもあり（坂上［2019］），今後の会計帳簿の展開において，注目すべき動向であることを指摘しておきたい。

●参考文献

CODASYL［1971］*Data Base Task Group Report to the CODASYL Programming Language Committee*, ACM.

Codd, E. F.［1970］"A Relational Model of Data for Large Shared Data Banks," *Communications of the ACM*, Vol. 13, No. 6, pp. 377-387.

Eaves, B. C.［1966］"Operational Axiomatic Accounting Mechanics," *The Accounting Review*, Vol. 41, No. 3, pp. 426-442.

Everest, G. C. & Weber, R.［1977］"A Relational Approach to Accounting Models," *The Accounting Review*, Vol. 52, No. 2, pp. 340-359.

Haseman, W. D. & Whinston, A. B.［1977］*Introduction to Data Management*, Irwin.

Nakamoto, S.［2008］"Bitcoin: A Peer-to-Peer Electronic Cash System," Available at Satoshi Nakamoto Institute: https://nakamotoinstitute.org/static/docs/bitcoin.pdf

Tsichritzis, D. C. & Klug, A.［1978］"The ANSI/X3/SPARC DBMS Framework Report of the Study Group on Database Management Systems," *Information systems*, Vol. 3, No. 3, pp. 173-191.

井尻雄士［1984］『三式簿記の研究—複式簿記の論理的拡張をめざして』中央経済社。

坂上学［2016］『事象アプローチによる会計ディスクロージャーの拡張』中央経済社。

坂上学［2019］「ブロックチェーンにおける三式簿記の意義」菊谷正人編著『会計学と租税法の現状と課題』第7章所収，税務経理協会，97-108頁。

佐藤敬［2003］「情報システム」『情報社会を理解するためのキーワード：2』培風館，85-95頁。

増永良文［1990］『リレーショナルデータベースの基礎—データモデル編』オーム社。

（坂上　学）

XBRL GL

500年以上の歴史を持つ複式簿記の処理は紙を用いて行われてきた。情報技術が発達した現代では，簿記処理はコンピュータ上で行うことが一般的である。では，どのように記録しているのか。たとえば，文章作成ソフトでは，紙のノートと同じように書くことが可能であるし，表計算ソフトを使えば簡単な集計は瞬時に計算することができる。簿記処理専用のソフトウェアも登場しており，仕訳の入力から決算書の作成までサポートしてくれるのでとても便利である。コンピュータを使う場合，使用するソフトによってデータが読み込めないという大きな問題が発生する。つまり，A社のソフトで作成した会計データは，B社のソフトでは読み込めないことがあるということである。さらに，ソフトはOS（オペレーティングシステム）によっては使えないことがある。

この問題は，データそれ自体の形（仕様という）が，それぞれのソフトで異なっていることが原因である。それぞれのソフトは，処理に応じた適切なデータの仕様を，独自に決定しているのである。会計ソフト同士でのデータのやりとりを可能とするために，ある団体はその仕様を決めてしまい，どのコンピュータやソフトでも読み込みができるようにした。これを標準化といい，簿記だけでなく，会計ひいてはビジネスのデータ仕様を標準化したものを，XBRL（eXtensible Business Reporting Language：拡張可能なビジネス報告言語）という。XBRLは，2種類の標準が存在しており，財務諸表を標準化したものをXBRL FR，そして，財務諸表が作成される前の帳簿，すなわち元帳の機能を持ったものをXBRL GLとよんでいる。GLとはGlobal Ledger（包括的な元帳）を指

しており，簿記よりも広い範囲のデータを記録できることを意味している。XBRL GLには，取引の仕訳記録だけでなく，取引に付随するさまざまな追加情報があわせて記録可能なのである。また，GLのデータは，財務諸表の項目と対応づけることができるため，財務諸表の項目から直ちにその詳細データを得ることができるようになっている。

コンピュータは記録と計算が得意である。紙で管理するには多すぎる情報や，人の手では複雑すぎる計算もコンピュータを使えば簡単にできる。ある目的のために複数の勘定科目を指定して集計したり，特定の勘定科目の内訳を掘り下げて分析したりすることが迅速にできるようになる。加えて，簿記上の取引に含まれない広い範囲のデータも記録することで，経営の意思決定に重要な情報を導くことができる。必要な状況で詳細なレポートを作成することができるのである。もともとの仕訳データが特定のコンピュータやソフトによってのみ利用可能なら，分析やレポートの作成は，そのソフト，そしてそのソフトを作ったメーカーに依存してしまう。しかし，もし仕訳データがGLのデータに変換可能ならば，分析のためにさまざまなソフトを利用することができるようになる。特定のコンピュータやソフトに依存しないでこのような機能を得ることが，XBRL GLのメリットである。

ただし，XBRLは仕様を標準化しただけにすぎない。XBRLはどんな環境でも利用できるが，XBRLを利用するための方法が必要になる。平たくいうと，XBRLを利用可能なソフトが必要になるということである。

（中溝晃介）

商法会計制度の展開（17世紀〜）

1 商法会計の由緒

　一般的な企業会計制度として日本では，会社法（旧 商法）会計，金融商品取引法（旧 証券取引法）会計および税法会計（税務会計）がある。このうち，会社法（旧 商法）会計は最も古く，17世紀ヨーロッパ以来の歴史を持つ。

　商法会計制度の展開について，ここでは大きく次の４つに時代分けする。①明治期日本に導入されるまでのヨーロッパにおける商法会計の生成と展開，②明治期から昭和戦前期までのドイツ系商法会計の導入・展開の時代，③昭和戦後期における「企業会計原則」との調整の時代，④平成期における資本制度の揺らぎおよび国際会計基準への対応の時代。

2 ヨーロッパにおける商法会計の生成と展開（〜19世紀）

　日本が商法を制定する19世紀までの商法会計の歴史について，画期的な立法を中心に概観すれば，以下のようになる。

① 1673年フランス商事勅令および1807年フランス商法：会計帳簿と財産目録

　会計帳簿は商人の取引記録（取引事実の歴史記録），財産目録は一時点の財産実在記録（財産の実在を調査した記録）である。これらは，商人自身の財産管理になり，また破産や裁判の時の証拠にして裁判を迅速化し，もって商業秩序の確保のために制度化された。フランスは当時，ルイ14世の下で財務長官コルベールが重商主義政策を推進していた。

② 1829年スペイン商法：年次貸借対照表

　年次貸借対照表を制度化した理由は当時，（純財産の増加分として）利益の計算にあるとされた。商人が財産状態（財産目録）の他に損益

の状況も知れば，一層の破産防止になる。

③ 1838年オランダ商法および1843年プロシア株式会社法：配当規制

　株式会社を最初に制度化した1807年フランス商法には会社の計算規定がない。株式会社の資本金維持と（株主有限責任に対する）債権者保護のため必要な配当規制が，オランダおよびドイツ（プロシア）で制度化される。配当は利益からに限るとされた。

④ 1861年ドイツ商法：財産評価規定

　財産目録および貸借対照表に記載する財産の評価規定が登場する。この商法第31条は各財産に「附すべき価値」による評価を定めた。この当時の解釈は売却時価評価である。これは，債権者が商人（債務者）の財産状態を知るためであるとされた。

3 明治期から昭和戦前期までのドイツ系商法会計の導入・展開の時代

(1) 商法会計に先行した英米系の簿記会計の日本導入

　上〈2①〜④〉の諸制度を営んだ商法会計は，明治中期になって日本に入る。ところがそれに先立って，明治初期から英米系の簿記会計が日本に入っていた。二系統の会計の導入により，日本の会計制度は，世界に類例のない特異な展開を見せることになる。

　英米の簿記書の翻訳は，明治６年（1873）の次の３点に始まる。福澤諭吉訳『帳合之法 初編』，加藤斌訳『商家必用』，大蔵省刊『銀行簿記精法』である。その後も毎年数点以上の出版が続き，明治20年までに簿記書の出版は84点に達した。これらの簿記書によって複式簿記が導入された。その簿記法は，損益勘定による利益の計算（損益法），元帳記録（勘定残高）に基づく貸借対照表の作成（誘導法），および取得原

価主義による資産評価を包含していた。このような英米系の簿記会計が，企業の会計慣行を形成していく。

(2) 明治23年旧商法：ヨーロッパ大陸系の商法会計の導入

　明治23年（1890）旧商法は，すべての商人に対する商業帳簿（日記帳（会計帳簿），財産目録および貸借対照表）の制度と株式会社の計算規定（決算書の作成，監査役の監査，公告，配当規制）を含んでいる。同法は，開業時および年次の財産目録および貸借対照表の作成において，「総テノ財産ニ当時ノ相場又ハ市場価直ヲ附ス」として時価主義を採る。これはドイツ商法における「附すべき価値」の当時の通説的解釈によったものである。この商法会計は，財産目録による貸借対照表の作成（棚卸法），純財産（資本）の期首期末比較による利益の計算（財産法），および時価主義による資産評価を包含していた。

　このような商法会計と，先行する英米系の簿記会計とで，日本には異なる二系統の会計が併存することになった。このことは，後の時代に制度上の難問を生む。その代表格は，商法会計にあるが英米系簿記会計にない財産目録をめぐる問題である。

(3) 明治32年（1899）新商法：（法定）準備金

　明治23年旧商法の後，明治32年に新商法が制定された。この商法がその後改正を重ねて，現行商法および会社法に至っている。商法会計の各領域（2①〜④）にかかる大きな改正を中心に述べる。

　明治32年新商法の商業帳簿（1編5章）の規定内容は，実質的に旧商法のそれと変わらない。財産の評価は「（財産）目録調製ノ時ニ於ケル価格」といい，やはり時価である。明治35年大審院判決もこれを支持して，「客観的ノ価格即チ……交換価格」であるとした。

　新商法は株式会社の「会社ノ計算」（2編4章4節）で，計算書類として財産目録，貸借対照表，営業報告書，損益計算書，準備金及ヒ利益又ハ利息ノ配当ニ関スル議案を定め，配当規制に関して，（法定）準備金の積立てを前提に，「損失ヲ塡補シ且……準備金ヲ控除シタル後ニ非サレハ利益ノ配当ヲ為スコトヲ得ス」とした。準備金は旧商法にもあったが，新商法は，株式発行時の額面超過額もこの準備金に組入れるとした。

(4) 明治44年（1911）改正商法：時価以下主義

　この改正商法で財産の評価は，時価以下主義（財産目録調製ノ時ニ於ケル価額ニ超ユルコトヲ得ス）となる。これは，当時のドイツ商法（1897年HGB）における「附すべき価値」の通説的解釈（の変化）にならったものである。

(5) 昭和13年（1938）改正商法：固定資産の評価規定，繰延資産

　この改正商法は，商業帳簿規定に固定資産の評価規定を新設して原価（マイナス減価償却額）による評価を許容し，また株式会社について資産評価の特則を設けた。さらに繰延資産として会社創立費，社債発行差金および建設利息を許容した。これらは，会計慣行との調整に務めた昭和11年商工省公表の「財産評価準則」の影響である。

4 昭和戦後期における「企業会計原則」との調整の時代

(1) 昭和25年（1950）改正商法：利益準備金・資本準備金，新株発行費

　この改正商法で，従来の資本確定の原則（会社設立定款に「資本ノ総額」を記載）から授権資本制（上に代えて「会社ガ発行スル株式ノ総数」を記載）となるとともに，無額面株式が導入された。会社の計算規定では，（法定）準備金について利益準備金と資本準備金に分けて整備拡充されるとともに，新株発行費が繰延資産に追

加された。これらは，昭和24年経済安定本部から公表された「企業会計原則」の最初の影響である。

⑵ 昭和37年（1962）改正商法：取得原価主義，繰延資産の拡大，引当金

　この改正で株式会社の計算規定は，「企業会計原則」の考え方を大幅に取り入れた。その結果，商法会計は従来の財産法から損益法の計理体系に変わったといわれる。資産評価は取得原価主義となり，繰延資産が拡大され（買入暖簾，開業費，試験研究費および開発費，社債発行費），引当金の負債計上が許容された。

⑶ 昭和49年（1974）改正商法：公正ナル会計慣行，財産目録の削除，附属明細書

　この時の改正は株式会社の監査制度の改正（会計監査人の新設）が最大の眼目であったが，これとも関連して会計規定にも重要な改正があった。商業帳簿に関しては，その作成目的と規定の解釈（公正ナル会計慣行ヲ斟酌スベシ），会計帳簿（従来のいわゆる日記帳に代わる）の作成，財産目録の削除，誘導法による貸借対照表作成，財産評価の取得原価主義が定められた。株式会社の計算に関しては，計算書類からの財産目録の削除，（計算書類の）附属明細書の新設，中間配当の制度化が大きな改正である。

⑷ 昭和56年（1981）改正商法：引当金の純化

　この改正は，額面株式と無額面株式の相違をできる限り撤廃する方針から，資本組入額に関して，額面株式についても従来の額面価額主義から発行価額主義に変更した。また，企業会計原則側からの意見に応えて，引当金の内容を純化すべく規定を改正し，引当金には利益留保性のものが含まれないことを明確にした。

5 平成期における資本制度の揺らぎおよび国際会計基準への対応の時代

⑴ 平成2年（1990）改正商法：最低資本金

　この改正で，株式会社に最低資本金（1千万円）の制度が設けられた。しかし，後述するように，この制度は長続きしない。

⑵ 平成6年（1994）改正商法：自己株式の取得制限の緩和

　自己株式の取得は例外的な場合を除き原則禁止とされてきたが，この改正商法は，自己株式の例外的な取得事由を緩和した。その代わり，所定の保有自己株式の額について配当制限を設けた。後（平成13年改正）の自己株式取得・保有の規制緩和の先駆けといえる。

⑶ 平成11年（1999）改正商法：株式交換・移転制度，金銭債権等の時価評価

　この改正で，株式交換による完全親会社の創設と株式移転による完全親会社の設立の制度を新設し，これに伴う資本準備金の財源追加を行った。また，市場価格のある金銭債権等の時価評価の許容およびこれに伴う配当制限を定めた。

⑷ 平成12年（2000）改正商法：会社分割制度

　この改正で，会社分割―新設分割および吸収分割―の制度が創設され，これに伴う資本準備金の財源追加が行われた。

⑸ 平成13年（2001）6月改正商法：資本制度の揺らぎ

　この改正で，自己株式の取得・保有に関する規制の緩和，株式の大きさに関する規制の見直し（額面株式の廃止，株式発行価額の規制廃止），法定準備金の規制の緩和が行われた。これらは従来の資本制度の根幹を揺るがすものであり，資本制度は揺らぎ始めたといえる。

(6) 平成14年（2002）改正商法：財産評価規定等の省令委任

この改正で，株式会社の計算規定における財産の評価，繰延資産および引当金に関する条文を削除し，これらの規定を法務省令で定めるとした。会計基準の改正・新設が広範かつ迅速化している状況下で，証券取引法（現 金融商品取引法）会計の変更にあわせて商法改正を行う従来の方法では，商法改正に相当の時間がかかり，証券取引法会計の迅速な変更を阻害する，というのがこの改正の理由である。この商法改正と同時に改正された商法特例法によって，所定の大会社に対する連結計算書類の制度が導入された。

(7) 平成17年（2005）会社法の成立：会社法会計の時代へ

平成17年（2005）6月に「会社法」が成立し（公布は平成17年7月，施行は翌18年5月），商法の第2編会社が廃止された。これにより，会社に関する従来の商法会計は，会社法会計といわざるを得なくなった。会社法は会社法制の現代化（現代語化と実質改正）を目指した結果であり，実質改正の内容は，規制緩和，諸制度間の不均衡の是正，規律の強化に分けられる。このうち，最近の数次にわたる会社法制の改正の流れを引き継いだ「規制緩和」が最大の特徴である。会計に関係する規制緩和としては，次のものがあげられる。

① 最低資本金制度の廃止
② 企業会計の慣行を「会計の原則」とする包括的規定（431条）
③ 資本金・準備金・剰余金の間の金額変動の弾力化（447条～451条）
④ 配当の回数制限の撤廃および現物配当の制度化（453条，454条1項）

なお，会社法における最低資本金制度の廃止については，その予備的実験ともいえる制度が平成14年改正「新事業創出促進法」の下で行われていた。それは，商法の最低資本金規制の特例として，所定の創業者が所定の期間内に設立する株式会社について，最低資本金（1千万円以上）の規制は，会社設立の日から5年間は適用されない，というものである。平成10年代は，長引く経済不況の只中で，資本余剰の傾向と創業件数の減少が続いていた。

(8) 平成17年（2005）改正商法：商業帳簿の新規定

会社法と同時に改正された商法の商業帳簿規定（1編5章）は，従来の数ヵ条に代えて，省令委任を含んで1ヵ条（19条）に整理された。「商人の会計は一般に公正妥当と認められる会計の慣行に従う」（1項）とされ，商業帳簿（会計帳簿及び貸借対照表）の作成方法および財産評価については法務省令に委任された（2項）。

（安藤英義）

31

20世紀初頭の会計

1 複式簿記—資本勘定と損益勘定

20世紀初頭のアメリカにおける複式簿記の説明では，資本勘定そのものにはほとんど言及されていない。プラス・マイナスとしての財産である資産・負債と資本の2つに区分されており，費用・収益勘定は資本（主持分）勘定に含まれるという説明は19世紀以来変化していない。むしろ，1930年代に至るまでの複式簿記の理論展開は，次第に損益（損益勘定）に関する説明が詳細になっていったことを意味している。

1909年のHatfieldの *Modern Accounting* では，ドイツ会計学における物的二勘定系統説に基づく，〈資産−負債＝資本主持分〉という資本等式をアメリカで導入した。これは，簿記教示法としての貸借対照表アプローチに基づくものである。ただし，その簿記の対象は，従来の説明と変わらず個人商店やパートナーシップを中心としており，株式会社を念頭においてはいなかった。複式簿記の基本的原理にのみ言及し，損益分類に関しては資本主持分の増加・減少を表す利益・損失の2種類しか基本的に示されていない。1910年代になると，S. GilmanやR. B. Kesterの著書でみられるように，営業損益とそれ以外の損益とを区別し，特に資本主持分勘定に関する説明がより詳細になっている。ただし，資本主持分の一部として損益が説明されている点では従来と変わらなかった。このように，資本等式が意味する利益とは，期首資本と期末資本の差額による当期利益というストックとしての最終的な利益しか示すことはできない。

これに対して，W. A. Patonは企業の資金調達方法に関係のない経営成績を示すことが企業・経営者にとっては重要であると考え，〈資産＝持分〉という貸借対照表等式を主張した。すなわち，支払利息・社債利息・配当等を企業に資金提供するすべての持分に対する報酬とみ

なし，費用とは認識せずに純利益勘定で同質的に扱い，純営業利益（net operating revenue）を強調した。ただし，厳密にはこの持分概念と貸借対照表等式でも，フローとしての営業利益を強調することはできない。そのために，Patonは勘定を損益の性質によって分類し，その中の営業利益を示す特定の勘定を強調した。彼の貸借対照表等式や持分概念は，資本等式を批判するためのものであったが，それ以上の議論展開はもはや簿記論ではなく，会計理論へと変化したことを意味している。

2 利益概念—剰余金から営業利益へ

第1次世界大戦が始まるまでの1910年代前半までは，企業合併運動による株式の水割り問題といったことから，貸借対照表や資本に関心が向けられていた。会計理論上，当時の最も特徴的な利益概念は，貸借対照表に基づく利益概念，すなわち配当可能利益を念頭においた剰余金であった。当時の利益の定義は，会社法や所得税法，裁判所の判決といった法律上の影響を強く受けていた。そのため，会計論者の利益の説明もほとんど配当可能利益の定義であった。ただし，何が配当可能で，何が配当不能であるかという議論が中心であり，配当可能限度額の計算といったものではなかった。20世紀初めにおいて利益の定義を最もよく表しているのが，1904年の国際会計士会議でのA. L. Dickinsonの"The Profits of a Corporation" という論文である。ここでは，2つの決算日に見積もられる正味財産の増加・減少を利益・損失と考えていた（Dickinson［1904］p. 172）。会計実務上も，損益計算書に相当するProfit and Loss accountやIncome accountで配当が記載されているものもあれば，当期利益を期首剰余金と合算して期末剰余金から控除するという形で配当を行う企業もあり，利益とは配当可能利益である剰余

金を意味していた。したがって，当期利益額以上の配当を行っていても，累積剰余金（利益剰余金）があるならば何ら問題はなかった。

このストックとしての利益概念からフローとしての利益概念に注目をおいたのが，営業利益を強調したPatonである。その手段として用いたのが，先にも示したように資本等式への批判である。つまり資本等式に基づくと，年度末における最終的な利益（当期利益）にのみしか注意が払われないという誤解を懸念したのである。フローとしての利益概念あるいは営業利益への意識が高まった最大の外的要因は，1910年代以降の連邦所得課税制度の成立と第1次世界大戦直後における不況であった。それ以前の臨時的な課税制度における現金収支に基づく利益概念から，連邦所得課税制度に関連して，減価償却費の計上や発生・実現基準の概念がみられる等，損益計算書に基づく利益が次第に注目されるようになっていた。また，利益の要因であるコストの削減を意識したのが第1次世界大戦直後の不況である。当時，棚卸資産の大幅な評価切下げ等が行われていた。

このように，会計上の利益概念は，従来の株主への配当を念頭においた剰余金から，企業や企業経営者の観点からの営業利益の重視というフロー概念へと移行していったといえる。

3 資産評価—原価評価と時価評価

20世紀初頭の時代は，時価評価論が頻繁にみられることから，貸借対照表中心の時代であったと先行研究では一義的に解釈されてきた。しかしながら，棚卸資産における時価評価と物価変動に基づく固定資産の再評価の両者は区別して考えなければならない。

棚卸資産においては商品評価損（低価基準）だけでなく，正味実現可能価額も1910年代以降主張されていた。たとえば，R. B. Kester（1918）は貸借対照表的観点と損益計算書的観点という2つをあげて，それぞれに適した資産評価を論じていた。しかし，その他の時価評価を主張している人も基本的には原価評価を前提としている。

一方，固定資産に関しては，原則として原価評価が一般的であった。固定資産の取替原価による再評価で注目されたPatonの時価償却論は，公益事業会社の料金決定の上での再評価問題であり，一般株式会社会計とはあまりなじまない。1920年を頂点とする価格水準の変動というアメリカの経済的状況において，資産再評価は必要不可欠な問題であった。しかし，1920年代での価格水準はほとんど安定しており，資産再評価が頻繁に行われていたという会計実務は，あくまでも個々の企業の都合によるものであった。その意味で当時を時価主義の時代であったと評価することには問題もあろう。

4 資本会計—資本剰余金の生成

1910年頃までは，いまだ近代的な株式会社会計，すなわち株式会社の拠出資本という考えはなく，資本勘定そのものについてはほとんど言及されてはいなかった。しかし，1912年のニューヨーク州における無額面株式の発行が認められるようになって以降，株式プレミアムといった払込剰余金が配当可能であるかどうかに関するテーマが会計テキストにおいて説明されるようになった。この払込剰余金は，資産再評価による再評価剰余金と同様に，会計理論上は配当すべきでないという見解が主流であり，その意味で資本剰余金概念の生成がみられるようになった。

●参考文献

青柳文司［1986］『アメリカ会計学』中央経済社。

桑原正行［2008］『アメリカ会計理論発達史』中央経済社。

津守常弘［1962］『配当計算原則の史的展開』山川出版社。

中村忠［1975］『資本会計論（増補版）』白桃書房。

中野常男［1992］『会計理論生成史』中央経済社。

宮上一男編著［1980］『近代会計学の発展 I』（会計学講座①），世界書院。

（桑原正行）

11

企業会計原則

1 「企業会計原則」の成立と一般原則

　1949年7月9日，経済安定本部企業会計制度対策調査会は，「企業会計原則」と「財務諸表準則」の中間報告を公表した。「企業会計原則」設定の目的は，その前文（**図表1**）によく表されている。「企業会計原則」は，日本の国民経済の民主的で健全な発達のために，社会的なルールの合意として，一般に認められた会計原則（Generally Accepted Accounting Principles：GAAP）の確立を目指すものであった。

　「企業会計原則」の一般原則は，**図表2**の7原則からなる。「企業会計原則」の起草者の1人である黒澤清の言説（黒澤［1951]）に基づいて，その一般原則を説明しよう。

　真実性の原則は，「正規の簿記の原則から単一性の原則までの一般的会計諸原則の総括的名称にほかならず，会計諸原則にしたがい作成された財務諸表をもって真実のものとみなすのである」（黒澤［1951]，283頁）。

　正規の簿記の原則は，イギリス会社法の真実かつ公正な外観（true and fair view）に合致する原則であって，「会社の正確な会計帳簿をそなえて，一事業年度間のすべての売上および仕入に関する取引，金銭のすべての収入および支出，すべての債権債務，流動資産および固定資産に関する記録を行わなければならない」（黒澤［1951]，283頁）。正規の簿記の原則は「企業の歴史的記録とその分析的記録から，貸借対照表（ならびに損益計算書）を導き出すことを要求するものである」（黒澤［1951]，290頁）。1951年の「企業会計原則」の改訂では，正規の簿記の原則に，注解として「企業会計は，定められた会計処理の方法に従って正確な計算を行うべきものであるが，企業会計が目的とするところは，企業の財務内容を明らかにし，企業の

状況に関する利害関係者の判断を誤らせないようにすることにあるから，重要性の乏しいものについては，本来の厳密な会計処理によらないで他の簡便な方法によることも正規の簿記の原則に従った処理として認められる。」が付された。これは金額あるいは科目の重要性の乏しいものについては重要性の原則が適用され，簡便な会計処理が認められることを表している。

　資本・損益取引区分の原則は，「資本と損益，したがって資本と利益との区分に関する基本原則である。企業の利益は財貨および用役の移転によってのみ実現するものであって，けして資本の移転から生ずるものではない」（黒澤［1951]，293頁）。このように資本・損益取引区分の原則は，クリーンサープラス（clean surplus）関係の遵守を要請するものである。クリーンサープラス関係は資本の増分は当期に獲得した利益から配当を控除したものに等しくなることを表す。クリーンサープラスの前提は損益計算書と貸借対照表を連携させることになる。

　明瞭性の原則は，ディスクロージャー（disclosure）の原則である。この原則は，「勘定記録をそのまま表示せしめるのではなく，会計記録の背後にある事実を併せ表示せしめることにより，企業の財務報告を明瞭ならしめることを目的としたもので，会計の拡大としての報告の機能を指示するものである」（黒澤［1951]，300頁）。「企業会計原則」の一般原則の特徴は，会計処理の原則とリポーティングの原則の2つのタイプの原則を含むことである。明瞭性の原則はリポーティングの原則である。

　継続性の原則は，会計処理を「一度選択採用したならば，これを毎期継続して適用し，正当な理由のないかぎりみだりに変更することは許されない」（黒澤［1951]，307頁）とするものである。継続性の遵守は，期間における財務諸表の比較可能性を保証するものである。

保守主義の原則は，企業経理の実務で広く適用されている。保守主義はステークホルダー間のコンフリクトの解消あるいは緩和に有効であるという実証的証拠も提示されている（薄井[2015]）。黒澤[1951]は，経営者，銀行，会計士の観点から保守主義の適用の便益を指摘した。「企業会計原則」の設定当時，「銀行は金融目的のために企業家の提出する財務諸表に対して資産の過大評価や利益の過大表示がありはしまいかという疑念を幾分もっている」（黒澤[1951]，309頁）と考えられていた。そのような状況では，銀行やその他の債権者は保守的な会計処理を選好する傾向にある。さらに，保守主義は利益の社外流出を抑制する効果があるので，「経営者と株主の観点からいうと，利益配当に対する株主みずからの貪欲に対して保守主義はながい目でみればかえって株主の利害の保護のために必要である」（黒澤[1951]，310頁）と捉えられていた。ただし，保守主義の適用は，毎期の利益の比較可能性を害し，明瞭性の原則（ディスクロージャーの原則），継続性の原則および費用収益対応の原則と矛盾する点があることも認識されていた（黒澤[1951]）。

単一性の原則は，「形式的単一性の代りに，目的の如何により多様の形式をみとめながら，その実質的単一性を要求したものである」（黒澤[1951]，312頁）。

2 「企業会計原則」の歴史的背景

第2次世界大戦後の経済復興や資本市場の整備のためには，新しい会計制度の構築が必要であった。1948年6月29日の閣議決定に基づき，1948年7月に企業会計制度対策調査会が設置された。この調査会は，組織変更して，1950年5月に企業会計基準審議会，1952年8月に企業会計審議会となった。企業会計審議会は戦後の会計基準設定に主要な役割を果たしてきた。企業会計制度対策調査会は，閣議決定に基づく機関であるため，法的な根拠を持つ組織ではなかった。当初，企業会計基準法を制定して，恒久的

な会計基準設定機関を設置することを意図していた（黒澤[1979]，千葉[1998]，薄井[2015]）。企業会計基準法の最初の草案では，「企業会計原則」の一般原則が条文に組み込まれていたが，審議の過程でそれらの条文は削除され，1948年3月の最終的な法案では，会計基準設定機関に関する規程となっていた（薄井[2015，2016]）。「企業会計原則」と財務諸表準則の中間報告が公表された1948年7月時点では経済安定本部は企業会計基準法の国会提出を断念していたわけではなかった（薄井[2015]）。当時，経済安定本部は証券取引委員会に対して企業会計制度対策調査会が作成する企業会計基準の維持を要望していた（薄井[2015]）。証券取引委員会は大蔵省に設置されていた行政委員会の1つであった。

しかしながら，最終的には企業会計基準法案は国会に提出されなかった。経済安定本部は，企業会計基準法案を提出する代わりに，「経済安定本部設置法の一部を改正する法律」の制定により，財政金融局の所轄事項に会計基準の設定と維持の規程を追加した（薄井[2015，2016]）。この規程は，経済安定本部から大蔵省，そして金融庁に継承されている。1948年3月の企業会計基準法の最終案の内容は実質的には企業会計基準審議会令（昭和25年5月10日政令第125号）に反映された（薄井[2015，2016]）。

●参考文献─────

薄井彰[2015]『会計制度の経済分析』中央経済社。

薄井彰[2016]「企業会計基準法の審議過程と会計史学会基準設定機関の設置」『会計史』（日本会計年報）第34号，35-56頁。

黒澤清[1951]『近代会計学』春秋社。

黒澤清[1979]「史料：日本の会計制度(1)序」『企業会計』第31巻第1号，98-101頁。

千葉準一[1998]『日本近代会計制度─企業会計体制の変遷』中央経済社。

西野嘉一郎[1985]『現代会計監査制度発展史』第一法規。

図表1■「企業会計原則の設定について」（1949年7月9日）

企業会計原則の設定について

（目的）

一　我が国の企業会計制度は，欧米のそれに比較して改善の余地が多く，且つ，甚だしく不統一であるため，企業の財政状態並びに経営成績を正確に把握することが困難な実状にある。我が国企業の健全な進歩発達のためにも，社会全体の利益のためにも，その弊害は速やかに改められなければならない。

又，我が国経済再建上当面の課題である外貨の導入，企業の合理化，課税の公正化，証券投資の民主化，産業金融の適正化等の合理的な解決のためにも，企業会計制度の改善統一は緊急を要する問題である。

従って，企業会計の基準を確立し，維持するため，先ず企業会計原則を設定して，我が国国民経済の民主的で健全な発達のための科学的基礎を与えようとするものである。

（会計原則）

二　1　企業会計原則は，企業会計の実務の中に慣習として発達したもののなかから，一般に公正と認められたところを要約したものであって，必ずしも法令によって強制されないでも，すべての企業がその会計を処理するのに当たって従わなければならない基準である。

2　企業会計原則は，公認会計士が，公認会計士法及び証券取引法に基づき財務諸表の監査をなす場合において従わなければならない基準となる。

3　企業会計原則は，将来において，商法，税法，物価統制令等の企業会計に関係ある諸法令が制定改廃される場合において尊重されなければならないものである。

（財務諸表の体系）

三　企業会計原則に従って作成される財務諸表の体系は，次のとおりである。

損益計算書
剰余金計算書
剰余金処分計算書
貸借対照表
財務諸表付属明細表

註　現行商法の規定に基き，財産目録を作成する必要ある場合は，この原則に準じて作成するものとする。

（財務諸表準則）

四　財務諸表準則は，企業会計原則を適用した場合における財務諸表の標準様式及び作成方法を定めたものである。

出所：経済安定本部『経済安定本部企業会計制度対策調査会中間報告』1949年。

図表2■「企業会計原則」の一般原則

1．（真実性の原則）企業会計は，企業の財政状態及び経営成績に関して，真実の報告を提供するものでなければならない。

2．（正規の簿記の原則）企業会計は，すべての取引につき，正規の簿記の原則に従って，正確な会計帳簿を作成しなければならない。

3．（資本・損益取引区分の原則）資本取引と損益取引とを明瞭に区別し，特に資本剰余金と利益剰余金とを混同してはならない。

4．（明瞭性の原則）企業会計は，財務諸表によって，利害関係者に対し必要な会計事実を明瞭に表示し，企業の状況に関する判断を誤らせないようにしなければならない。

5．（継続性の原則）企業会計は，その処理の原則及び手続を毎期継続して適用し，みだりにこれを変更してはならない。

6．（保守主義の原則）企業の財政に不利な影響を及ぼす可能性がある場合には，これに備えて適当に健全な会計処理をしなければならない。

7．（単一性の原則）株主総会提出のため，信用目的のため，租税目的のため等種々の目的のために異なる型式の財務諸表を作成する必要がある場合，それらの内容は，信頼しうる会計記録に基づいて作成されたものであって，政策の考慮のために事実の真実な表示をゆがめてはならない。

出所：経済安定本部『経済安定本部企業会計制度対策調査会中間報告』1949年。

（薄井　彰）

Instruction

　戦後すぐに，GHQは経済民主化を遂行するため財閥解体に着手し，財閥と関連子会社の資産を凍結して管理下においた。「制限会社」である。制限会社に対する財務調査を行う際にGHQは英文財務諸表を提出させたが，その英訳は「滑稽」と評されるほどで，十分な調査ができなかった。問題となったのは制限会社の財務諸表における勘定科目の標準化，記載様式の統一であった。日本語と英語という言葉の壁だけではなく，日米の会計慣習の違いも障害となっていたのである。そこで，英文財務諸表の雛形とその作成方法についてのマニュアルを作成し，これに従って財務諸表を作成することを制限会社に指示した。このマニュアルが「インストラクション」である。

　インストラクションの作成は，GHQの経済科学局調査統計部のヘッスラーと一橋大学を定年退官後，英文財務諸表作成やGHQとの通訳に従事していた村瀬玄との共同作業で進められ，昭和9年の商工省「財務諸表準則」を英訳したものに当時のアメリカの会計慣習を取り入れ，それをさらに日本語に翻訳するという困難な作業であった。

　日本で使われていた財務諸表を英語にするという作業が，なぜ困難だったのだろうか。広範囲な一般投資家がすでに存在していた米国での財務諸表と，当時の日本の財務諸表とでは，単に会計用語を逐語的に英語に置き換えても意味が通じなかった。ヘッスラーと村瀬の2人は，1つの項目だけで1週間集中して議論したと村瀬のメモに残されている。それでも，3週間で最初のインストラクションが作り上げられた。

　当時全く異なる会計基準を持つ2つの国を繋ぐインストラクションは，「米国会計システムの基本的規範を保持しながらも，その日本への厳密な適用を避け，日本固有の発展を踏まえたもの」である必要があった。その困難な課題に2人は，怯むことなく挑んだのである。インストラクションが何度も書き換えられたことが，それを説明している。当初は詳細な項目で複雑な書式となっていたのが，度重なる修正で簡素化され，完成したものに近づいた。日本の財務諸表を米国人会計専門家に理解できるものにするという作業は，日本の会計制度の見直しの契機にもなったのである。制限会社の財務調査を目的とした英文財務諸表の作成は，混乱と摩擦をよびながらも日本における財務諸表の近代化に寄与したといえるのではないか。

（山田ひとみ）

国際会計基準の生成

1 IASCとIAS

現在，国際的な会計基準である国際財務報告基準（IFRS）を設定している国際会計基準審議会（IASB）は，2001年に設立された。その前身となる組織が，1973年に設立された国際会計基準委員会（IASC）である。本テーマでは，IASCの設立までの背景と，設立後の大きな分岐点として証券監督者国際機構（IOSCO）の影響を受けることとなる1990年頃までの状況についてみていくことにしよう。

2 経済的背景

1960年代以降，多国籍企業の出現と躍進，それに伴う資金調達の国際化等，企業活動や経済のグローバル化が急速に進んでいった。その一方で，多国間あるいは国際的に統一された会計基準はなく，会計処理，表示，監査等の相違がもたらす財務情報の質・量等の比較可能性の欠乏が問題となった。このような社会経済的背景の下で，会計実務や情報開示のための，国際的に統一された会計基準が求められ，会計基準の国際的な調和化（harmonization）に対するニーズが膨らんでいった（辰巳［1981］，255-257頁；広瀬・間島［1999］，1頁；平松［2014］，3-4頁）。

1966年，イングランド・ウェールズ勅許会計士協会会長のBenson卿が中心となり，イギリス，アメリカ，カナダの会計士協会による会計実務・思考等の国際比較研究を主な目的とする会計士国際研究グループ（AISG）が組織された。こうして国際的な会計基準を具体的に模索する流れがあらわれた（辰巳［1981］，262-263頁；広瀬・間島［1999］，2頁；Camfferman and Zeff［2015］，p. 8）。

3 IASC設立

AISGにより始まった国際的な会計基準を見据える取り組みは，より多くの国の会計士団体による新たな国際的組織の設立へと動いた。すなわち，1973年6月，オーストラリア，カナダ，フランス，西ドイツ，日本，メキシコ，オランダ，イギリスおよびアイルランド，アメリカの9ヵ国の計16の会計士団体により構成される，IASCが設立されたのである。IASCの初代会長には，AISGの生みの親であるBenson卿が就任した（辰巳［1981］，264-268頁；広瀬・間島［1999］，2-3頁；Camfferman and Zeff［2015］，p. 8）。

IASCの組織としての役割として，1983年1月に公表された『国際会計基準委員会 ―その目的と手続き』の第7項において，「適切で調和のとれた国際的に比較可能な会計原則の形成と適用に努めること」，かつ「財務諸表の作成にあたりそれらが遵守されることを促進すること」が掲げられている（広瀬・間島［1999］，12頁；平松［2014］，23頁）。

IASCが設定・公表する会計基準は，国際会計基準（IAS）と呼称される。IASC設立の2年後となる1975年，IAS第1号「財務諸表の開示」が公表された。これを皮切りに，後述するIASCの分岐点となる1987年までの13年の間に，IASは第26号まで設定・公表されている（広瀬・間島［1999］，8頁；平松［2014］，6-11頁；Camfferman and Zeff［2015］，pp. 9-10）。

IASCとその目的の方向性が近く，また，会計士および会計士団体というその構成員がおおむね重複する組織として，1977年，国際会計士連盟（IFAC）が設立された（辰巳［1981］，268-269頁；平松［2014］，19-20頁）。ただし，このIFACはIASC同様，プライベート・セクターであり，IASの強制力はなく，会計基準の国際的

調和化は遅々として進まなかった。会計士団体中心のIASC，IFAC主導によるIASの影響力は弱いものであったといえよう。これに対して，より権威性の強い団体がIASCに関与するという転機が次に訪れる。

4 転機1987年

　IASC設立の翌1974年に，アメリカ州証券監督者協会が設立される。1986年の組織改組により，同組織は，より多くの国の証券監督規制主体が参加する証券監督者国際機構（IOSCO）となる。国際的な資本市場が拡大していく中で，IOSCOはIASCに着目する。すなわち，このIOSCOの関与という影響下において，IASCの設定するIASの位置づけが再考され，その重要度があがることが現実味を増すこととなった（広瀬・間島［1999］，14-15頁；平松［2014］，16, 23頁；Camfferman and Zeff［2015］，pp. 10-11）。

　1987年，IASCの理事会に助言する任を負う諮問グループに，IOSCOが参加することとなった。他方，IASCは「財務諸表の比較可能性」の向上に関するプロジェクトを立ち上げる（比較可能性プロジェクト）。1989年1月に公表された公開草案第32号「財務諸表の比較可能性」において，類似する取引に対する会計処理を「規定処理」として1つに絞り，絞り込みが困難な基準において，「優先処理」か「認められる代替処理」かから選択し，「認められる代替処理」を選択した場合は純利益および株主持分を「優先処理」による場合との差額を注記するという，会計処理の統一による比較可能性の向上に大きく進むこととなる案を提出する。同公開草案は，コメント・レターに基づく修正を経て，1990年に結実し，趣旨書として公表された（広瀬・間島［1999］，15-16頁；平松［2014］，16, 22-28頁）。

　また，1989年7月には，IASCの概念フレームワークといえるステートメント「財務諸表の作成表示に関する枠組み」も公表されている（広瀬・間島［1999］，16頁；平松［2014］，25頁）。

　こうして1990年前後に至り，国際的な調和化を志向し設立されたIASCはその設立目的に近づき，その後のコア・スタンダードの完成を経て，その役割を担っていくこととなる。

●参考文献

Camfferman, A. and S. A. Zeff［2015］*Aiming for Global Accounting Standards*, Oxford University Press.

辰巳正三［1981］「国際会計基準委員会の創立とその経緯」中島省吾編『国際会計基準』中央経済社，255-272頁。

平松一夫［2014］「第1章　コンバージェンスをめぐる歴史的展開」平松一夫・辻山栄子編『体系現代会計学　第4巻　会計基準のコンバージェンス』中央経済社，3-38頁。

広瀬義州・間島進吾編［1999］『コンメンタール　国際会計基準Ⅰ』税務経理協会。

（辻川尚起）

国際会計基準の歴史
—比較可能性プロジェクトとコア・スタンダード

　ここでは，国際会計基準委員会（IASC）が設立された1973年から，消滅までの2000年までのうち，「財務諸表の比較可能性プロジェクト」と「コア・スタンダード」について述べる。IASCの目的は，会計処理の選択肢を減らし，会計基準を調和化することで，多国籍企業が海外で資金調達する時に準拠する基準を作ることであった。職業会計士団体の国際組織として国際会計士連盟（IFAC）があり，監査基準，倫理規定等会計基準以外の諸基準の作成・公表を行っていた。したがって，IASCとIFACは姉妹組織と位置づけられていた。

　IASCが作成するIASの存在意義は，投資家の経済的意思決定のために，質が高く，透明性が高く，比較可能な財務諸表のための会計基準を提供することにあったので，比較可能性プロジェクトとコア・スタンダードの調和化は，のちに会計基準の収斂を導く，IASCの活動の重要な第一歩として位置づけられる。また，IASC時代を理解するためには，承認をめぐる証券監督者取引機構（IOSCO）との関係も重要である。

1 比較可能性プロジェクト

　草創期のIASCの活動は，各国の会計基準をできる限り受け入れ，各国において受け入れやすい会計基準を作るという方向性であった。そのため，選択肢に幅があり，各国基準に容認的であるという評価であった。その方向性が変化したのは，IASC理事会が「財務諸表の比較可能性プロジェクト」を採択した時であった。1987年のことである。これは，証券監督者国際機構（IOSCO）の支持を得て開始したプロジェクトである。証券監督者の国際団体であるIOSCOからIASに対する支持を得ることで，クロス・ボーダーな資金調達においてIASが広く

用いられると考えられていたのである。

　「比較可能性プロジェクト」とは，IOSCOのイニシアティブのもとにIASを国際的な資本市場で用いられることを目的とした一連の改善および拡張であり，具体的には**図表1**における会計基準が対象となっていた。

図表1 ■比較可能性プロジェクトにおける10の基準

IAS 2号「たな卸資産」
IAS 8号「期間純損益，重大な誤謬及び会計方針の変更」
IAS 9号「研究開発費（後に，無形資産に統合）」
IAS11号「工事契約」，IAS16号「有形固定資産」
IAS18号「収益」
IAS19号「退職給付コスト（後に，従業員給付に改訂）」
IAS21号「外国為替レート変更の影響」
IAS22号「企業結合（後に，のれんなど一部改訂）」
IAS23号「借入コスト」

　財務諸表の比較可能性を高めるため，会計処理の選択肢を削除するのが最大の目標であった。IASCは，それまでの基準をすべて見直し，プロジェクトの趣旨を公開草案32号（E32）として示した。また，1989年に『財務諸表の作成表示に関する枠組み』を公表した。1990年にはE32の最終版である趣旨書を公表し，1993年11月までに10の会計基準を改訂し，終了した。しかし，比較可能性プロジェクトが完成しても，IOSCOによる包括的な承認は行われなかった。IASを包括的に承認するには，その時点で網羅性が乏しいと指摘された（西川［2000］，21頁）ことが背景の1つであった。

2 コア・スタンダードと金融商品の 会計基準

　IOSCOは包括的承認を行うため，自ら必要と認める網羅性のある会計基準を示した。それは，コア・スタンダードとよばれた（**図表2**参照）。コア・スタンダードを完成するための作業リストは，1994年6月17日，当時のIASC議

長であった白鳥栄一氏に宛てて2通の書簡（通称「白鳥レター」）として送付された。

図表2■1993年におけるコア・スタンダード

作業計画項目
法人所得税
・金融商品
・1株当たり利益
・無形資産
・セグメント情報
・退職給付コスト
・中間報告
・廃止事業
・引当金および偶発損失
・研究および開発（改訂）
・減損（改訂）
・投資（改訂）
・のれん（改訂）

1995年，マイケル・シャープ（Michael Sharpe）氏（オーストラリア）が議長に就任し，IASCとIOSCOは，IASの開発に関する重要な合意を発表した。IASCとIOSCOの目標は，IASがクロス・ボーダーな資金調達において各国国内基準の代替として使用できるものになることであり，IASCにとっては達成したい目標となった。

コア・スタンダードを完成するにあたって要となったのは，金融商品の会計基準であった。金融商品のプロジェクトは難航したが，起草委員会は1991年にE40を通常より長い期間公開した。公開草案に対するコメントを受けて1993年に再公開草案（E48）を公表した。E48は，議論が多く各国での受入が困難であった。そこでIASCは，比較的議論の少ない開示と表示部分を抽出してIAS32号として基準化した。全面公正価値会計を志向するさまざまな意見の中で生じた状況を打開するために，事務総長のブライアン・カーズバーグ卿（Sir Bryan Carsberg）はそれまでの方向性を転換させる提案をしたのであった。それは，コア・スタンダードの完成を優先させるために，金融商品については暫定的に米国基準を取り込んだ基準をIASとするというものであった。暫定基準は，1998年にE62として公開され，同年IAS39号として公表された。

金融商品会計基準とコア・スタンダードの完成を受けて，IOSCOは2000年，代表委員会の議決としてIASの30の基準ならびに関連する解釈指針の承認を公表した（承認された会計基準は，IAS2000とよばれた）。これにより，IOSCOのメンバー国において海外企業が公募や上場する場合，IASによる財務諸表を認めることが推奨されるようになった。

なお，2000年にIASCは消滅し，IASCが作成した会計基準は，国際会計基準審議会（IASB）に継承された。

Kees Camfferman and Stephen A. Zeff [2007] *Financial Accounting and Global Capital Markets: A History of the International Accounting Standards Committee, 1973-2000*, Oxford University Press.

西川郁生 [2000]『国際会計の知識』日本経済新聞社。

（小津稚加子）

国際財務報告基準の台頭

1 国際会計基準審議会（IASB）設定の経緯

1973年に設立された国際会計基準委員会（IASC）は各国公認会計士協会が中心となり，国際的な会計基準の調和化のために積極的に活動してきた。この間，自らが設定した会計基準が法的な裏付けを持たないIASCは，証券監督者国際機構（IOSCO）にその承認を求めてきた。IOSCOが求めたおよそ40のコア・スタンダードが完成した2000年に，IOSCOは，外国企業が国際会計基準に従って作成した財務諸表をIOSCOに加盟している各国の規制当局が受け入れるように勧告した。

また，IASCは，1998年討議資料「IASCの将来像」（Discussion Paper：Shaping IASC for the Future）を公表し，この討議資料に基づき，2001年に各国の基準設定主体の代表からなる国際会計基準審議会（Financial Accounting Standards Board：IASB）を設立した。IASBは，これまでのIASに代わり，国際財務報告基準（International Financial Reporting Standards：IFRS）を公表することになった。

2 IASBの役割

IASBの役割（ミッション）について次のように述べている（ASBJ［2017］，p. 1）。

●国際的な比較可能性と財務情報の品質を向上させることにより，資本市場に透明性をもたらします。これにより，投資家およびその他の市場参加者は，情報に基づく経済的意思決定を行うことができます。

●資本提供者とその資金を受託した企業との情報格差を埋めることにより説明責任を向上させます。IFRS基準は，経営者が経営責任を負うために必要な情報を提供します。グローバルに比較可能な情報源として，IFRS基準は世界中の監督当局にとっても極めて重要です。

●投資家が世界中の投資機会と投資リスクを識別することを助け，資本配分を改善することにより，経済的な効率性の向上に貢献します。企業にとっては，単一の信頼できる会計言語を使用することにより，資本コストの引き下げと国際的な報告コストの削減につながります。

このように，世界の金融市場に透明性，説明責任および効率性をもたらすIFRS基準を開発することがIASBの役割であり，このことにより，グローバル経済に信頼と成長と長期的な金融安定をもたらすことで公共の利益に貢献することが期待される。

3 IASBの構造

IASBは次の3層の構造となっている（ASBJ［2017］，p. 3）。

1 IFRS財団モニタリング・ボード（Monitoring Board）（公的な説明責任）

モニタリング・ボードは，資本市場当局のグループであり，IFRS財団の公的な説明責任を高めるために，財団と公的当局との間の公的な連携を提供する。

2 IFRS財団評議員会（Trustees of the IFRS Foundation）（ガバナンスと監督）

評議員会は，IASBのガバナンスと監督，たとえば会計基準の開発のための組織とデュウ・プロセスに責任を持つ。

3 IASBとIFRS解釈指針委員会（IFRS Interpretation Committee）（独立した基準設定および関連業務）

IASBはIFRS財団の独立した基準設定機関である。IASBは，会計基準を設定し，財務報告を作成し，監査しあるいは利用し，会計教育を行う上で，最新の実務経験を持つ，最適な独立した専門家グループである。地理的な多様性も要求される。IASBメンバーは，中小企業向けの国際財務報告基準（IFRS for SMEs）も含む，

IFRS基準の開発と公表に責任を持つ。また，IFRS解釈指針委員会によって開発されたIFRS基準の解釈を承認する責任を持つ。メンバーは，公正で厳格な手続により，評議員会により任命される。

IFRS解釈指針委員会は，実行問題を検討するIASBの解釈機関である。解釈指針委員会の権限は，現行のIFRSの内容の中で生じる解釈問題を適時に検討すること，およびこれらの問題点に関する権威のある指針（IFRIC解釈）を提供することである。

4 IFRSの特徴

IASBが設立されて以来，2012年6月までイギリスの会計基準審議会（ASB）の議長であったDavid Tweedie氏が議長を務め，2012年7月以降Hans Hoogervorst氏に変更されている。Tweedie氏が議長であった時代，IFRSに対して，以下のような特徴が指摘されることがある（IASB［2017］，p. 1）。

● IFRSは，短期投資家のニーズに合うように設定されている。
● IFRSは，原則主義のはずなのに複雑である。
● IFRSは，過度に市場価値に基づく公正価値会計を信頼している。
● IFRSは，概念フレームワークから慎重性（prudence）という言葉を削除し，保守主義的な会計処理を否定している。

これに対して，Hoogervorst氏は，Prada氏との共著の論文（IASB［2016］）において，次のように反論している。

● IFRSは，資本市場に厳密さと規律を課し，このことにより，信用，経済成長および長期の財務的安定性を促進することを目的とする。IFRSはまた，新興経済における信頼を促進する，最もコストのかからない方法である（p. 1）。
● われわれの基準は原則主義であるが，企業が厳密に基準を適用することが可能となるように，いくつかの技術的に詳細な規定を含んでいる。会計の複雑性の多くは，ますます複雑になる経済的現実の反映である（p. 7）。会計基準は，で

きるだけ忠実にそして中立的に経済的現実を記述することを目的とする（p. 5）。
● われわれは，IFRSは，歴史的原価会計と公正価値測定を結びつけた，「混合属性」アプローチに基づいており，短期投資家にも長期投資家にも適合したものとなっていると確信している（p. 4）。
● IASBは，提案中の概念フレームワークの改訂版に慎重性への言及を再び取り入れ，「不確実な状況のもとで判断を行うときの注意の行使」と定義し，その結果，負債の過少表示および資産や利益の過大表示を避けるとしている（p. 6）。

このように，IFRSは必ずしも短期志向の会計ではなく，経済の複雑さにより詳細な規定を含んでいるが，原価主義会計と公正価値測定を結びつけた混合属性アプローチを採り，判断の慎重性は認めている。

5 日本におけるIFRSの位置づけ

日本では，2009年6月に企業会計審議会から「我が国における国際会計基準の取扱いに関する意見書（中間報告）」が公表され，同年12月に関係内閣府令が改正され，2010年3月期より指定国際会計基準（金融庁長官が指定した国際会計基準であり，現在のところIFRSと相違はない）に準拠して作成された連結財務諸表は金融商品取引法の規定による連結財務諸表として提出することが認められた。したがって，日本はIFRSを強制適用ではなく，任意適用している。

● 参考文献 ─────

IASB［2016］Hoogervorst, Hans and Michel Prada, "Working in the Public Interest: The IFRS Foundation and the IASB".

IASB［2017］"Analysis of the IFRS jurisdiction profiles".

ASBJ［2017］IFRS財団および国際会計基準審議会「IFRS財団とその活動」。

（倉田幸路）

1 財務会計の概念フレームワーク

実務上顕在化した問題に対処するために，その新設・改廃においてピースミールになりやすい会計基準を，首尾一貫したルールに基づくシステムにするために，会計基準あるいは財務会計の前提となる基本概念を体系化したものが，一般に「概念フレームワーク」とよばれる。会計基準のフレームワークは，それが社会の構成員あるいは専門家達の間で暗黙裏に共有されているものではなく，明文化された独立のステートメントによるものでなければならないとされている。

2 欧米の概念フレームワーク

「概念フレームワーク」に関しては，米国の会計基準設定団体である「財務会計基準審議会（Financial Accounting Standards Board：FASB）」が，1973年に発足して以来その体系化・明文化に取り組んできた。この結果，1978年から2000年までの間に，1〜7号の『財務会計概念書（Statements of Financial Accounting Concepts：SFAC）』を公表した（第3号は第6号により差し替えられた）。FASBのこのような姿勢は，各国・地域の会計基準設定団体にも影響を与え，国際会計基準委員会（International Accounting Standards Committee：IASC）（現在の国際会計審議会（International Accounting Standards Board：IASB）が1989年に『財務諸表の作成・表示に関するフレームワーク（Framework for the Preparation and Presentation of Financial Statements）』を，英国会計基準審議会（Accounting Standards Board）が1999年に『財務報告原則書（Statement of Principles for Financial Reporting：SPFR）』を，そしてドイツ会計

基準設定審議会（Deutsches Standardierungstrat）が2002年に『正規の財務報告の諸原則（概念フレームワーク）(Gundsätze ordnungsmäßiger Rechnungslegung (Rahmenkonzept))』を，それぞれ公表し，概念フレームワーク構築の動きは世界的な広がりを見せるようになった。これら概念フレームワークは，それぞれ内容的にはいくつかの相違点が見られるものの，会計数値の認識・測定論として資産・負債観（資産負債アプローチ，資産負債中心観）に重心が置かれ，財務報告の目的論として意思決定有用性アプローチが採用されているという点では共通している。

なお，FASBとIASBとは，2002年の「ノーウォーク合意」により会計基準を収斂させるプロジェクトを進めた。その一環として，概念フレームワークの統合に向けた共同プロジェクトが試みられ，その成果として2010年に，FASBからはSFAC第8号『財務報告に関する概念フレームワーク（Conceptual Framework for Financial Reporting）』（これに伴い，SFAC第1号および第2号は差し替えられた），IASBからは『財務報告に関する概念フレームワーク2010（The Conceptual Framework for Financial Reporting 2010)』がそれぞれ公表された。これらは，従来の概念フレームワークを引き継ぎ，意思決定有用性を一般目的の財務報告の目的としている。

しかし，この目的を達成するために提供すべき財務情報の質的特性に関して変化がみられる。従来のフレームワークでは，「目的適合性」と「信頼性」の2つが財務情報の質的特性とされ，しかも両者はトレード・オフつまり均衡が図られるべきものと考えられていた。ところが，新しいフレームワークは，まず質的特性を基本的な質的特性と補強的な質的特性とに区分し，前者として「目的適合性」と「忠実な表現」を，後者として「比較可能性」，「検証可能性」，「適

時性」、「理解可能性」をあげている。後者が質的特性としては副次的なものであることはいうまでもなく、したがって、財務情報に関する主要な質的特性から「信頼性」が除外され、代わって「忠実な表現」が採用されたということができる。しかも、かつては均衡が図られるべきものとされていた2つの特性が、両立もしくはともに追求されるべきものとされている。

このFASBとIASBによる共同プロジェクトは、フェーズA～Hの8つの段階を経て完成されることになっており、上記の目的と質的特性はフェーズAの成果として公表された。しかしその後、当該プロジェクトは休止、フェーズB以下は将来の課題として先送りされ、共同プロジェクトは事実上頓挫した。

2012年になって、IASBは単独での改訂プロジェクトの再開を決定し、その成果として、2018年に改訂された『財務報告に関する概念フレームワーク』を公表した。同フレームワークでは、改訂前フレームワークで質的特性から削除されていた「慎重性」概念の再導入、資産・負債の定義変更、認識における蓋然性基準の削除等、数々の変更がみられる。

3 わが国のフレームワーク

以上のような国際的な流れを受けて、わが国においても企業会計基準委員会（ASBJ）から委嘱された基本概念ワーキング・グループによって、討議資料『財務会計の概念フレームワーク』が2004年に公表された。これ自体に対してはASBJの公式見解という立場は与えられなかったが、その後さらなる議論が重ねられた結果、2006年には、ASBJ自身による討議資料『財務会計の概念フレームワーク』が、デュー・プロセスを経て公表された。

この討議資料では、意思決定有用性を主命題とするヒエラルキー全体を支える一般的な制約として、「内的整合性」と「比較可能性」を提示している。このうち、「内的整合性」とは、「ある個別の会計基準が、会計基準全体を支え

る基本的な考え方と矛盾しない」ことを意味する。内的整合性は、討議資料の1つの大きな特徴であり、比較可能性とともに、「会計情報が有用であるために必要とされる最低限の基礎的な条件」とされている。

以上のような内容を持つわが国の概念フレームワークは、公表後10年以上を経た現在（2018年）に至っても、依然として「討議資料」のままである。これが意見の募集を前提とする「公開草案」ではなく、「討議資料」として公表された背景には、同時期に進行していたFASBとIASBの共同プロジェクトへの配慮があったようである。しかし、ASBJ自身が「この討議資料をもとに…内容をさらに整備・改善していくための議論を重ねていく予定（討議資料『財務会計の概念フレームワーク』の公表　公表にあたって）」と述べているにもかかわらず、その結果を示すことができていない。この点からすると、わが国における概念フレームワークの構築は停滞しているといえるのかもしれない。

●参考文献────

安藤英義・新田忠誓・伊藤邦雄・廣本敏郎編集代表［2007］『会計学大辞典（第5版）』中央経済社。

遠藤博志・小宮山賢・逆瀬重郎・多賀谷充・橋本尚編著［2015］『戦後企業会計史』中央経済社。

斎藤静樹編著［2007］『詳解　討議資料　財務会計の概念フレームワーク（第2版）』中央経済社。

桜井久勝［2017］『財務会計講義（第18版）』中央経済社。

佐藤信彦・河﨑照行・齋藤真哉・柴健次・高須教夫・松本敏史編著［2017］『スタンダードテキスト　財務会計論　Ⅰ基本論点編（第10版）』中央経済社。

藤井秀樹編著［2014］『国際財務報告の基礎概念』中央経済社。

（石原裕也）

連結財務諸表

１ わが国における連結財務諸表制度の概要

　わが国の企業会計基準第22号「連結財務諸表に関する会計基準」において，「連結財務諸表は，支配従属関係にある２つ以上の企業からなる集団（企業集団）を単一の組織体とみなして，親会社が当該企業集団の財政状態，経営成績及びキャッシュ・フローの状況を総合的に報告するために作成するものである」と，規定されている。そして，わが国における連結財務諸表制度は，1975年６月24日に企業会計審議会が公表した「連結財務諸表の制度化に関する意見書」に基づいて，1977年４月１日以後に開始する事業年度から導入され，その後，今日に至るまで連結財務諸表制度にかかわる多くの充実・見直しが図られてきた。

２ 米国における連結財務諸表制度の成立

　連結財務諸表は，法規制に基づくかどうかにかかわりなく，多くの国々で作成・公表されており，その限りにおいて連結財務諸表制度が一般化したといっても差し支えのない状況にある。
　それでは，この連結財務諸表はどこで生み出されたのであろうか。現在のところ，連結財務諸表がどこで生み出されたかについては，明確に述べることはできない。しかし，小栗［2002］において，19世紀末の米国鉄道会社における連結財務諸表作成実務の展開過程について詳細に跡付けが行われており，このことからすれば，連結財務諸表作成実務は米国において確立したと考えてよいのかもしれない。少なくとも，世界に先駆けて連結財務諸表制度が成立したのが米国であったことには，疑いの余地がない。
　それでは，この連結財務諸表制度が米国で成立したのはなぜであろうか。また，他の国々に

おいては，それより大きく遅れて連結財務諸表制度が成立していくことになったのはなぜであろうか。これに対する解答の鍵となるのが，「複数の企業からなる集団（企業集団）」の成立である。
　企業は，その発展を遂げる中で，地理的および機能的な展開がなされ，それに伴い企業内分課が図られることになる。そしてこのことは，英国において工場会計，さらには本支店会計を生み出してきたことからも明らかである。すなわち，企業の発展が企業内における組織改編により解決される場合（たとえば，事業部制組織の採用）には，連結財務諸表の素地となる企業集団が生み出されることはないのである。その一方で，企業の発展が企業内における組織改編により解決できず，その外部化，すなわち子会社の設立により解決せざるを得ない場合には，ここに企業集団が成立し，連結財務諸表作成実務が必要となるのである。
　このことから，米国においていち早く連結財務諸表制度が成立したのは，米国において他国に先駆けて後者の状況が生み出されたからといえるのである。そしてそれは，米国の特殊性にあるといえる。すなわち，米国は州の連合体といってもよく（the United States of America），そのことから州の独立性が極めて強かった。そのため，ある州で事業展開している企業がその州の境を越えて他州に事業展開をしようとした場合，その企業は他州では「外国会社」と規定され，その営業が制限されることになったのである。
　そして，それを回避する方法が，他の州に子会社を設立することによる持株会社形態の採用（企業集団の成立）であった。しかし，他の企業の株式の保有は，それまでも特許状により設立されたいくつかの企業には認められていたが，初めて株式の保有を認めた一般会社法が成立し

たのは1889年のニュージャージー州法の改正によってであった。

このことは，米国における連結財務諸表作成実務の確立が最初の州際企業と考えられる鉄道会社において起こり，その後，20世紀初頭に成立した巨大な一般産業会社においてその普及が図られたこととも整合的である。

言い換えると，米国において連結財務諸表制度が成立したのは，事実上の「多国籍企業」ともいえるような企業集団がいち早く成立したためであり，他の国々においてその成立が遅れたのは，実際の「多国籍企業」の成立まで待たなければならなかったからといえる。

●参考文献────────────
Walker, R. G. [1978] *Consolidated Statements, A History and Analysis*, New York.
小栗崇資 [2002]『アメリカ連結会計生成史論』日本経済評論社。
高須教夫 [1996]『連結会計論─アメリカ連結会計発達史』森山書店。

（高須教夫）

わが国における連結財務諸表制度の確立

　わが国において連結財務諸表の制度化に関して初めて公式に発表されたものは，企業会計審議会が1967年 5 月19日に公表した「連結財務諸表に関する意見書」であった。これは，当時，サンウェーブ工業，日本特殊製鋼，山陽特殊製鋼等の倒産事件や高野精密工業，日本サーボ，不二越，厚木ナイロン工業等の粉飾決算の暴露といったようにわが国の中堅企業による粉飾経理が数多く表面化し，企業経理の健全化を図るべしとする社会的要請の著しい高まりを受けて，1965年 3 月18日付でなされた大蔵大臣諮問のうち連結財務諸表制度に関するものに対する答申として出されたものであった。そして，この意見書は，その中で，わが国の企業において連結財務諸表を作成する必要性ならびに連結財務諸表を慣行化するための環境条件を整備する必要性を説くとともに，連結の原則および基準を表明していた。

　次いで，企業会計審議会は，1970年12月14日に証券取引審議会により行われた答申（「企業内容開示制度等の整備改善について」）や1971年 2 月12日の衆議院大蔵委員会の附帯決議等により連結財務諸表の制度化を実現する機が熟してきたことをふまえて1971年 6 月22日付でなされた大蔵大臣諮問を受けて，1975年 6 月24日に「連結財務諸表の制度化に関する意見書」「連結財務諸表原則」および「同注解」を公表した。これは，1967年の意見書の連結財務諸表作成に関する基準を基礎として，これに制度化という観点から再検討を加え，さらに，近年における国際的な連結会計基準の動向をも斟酌して取りまとめられたものであった。

　そして，これを受けて1976年10月30日には「連結財務諸表規則」が，1977年 3 月11日には「連結財務諸表規則取扱要領」が公布され，その結果，1977年 4 月 1 日以後に開始する連結会計年度から有価証券報告書等の添付書類として連結財務諸表の制度化が図られることになった。ただし，ここにおいては，当分の間，非連結子会社および関連会社に対する投資について持分法を適用しないことができる旨等の経過的措置が規定されていた。しかし，その後，1981年 4 月22日に「連結財務諸表規則」の改正が行われ，1983年 4 月 1 日以後に開始する連結会計年度から非連結子会社および関連会社に対する投資について持分法の適用が強制されることになった。

　また，1988年 9 月20日に公布された「企業内容等の開示に関する省令」によって1990年 4 月 1 日以後に開始する連結会計年度からは「セグメント情報」の開示が要求されることになった。さらに，1990年12月25日には上記省令等の改正が行われ，その結果，従来，添付書類として扱われてきた連結財務諸表は1991年 4 月 1 日以後に開始する連結会計年度から有価証券報告書等の本体に組入れられることになった。

　このように，わが国における連結財務諸表制度は企業の粉飾経理の防止という観点から登場してきたものだが，その後，投資家のために投資情報を開示し，もって投資家保護に資することを目的とするディスクロージャー制度の一環として確立されるに至り，今日までその観点からわが国の企業を取り巻く状況の変化に応じてさまざまな改善が図られてきた。

●参考文献
武田隆二［1977］『連結財務諸表』国元書房。

（高須教夫）

非営利組織会計の歴史的展開

1 企業会計と民間非営利組織会計

　日本の企業会計が主としてASBJの作成する基準に従って行われることに対して，民間非営利組織の会計は，各非営利法人の設立の根拠となる個別法の中で規定されている原則や基準に依拠して行われている。具体的には，各非営利法人を所轄する行政機関がそれぞれ独自に有識者を集め，審議会等の会計基準設定機関を置き，各法人の実情と利害を考慮して異なる会計基準を作成する，という状況が広く見られる。

　かねてより，日本の民間の非営利法人の運営における行政機関の関与や指導は大きな比重を占めており，会計基準制定においても，所轄の行政機関が主導する形がほとんどであった。しかしながら，1998年の特定非営利活動促進法の制定や1990年代後半の行財政改革，2000年代の公益法人改革をきっかけとして，政府の支援や関与，監視のあり方を改め，市民性と自律性を前面に備えた民間の非営利組織の活動が求められるようになった。この時期には，あわせて，効果的・効率的な組織の運営を目的として，営利企業の経営手法や概念が非営利組織にも幅広く導入されるようになった。この潮流は，会計基準の作成や情報開示の実践においても同様の展開を見せる。すなわち，民間主導の会計基準作成の動きの登場である。

　2010年代では，所轄の行政機関向けの会計報告から，社会一般向けの会計報告へと，会計の目的がまた一歩，変貌を遂げつつある。社会一般向けの報告を会計の目的にするということは，広範な会計情報利用者による会計基準の理解可能性を向上させるという点から見て，非営利法人ごとに異なっている会計基準の統合を求める動きの登場を不可避とし，営利企業の会計基準と非営利の会計基準を共通化させる作業も展開

させていくものと考えられる。

2 海外における歴史的展開と最近の話題

　米国では，1993年に公表されたSFAS第117号「非営利組織の財務諸表」により，法人形態や事業内容の違いを問わず，民間の非営利組織に対して同一の会計基準が適用されている。2000年代後半から進められた会計基準のコード化（FASB-ASC）では，全企業を対象とする会計基準の中に，非営利組織を対象とする項目が組み込まれる形で整理された。今後，日本でも生じると予想される非営利組織の会計基準間の統合作業においても，包括的な非営利組織会計の定めを有する米国基準が，1つの模範として参照される可能性が高いとみられる。

　加えて，海外での最近の話題として，非営利組織の活動の成果を金銭的見返りとしての経済的利益のみで把握するのではなく，活動を通じてもたらされた社会的利益や環境的利益等の非金銭的な見返りを，社会的インパクト（social impact）という形で評価する手段の開発が活発に議論されている。その動きの背景には，非営利的な資金提供に関心を持つ投資家の登場があり，これらの投資家の意思決定に役立つ情報（非金銭的な見返り，寄附の使途や成果）の提供も，非営利組織の会計の今後の展開の中において，検討が求められる論点になるであろう。

●参考文献
大塚宗春・黒川行治責任編集［2012］『体系現代会計学第9巻　政府と非営利組織の会計』中央経済社。
馬場英朗［2013］『非営利組織のソーシャル・アカウンティング—社会価値会計・社会性評価のフレームワーク構築に向けて』日本評論社。

（梶原太一）

49

キャッシュフロー計算書

1 項目説明

(1) キャッシュフロー計算書とは

　キャッシュフロー計算書は，損益計算書，貸借対照表に次ぐ第3の基本財務表といえるもので，現金（および現金同等物）の期中における変動（キャッシュフロー）を，営業活動，投資活動，財務活動の3つの活動区分で表示する計算書である。この3つの区分は，まず資金を調達し次にそれをもとに投資を行い，そして日常の営業活動を行うという点で（財務→投資→営業），企業活動の最も基本的な活動区分，つまりこれ以上でもこれ以下でもない区分といえる。さらに，この3つの活動区分は実は貸借対照表と損益計算書をキャッシュフローによって関連づけるという点でも重要な意義を持つ。その点で，3つの基本財務諸表の相互関係を理解することが重要な学習課題となる（以上，石川[2011] 第4章参照）。

(2) 利益と現金──「利益は意見，キャッシュは現実」

　また，「利益は意見，キャッシュは現実」といった言葉に象徴されるように，キャッシュフローは利益計算のように会計方法に左右されない。これが1つの強みといえるが，それだけでなく「勘定合って，銭足らず」に象徴されるように，たとえ利益があっても（勘定合って），キャッシュがなければ（銭足らず）配当もできず，さらには黒字倒産ということさえ起こる。こうして，利益と現金との関係を見ることは，後述するが会計史上の出来事としても1つの重要な学習課題となる。

(3) キャッシュフロー計算書の作成方法──2つの方法とその原理

　次に，キャッシュフロー計算書の作成方法には「直接法」と「間接法」がある。「直接法」とは文字どおり日々の取引から直接作成する方法といえる。ここで，キャッシュフローを伴う取引（キャッシュフロー取引）と，そうでない取引（非キャッシュフロー取引）とに類別すれば，直接法による作成は原理的にはこのキャッシュフロー取引を集計することによって作成される。これに対し，「間接法」は既存の基本財務諸表である貸借対照表（期首と期末）から間接的に作成する方法で，直接法のように取引から直接作成しないので，その作成原理の理解は直接法の原理に比べて必ずしも容易とはいえない。特にその原理的な理解が，後述する会計史上の資金計算書からキャッシュフロー計算書への発展過程の理解につながる。

(4) 間接法の原理──間接法等式の導出

　貸借対照表（B／S）の期末と期首の2期間差額をΔB／Sと表せば（Δは増減を示す），次の(1)式で示されるB／S等式から(2)式のΔB／S等式が導かれ，さらに(3)式で示されるΔC等式（間接法等式）が導かれる。ここで，C＝キャッシュ，NC＝非キャッシュ資産，L＝負債，K＝資本，Π＝累積（留保）利益である。

$$\begin{cases} \text{B／S等式：} C+NC=L+K+\Pi \cdots\cdots\cdots(1) \\ \Delta\text{B／S等式：} \Delta C+\Delta NC=\Delta L+\Delta K+\Delta\Pi \cdots(2) \\ \Delta C\text{等式（間接法等式）：} \Delta C=\Delta\Pi+\Delta L-\Delta NC \\ +\Delta K \cdots\cdots\cdots\cdots\cdots\cdots\cdots\cdots\cdots\cdots(3) \end{cases}$$

　(1)式は左辺の資産（B／Sの借方）を2つに区分しているだけで（キャッシュCとそれ以外の資産NC），B／S等式そのものであり，(2)式はその両辺（B／S等式）にΔ（増減，差額）を付

けただけで（B／Sの2期間差額），(3)式はその
(2)式を単に変形しただけである（左辺の$\varDelta NC$を
右辺へ）。そして，(3)式の左辺$\varDelta C$はキャッシュ
Cの増減すなわちキャッシュフローであるので，
それは間接法の原理の数式表現にほかならない。
そこに至る(1)→(2)→(3)は容易に理解できるだろ
う。

(5) 利益の質を見る―間接法の利点

　では，2つの方法のいずれが優れているかと
いえば，いずれも利点と欠点があるので一概に
はいえない。両者の違いは特に営業活動区分の
中にみられるが，直接法では原理的にはキャッ
シュフローを伴う取引を集計するので（収入－
支出），そこには間接法のように当期利益は出
てこない。これに対し間接法では$\varDelta$B／Sから
作成されるので，当期利益$\varDelta \varPi$が出てくる。そ
して，(3)式に示されているように，その当期利
益に加算・減算するという操作によってネット
の営業キャッシュフローが求められる。そのこ
とは逆にみれば，利益とキャッシュフローとの
相違が表れているわけである（(3)式より，$\varDelta \varPi -$
$\varDelta C =$の形にするとよい）。間接法の利点は，こう
した発生主義による$\varDelta \varPi$とキャッシュ・ベース
による$\varDelta C$とのギャップが示される点にある。
そして，このギャップを分析することが，「利
益の質」を見ることになる。この点は，後述の
会計史上の出来事とも深くかかわる。

(6) いずれが真のフロー―間接法の欠点

　間接法では直接法のように正味増加額の原因
別説明がなされないという欠点がある。注意す
べきは，両方法におけるフローのネットの値は
一致しても，インフローとアウトフローの大き
さ（グロス）は同じでないという点である。直
接法におけるフローを，取引事実に基づくが故
に“真の”フローといえば，間接法でのフロー
は残高勘定の差額による“擬制的な”（作られ
たウソの）フローということができる。これが，
間接法の持つ欠点といえる。逆にいえば，直接
法の利点は真のフローによる原因別説明がなさ

れるという点にある。この点も，損益計算での
損益法の会計史的意義とのかかわりで議論され
うる。

2 歴史的背景・事実

(1) 資金計算書のルーツ―利益と現金

　渡邉［2005］では資金計算書の生成過程の分
析，特に資金計算書の"ルーツ"が通説よりも
さらに3分の1世紀も遡るイギリス（ダウライ
ス製鉄会社）において出現していたという事実
を指摘しているが，興味深いのはその傍証とし
ての1863年7月にダウライス製鉄工場から本社
に宛てた手紙の内容である。すなわち，「利益
がどこにあるのか，現金の残高がどこにあるの
か，あるいはそれがどのようにして生じたのか
ということが当然のことながらたずねられるこ
とでしょう」（同書55頁，傍点引用者）との極め
て素朴で切実な問いかけである。利益の行方と
ともに現金が問われている点は両者の関係を問
う点で，またその関係を比較貸借対照表（先の
$\varDelta$B／S）に求めている点で極めて興味深いと
ころといえる。

(2) 資金計算書からキャッシュフロー計算書へ
　　―その発展シェーマ

　そして，その後の資金運用表から今日の
キャッシュフロー計算書への発展過程の分析，
すなわち比較貸借対照表→運転資本計算書（資
金運用表）→財政状態変動表→現金収支計算書
→キャッシュフロー計算書が分析されているが
（同書第11章および第12章），重要な点は①比較
貸借対照表→②資金概念の変遷→③各種資金計
算書の発展過程，特に出発点としての①，そし
て②→③の展開過程である。

　すなわち，**図表1**に示す資金概念の変遷と資
金計算書の発展過程の類型は1つの到達点とい
えるが，（ⅰ）その出発点が比較貸借対照表で
あった点（類型の第1形態），（ⅱ）その後の資
金概念の変遷による各種資金計算書の展開（第
2，3形態），そして（ⅲ）今日のキャッシュフ

図表1■資金計算書の発展過程の類型

発展段階	計算書の名称	提唱者	資金概念
第1形態 (1863-1915)	比較貸借対照表	ダウリス製鉄会社，グリーン，コール	持分の変動原因資源
第2形態 (1923-1963)	運転資本［変動］計算書 （資金運用表）	フィニー，コーラー辞典，マントン	運転資本
第3形態 (1961-1971)	財政状態変動表	メイソン，APB第3号・第19号	すべての財務的資源
第4形態 (1978-1987)	現金収支計算書， キャッシュフロー計算書	ヒース，FASB第95号	現金フロー 現金＋現金同等物

出所：渡邉泉［2005］，219頁，図表2より

図表2■歴史的展開と数学的展開―その照応関係

　　　　　　　　《歴史的展開》　　　　　　　　　　　　《数学的展開》

(i)　第1形態（ダウリス製鉄会社）　　　　　　：ΔB／S→ Δ∏

(ii)　第2，3形態（フィニ等の各種資金計算書）：ΔB／S→ ΔF

(iii)　第4形態（キャッシュフロー計算書）　　　：ΔB／S→ ΔC

図表3■損益法・財産法と直接法・間接法―その対応関係

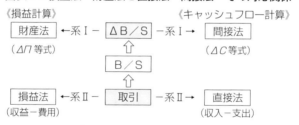

ロー計算書への展開（第4形態）は，計算構造論的にみても極めて興味深い発展シェーマといえる。

いみじくも「時代の変遷に伴い，新たな要求に応えてその内容を自ら変貌させ，新たな資金計算書の出現を余儀なくさせてくる」（渡邉［2005］，151頁）と述べているが，この時代の要請→資金概念の内容（概念規定）→各種資金計算書の発展は，複式簿記への時代要請という観点からすれば，「何らかの人工の加わった記録計算道具」という安平昭二の簿記観（人工的・弾力的複式簿記観）にも通じる。

(3)　「間接法」の構造と歴史―出発点としての比較貸借対照表

図表2は，その歴史的展開を数学的展開との照応関係として示したものである。ただし，

ΔB／Sは比較貸借対照表（変動貸借対照表），Δ∏は利益，ΔFは資金フロー，ΔCはキャッシュフローである。

重要な点は，①いずれもΔB／S等式が出発点であること，それ故に②その基本構造は今日いうところの「間接法」の構造になること，そして③第1形態から第4形態への展開はしたがってその基本構造の上に形成される動態的展開（史的形態変化）になること，この3点である。各形態の形成過程（史的展開）とその基礎にある構造との関係を読み取ってもらえばと思う。

(4)　「直接法」の構造と歴史―「直接法」の史的意義

上記の議論を「間接法」の構造とその上に形成されるΔ∏, ΔF, ΔCの各フロー計算書（各史

的形態）といえば，実は「直接法」に関しても，その「構造と形態」という視点からの考察が可能となる。興味深いのは，損益計算における「損益法」（収益－費用）が取引をベースにした「直接法」の構造を持つという点である。つまり，「損益法」は損益計算における「直接法」といえる。この点で，「財産法」（純資産の期間比較）の計算は，すでにみたように「間接法」の構造を持つといえる（先の(3)式を$\Delta\Pi=$の形にする：$\Delta\Pi$等式）。以上，損益計算とキャッシュフロー計算に関する2つの方法の対応関係を図示すれば，その全体は**図表3**の通りである。

損益計算をストック面（$\Delta\Pi$等式：純資産の増減）からではなく，フロー面すなわち取引記録から導出するためには，収益・費用勘定（名目勘定）の生成が重要になる。このことを，キャッシュフロー計算でいえば，ここでも収入・支出勘定（名目勘定）の導入がなければ真の意味で「直接法」とはいえない。損益であれキャッシュフローであれ，その原因別計算書はまさに原因を示す勘定（「実体」に対して「名目」）の導入による記録なくして導出することはできないのである。

この点で，フロー面からの計算書（原因別計算書）は歴史的には損益計算を除いて出現していない。換言すれば，名目勘定は収益・費用勘定を除いて出現していない。資金計算書それ自体の進化の側面という観点からすれば，そこでの「名目勘定」の生成がなければ資金計算書発展史での「単式簿記」的位置（原因別計算がなされない）にとどまるといえる（石川［2011］，第7章図表7.7）。

補足：キャッシュフロー計算書の歴史と構造（歴史と理論の接合）のより詳しい議論は，石川［2018］第8章「資金計算書発展の歴史と構造」，第9章「複式簿記の歴史分析と構造分析」を参照。

●参考文献────────────

石川純治［2011］『複式簿記のサイエンス』税務経理協会（増補改訂版，2015年）。

石川純治［2018］『基礎学問としての会計学』中央経済社。

渡邉泉［2005］『損益計算の進化』森山書店。

（石川純治）

株主資本等変動計算書導入の歴史的背景

■1 株主資本等変動計算書とは

　株主資本等変動計算書は，株主資本の項目と株主資本以外の項目からなり，純資産の期中変動を示すものである。

　株主資本等変動計算書では，純資産の部の株主資本のみを重視するという考え方と純資産の部のすべての項目を重視するという考え方がある。

　純資産の部の株主資本のみを重視するという考え方は，財務報告における情報開示の中で，財務諸表利用者にとって特に重要な情報は投資の成果を表す利益の情報であり，当期純利益とそれを生み出す株主資本との関係を示すことが重要であるというものである。

　純資産の部のすべての項目を重視するという考え方は，財務報告における情報開示の中で，財務諸表利用者にとって重要な情報は株主資本の変動と株主資本以外の項目の変動と考えられる。なぜなら，評価・換算差額等の株主資本以外の項目の残高が大きい場合には，その変動が将来の株主資本の変動に大きな影響を与える可能性があるので，その変動事由を示すことも有用であると考えられるのである。

　わが国では，純資産の部のすべての項目を表示するが，その表示方法について差異を設けるという折衷案が採られている。株主資本の各項目は変動事由ごとにその金額が表示されるが，株主資本以外の各項目は原則として期中変動額が純額で表示される。

　このような差異を設ける理由として，当期純利益が重視されており，株主資本とそれ以外の項目とでは会計期間における変動事由ごとの金額に関する情報の有用性が異なると考えられていることがあげられる。また，株主資本以外の各項目を変動事由ごとに表示すると事務負担の増大が考えられたためである。そして，国際的な会計基準では，株主資本以外の項目についても，会計期間の変動を開示する考え方を採っているため，国際的調和が考えられた。

　株主資本等変動計算書は，純資産の部のすべての項目を開示対象としているため「純資産変動計算書」という名称も検討された。しかし，株主資本等変動計算書は，株主資本の各項目の変動事由を報告するために作成されるので，「株主資本等変動計算書」とされた。

■2 株主資本等変動計算書導入の背景

　2005年に新会社法が公布される以前，現在の「純資産の部」にあたる「資本の部」の変動状況は，次のように示されていた。個別財務諸表では，個別損益計算書の末尾で当期未処分利益の計算が表示され，株主総会における利益処分の結果を受けて，利益処分計算書が開示されていた。連結財務諸表では，資本剰余金および利益剰余金の変動を表すものとして連結剰余金計算書が開示されていた。

　2005年に企業会計基準委員会によって，企業会計基準第6号「株主資本等変動計算書に関する会計基準」が公表された。株主資本等変動計算書が導入された背景として，国内的な要因と国外的な要因を指摘することができる。

　株主資本を変動させるものとして自己株式がある。会社が自社の株式をすでに発行しており，それを取得して保有している場合，その株式は自己株式と呼ばれる。

　1890年の商法制定から1938年に商法が改正されるまでは，自己株式の取得は禁止されていた。1938年の改正商法では，自己株式の取得は原則として禁止され，例外として許容されていた。しかし，1994年の商法改正以降，自己株式の取得の規制は緩和されていった。

2001年商法改正の結果，配当可能利益の範囲内であれば取得の事由を問わず自由に，かつ株式数の制限なく自己株式を取得することが可能となった。そして，自己株式の長期保有も認められ，自己株式の処分に伴う取引は新株発行に準じるものとして資本取引として処理されるようになった。

2005年に公布された新会社法において，株式会社は，株主総会の決議以外でも取締役会の決議によって剰余金の配当を行うことができるようになっただけでなく，株主資本の内訳をいつでも変動させることができるようになった。

これらのことは，資本金，準備金および剰余金の数値の連続性について，貸借対照表と損益計算書だけで把握することを困難にした。そのため，期中の純資産の変動を適切に把握する必要が生まれたのである。

土地再評価差額金，その他有価証券評価差額金，為替換算調整勘定といった資本の部（現在の純資産の部に相当する）に直接計上される項目の増加に伴って，資本の部（現在の純資産の部に相当する）の変動は複雑になったため，その状況を株主等の利害関係者に対して情報開示する必要性が高まった。

土地は通常取得原価で評価され，減損の兆候がある時に帳簿価額を回収可能価額まで減額するという会計処理が行われる。ただし，土地の帳簿価額を増額するということが認められていた時期がある。1998年の議員立法による「土地の再評価に関する法律」に基づき，時限立法で事業用の土地を時価評価することが例外的に認められた。時価評価によって増額した土地の金額は未実現利益と考えられるので，収益として認識しない。土地再評価差額金は，資本の部（現在の純資産の部に相当する）に直接計上することが認められた。

また，1999年に企業会計審議会によって公表された「金融商品に関する会計基準」において，売買目的有価証券，満期保有目的の債券，および子会社・関連会社株式以外のその他有価証券は，期末時点での時価に評価替されることに

なった。評価差額も損益計算書を経由せずに貸借対照表において，資本の部（現在の純資産の部に相当する）に直接計上されることになった。

さらに，1999年に企業会計審議会によって改訂された「外貨建取引等会計処理基準」によって，それまで資産の部または負債の部に記載していた在外子会社の財務諸表項目の換算によって生じた換算差額である為替換算調整勘定も連結財務諸表において資本の部（現在の純資産の部に相当する）に直接記載されることになった。

商法の改正や会計基準の新設・改正に伴って資本の部（現在の純資産の部に相当する）に関連する項目が増加していることから，ディスクロージャーの透明性を確保するという目的を果たすために，株主の持分に関する情報開示を拡充することが必要と考えられ，株主資本等変動計算書が導入された。

国際的な会計基準では，「株主持分変動計算書」が財務諸表の1つとして位置づけられている。

FASBによる概念書第5号において，株主持分変動計算書は，貸借対照表，損益および包括利益結合計算書，キャッシュフロー計算書および財務諸表への注記とともに基本財務諸表を構成するとされている。そして，アメリカでは1982年から期首残高・期末残高の調整表の形式で株主持分の項目の変動分析を独立した表または注記で開示することが求められている。

IASBによる国際財務報告基準において，IAS第1号が1997年に「財務諸表の表示」へ改訂された時より持分変動計算書は財務諸表の構成部分に含まれている。2007年に改訂されたIAS第1号では，「完全な1組の財務諸表」が定義されているが，その中に持分変動計算書が含められている。

日本における株主資本等変動計算書の導入の背景には，国際会計基準との整合という点からも影響を受けている。

（二村雅子）

19

資産負債アプローチと収益費用アプローチ

1 両アプローチの概要

資産負債アプローチとは，利益の計算にあたって，資産および負債をベースにする考え方である。そこでは，資産が将来の経済的資源（すなわち将来の正味キャッシュ・フロー）と定義され，負債が将来に経済的資源を引き渡す義務と定義される。そして，資産と負債の差額として純資産が定義され，一期間における純資産の変動が利益とされる。資産負債アプローチにおいては，資産（負債）が経済的資源（経済的資源を引き渡す義務）であるかどうかが重視される。これに対して収益費用アプローチとは，利益の計算にあたって，収益および費用をベースにする考え方である。そこでは，収益が経営活動の成果として定義され，費用がその収益を獲得するための努力であると定義される。そして，収益と費用の差額として利益が定義される。収益費用アプローチにおいては，収益と費用の適切な対応が重視される。

このような両アプローチは，誤解を恐れずに単純化すれば，それぞれ以下のような3つの特徴を持っている（あるいは，持ちうる）といえる。すなわち資産負債アプローチは，①資産・負債の正味の変動としての利益，②経済的資源・経済的資源を引き渡す義務としての資産・負債，③公正価値による評価という3つの要素からなっている。一方の収益費用アプローチは，①収益と費用の適切な対応に基づく差額としての利益，②収益・費用を生じさせる経済活動における取引，③収益・費用が生じた時点における価格（原価）という3つの要素からなっている。

2 両アプローチの淵源

そもそも資産負債アプローチと収益費用アプ

ローチは，1976年にアメリカ財務会計基準審議会が公表した討議資料の中で，会計の概念フレームワークを形成するにあたって，いずれの考え方に立つべきかという問題意識の基に提唱されたものである。後者の収益費用アプローチが伝統的な実務を蒸留して理論化したものであるのに対して，前者の資産負債アプローチは規範的な概念を演繹して理論化したものであるといえる。したがって，両アプローチは，ひとまず1976年の当該討議資料にその起源があるといえる。とはいえ，両アプローチを理論化するにあたって，同審議会がまったく新たに考え出したのではなく，その淵源があるはずである。しかし，それぞれのアプローチとして上述の要素のうち，いずれを想定するかによって，資産負債アプローチまたは収益費用アプローチとして意味することは異なってくるため，その淵源も当然異なってくる。収益費用アプローチについては3つの要素のすべてを満たすものを想定するのが一般的であると思われ，伝統的な実務が形成された1930年代のアメリカにおける会計原則運動の理論的集大成として公表されたPaton and Littleton［1940］が淵源の1つであるといってもあながち外れてはいないであろう。しかし，もう一方の資産負債アプローチに至っては，論者によって資産負債アプローチとして意味するものが異なっており（すなわち，上述の3つの要素のいずれを想定するかが異なっており），それに伴って淵源とみなされるものもさまざまである。たとえば武田［2008］は，「1896年に展開されたドイツにおけるシャンツの純資産増加説にその淵源が求められる」（武田［2008］，113頁）と説いている。また藤井［2017］は，資産負債アプローチの萌芽的な会計観の例としてAAA［1957］および Sprouse and Moonitz［1962］をあげている（藤井［2017］，187頁）。このように，論者によって主張はさまざまであり，

定説といえるものはない。

3 資産負債アプローチの多義性

　1976年の討議資料の公表当時においては，資産負債アプローチの特徴として，上記の3つの要素のうちの①と②のみが想定されていた。討議資料では，両アプローチと特定の測定属性との必然的な結びつきはないと明確に述べられており，資産負債アプローチの要素として③は想定されていなかった。収益費用アプローチのもとでは収益と費用の適切な対応が図られるために，必然的に一部の繰延項目や引当金といった計算擬制的項目が計上されることになるが，資産負債アプローチのもとでは当該項目は経済的資源・経済的資源を引き渡す義務を表さないとして計上は認められない。すなわち討議資料の公表当時には，資産負債アプローチが規範的に主張された背景には，計算擬制的項目の排除があったのである。

　ところが近年，討議資料の公表当時とは異なる意味で資産負債アプローチという語が用いられることがある。たとえば，2010年にIASBとFASBから公表された改定概念フレームワークの改定作業の中では，資産負債アプローチは上述の③の要素も含めて用いられている。企業の経済的実質を忠実に表現するものとして公正価値が想定されており，資産負債アプローチは必然的に公正価値測定に結びつくとされている。すなわち，資産負債アプローチの要素として公正価値測定も含められるようになった背景には，貸借対照表が企業の経済的実質を忠実に表現したものにするという意図があったのである。

●参考文献────────────────

AAA［1957］Committee on Accounting Concepts and Standards, "Accounting and Reporting Standards for Corporate Financial Statements ― 1957 Revision," *The Accounting Review*, Vol. 32, No. 4, pp. 536-546. （中島省吾訳編［1970］『増訂A. A. A. 会計原則―原文・解説・訳文および訳註―』中央経済社，128-148頁）

Paton, W. A. and A. C. Littleton［1940］*An Introduction to Corporate Accounting Standards*, AAA Monograph No. 3, AAA. （中島省吾訳［1958］『会社会計基準序説』改訳，森山書店）

Sprouse, R. T. and M. Moonitz［1962］*A Tentative Set of Broad Accounting Principles for Business Enterprises*, AICPA Accounting Research Study No. 3, AICPA. （佐藤孝一・新井清光共訳［1962］『アメリカ公認会計士協会・会計公準と会計原則』中央経済社，105-221頁）

武田隆二［2008］「純利益vs包括利益―論争の深層を探る［第1回］資産負債アプローチvs収益費用アプローチ」『企業会計』第60巻第10号，113-123頁。

藤井秀樹［2017］『入門財務会計（第2版）』中央経済社。

（山田康裕）

包括利益計算書導入の歴史的背景

1 包括利益計算書とは

　包括利益は，資本取引以外による会計期間の純資産の変動額を意味する。2010年に企業会計基準委員会によって，企業会計基準第25号「包括利益の表示に関する会計基準」が公表されるまで，わが国の会計基準では，包括利益の表示は定められていなかった。これはわが国の会計基準が企業の業績評価を目的とする損益計算書を重視し，利益概念として当期純利益を重要視してきたからである。

　包括利益は当期純利益とその他の包括利益を構成要素として含む。そのため，包括利益計算書では，当期純利益と包括利益という2つの利益が表示されている。

　包括利益を表示する意義は，当期純利益に関する情報と併せて利用することにより，企業活動の成果についての情報の全体的な有用性を高めるということができる。包括利益を表示することによって，期中に認識された損益だけでなく，資本取引を除く経済的事象により生じた純資産の変動を示すことが可能となるからである。

　また，純資産と包括利益とのクリーンサープラス関係を明示することを通じて，貸借対照表との連携を重視し，財務諸表の理解可能性と比較可能性を高めるという点も指摘できる。

　たとえば，持株比率は高くないものの，事実上の関係を強めようとして互いに保有しあっている持ち合い株式はその他有価証券の代表的なものである。持ち合い株式はその特徴から実際に売却されることは稀であるが，時価の把握が可能な有価証券は時価評価される。なぜなら，保有目的を売買目的へ変更すれば，時価変動からの利益を現金で入手できるからである。

　現行基準では，取得価額と時価評価額との差額であるその他有価証券評価差額金は，損益計算書を経由せずに，貸借対照表の純資産の部に直接計上される。

　その他有価証券評価差額金を純資産に直接計上するということは，損益計算書から導かれる当期純利益の金額と貸借対照表が示す純資産が増加した金額が一致しなくなる。包括利益計算書では，その他有価証券評価差額金をその他の包括利益として認識し，貸借対照表において純資産が増加した金額と一致するように設計されている。

2 包括利益計算書導入の歴史的背景

　包括利益計算書の導入の背景として，時価会計の導入と国際的な会計基準との整合ということを指摘できる。

　資産の評価方法はこれまでの歴史を振り返ると，時価評価から取得原価へと移り，近年また時価評価が一部で導入されつつある。

　1930年代以前は，債権者保護の観点から，資産の換金価値を重視して時価評価が採られていた。たとえば，1890年の旧商法第32条では，財産目録と貸借対照表は市場価格で作成することが規定されていた。

　その後，投資家保護へ重点が移行する中で，投資家と債権者の利害調整が重視されるようになった。そして，配当可能利益を計算する必要性から，その計算の確実性と客観的証拠に基づき利益計算をするために，資産と負債を取得時の価額によって評価する取得原価主義の考え方を基礎とするようになった。期間損益計算に着目した収益費用アプローチが主流となったのである。

　取得原価主義では，資産や負債を取得時の価額で評価した後は，その資産や負債の市場価格等の公正価値が変動したとしても再評価は原則として行わない。適切な期間損益を計算する観

点から，対価となる現金等が確定するまでは利益として把握しないのである。これは，未実現の利益は損益計算書から排除するという実現主義の考え方による。取得原価主義では，資産や負債の保有時における価値の変動分を把握したとしても実現とはいえないため，再評価が求められていなかった。

この場合では，一会計期間における資本の変動額は，資本取引がない限り，損益計算書の当期純利益の金額と等しくなる。このことは，損益計算書に計上されない項目の混入によって，資本が汚されていないという意味で，クリーンサープラス関係とよばれる。

1990年代以降，公正価値概念の導入によって，時価会計が一部で導入された。1999年に公表された「金融商品に関する会計基準」において，その他有価証券は期末時点での時価で評価されることになり，評価差額は損益計算書を経由せずに貸借対照表の資本の部（現在の純資産の部に相当する）に直入されることになった。

1999年に改訂された「外貨建取引等会計処理基準」によって，これまで資産の部または負債の部に記載されていた為替換算調整勘定も資本の部（現在の純資産の部に相当する）に直入されることとなった。

これらのことは，当期純利益の金額が増減することなく資本の部（現在の純資産の部に相当する）の金額が変動することになるため，クリーンサープラス関係が成立しておらず，ダーティサープラス関係であるといわれた。

その後，新会社法が導入され，資本の部が純資産の部として表示されることになり，株主資本と株主資本以外に分けられることになった。その結果，株主資本に着目すればクリーンサープラス関係が成立しているといえるようになった。また，包括利益が表示されることになり，純資産と包括利益とのクリーンサープラス関係も財務諸表において示されることになったのである。

包括利益計算書の会計基準が作成されたもう1つの理由として，国際的な会計基準との整合を図るためということも指摘できる。

アメリカでは，基準を設定する財務会計基準審議会（FASB）がアメリカ会計学会とアメリカ公認会計士協会によって1970年に設立された。会計基準のコア概念とそれらの相互関係を体系的に整備する概念ステートメントが必要であるということから，FASBは1973年から作業を開始し1985年までに作業をまとめた。

FASBでは包括利益が利益概念として導入された。そして，1997年のFASB会計基準SFAS No. 130「包括利益の報告」が公表されることによって，具体的な会計基準としての包括利益の導入が始まった。

国際的な会計基準を開発することを目的とする国際会計基準委員会（IASC）は1973年に設立された。1997年に，IAS第1号「財務諸表の表示」が改訂されることによって，包括利益の表示の定めが設けられ，それ以降，包括利益の表示が行われている。IASCは国際会計基準審議会（IASB）と改組され，IASBから出される会計基準はIASに代えて国際財務報告基準（IFRS）となった。

国際的な会計基準の動きに対応するため，わが国においても2008年に企業会計基準委員会で検討が進められた。2010年に企業会計基準委員会によって，企業会計基準第25号「包括利益の表示に関する会計基準」が公表され，当期純利益の表示の維持を前提として包括利益計算書が導入された。

●参考文献─────────
吉田武史［2011］「その他の包括利益の概念に関する一考察─当期純利益と包括利益の関係性を中心として」『横浜商大論集』第45巻第1号，80-121頁。

（二村雅子）

資産評価（基準）

1 資産評価の概念

　取得された資産は，取得原価で記帳されるが，その帳簿価格がその後も維持されるとは限らない。市場価値あるいは将来の価値を基に評価しなおされることがある。将来の価値を基にした評価とは，その資産のもたらす将来収入の現在価値であり，通常，利子率を用いた割引現在価値計算により算出される。その他資産の評価基準には，時価以下基準，低価基準，公正価値基準，ごく稀に高価基準[注]があるといわれるが，これらは上記の三基準すなわち，歴史的原価（取得原価），時価，将来価値評価の一部あるいは，複数の適応，選択適応である。取得原価以外の評価は，簿価の修正でなく提出される書類の作成上，その経営目的のために実施されることもある。帳簿価格と資産評価額との差額は，その期の損益計算に影響を及ぼすが，クリーンサープラスの前提を守らず損益計算書を通さず直接，純資産を変動させることもある。

2 わが国商法における資産評価基準

　わが国の商法では，1884（明治17）年のヘルマン・ロエスエル起稿の『商法草案』は1861年の普通ドイツ商法にならい「当時ノ相場又ハ時価ヲ付スヘシ」としていた。この草案を基に明治23年商法が制定された。資産の評価の規定は32条で「財産目録及ヒ貸借対照表ヲ作ルニハ総テノ商品債券及ヒ其他総テノ財産ニ当時ノ相場又ハ市場価格ヲ附ス弁償ヲ得ルコトノ確ナラサル債権ニ付テハ其推知シ得ヘキ損失額ヲ控除シテ之ヲ記載シ又到底損失ニ帰ス可キ債権ハ全ク之ヲ記載セス」と規定された。

　この明治23年商法の規定を受け，銀行条例では，資産負債表に関する備考欄で，期末時価に評価修正する手続きを取り入れた。明治23年商法は全面実施にならなかったが，わが国固有の

商業慣習を加味した修正作業を経て，明治32年商法が制定される。同法26条で「財産目録ニハ動産，不動産，債券其他ノ財産ニ其目録調製ノ時ニ於ケル価格ヲ附スルコトヲ要ス」と規定されたが，価格の意味するものが明示されず広く議論が起こった。「実業家の報告する所を見るに，一も商法に準拠し時価を附したるものを見ず」（加藤吉松［1899］）という指摘もあった。

　明治初期から整備されてきたわが国の銀行制度は英米法の国から取り入れられ，1872（明治5）年，国立銀行条例が制定された。国立銀行報告差出方規則では会計報告書は会計帳簿（総勘定元帳）から誘導して作ることが要請され，元帳は取得原価主義により記録されていた。また福澤諭吉の著した「帳合之法」や大蔵省編の「銀行簿記精法」でも取得原価主義評価が採用され，一般企業にも流布した。1874（明治7）年，第一国立銀行は小野組への不正融資による多大な損失を被った。政府はアラン・シャンドにわが国最初の銀行検査を行わせ，シャンドは報告書において低価主義の必要性を示唆した。

　1911年（明治44年）商法改正で資産の評価基準は，26条で「動産，不動産，債券其他ノ財産ニ価額ヲ附シテ之ヲ記載スルコトヲ要ス其価額ハ財産目録調製ノ時ニ於ケル価格ニ超ユルコトヲ得ス」と改められ，時価以下主義が認められた。さらに1938年（昭和13年）の改正では，34条で「営業用ノ固定財産ニ付イテ前項ノ規定ニ拘ラズ其ノ取得価額又ハ製作価額ヨリ相当減損額ヲ控除シタル価額ヲ附スルコトヲ得」とし，285条では「取引所ノ相場アル有価証券ニ附テハ其ノ決算期前一月ノ平均価格ヲ超ユル価額ヲ附スルコトヲ得ズ」とし，有価証券の時価評価を容認していたとみることが可能である。

　わが国の商法会計は，債権者保護の理念から企業の解体の可能性に配慮した時価主義を次いで時価以下主義を採ってきたが，銀行会計を始

めとする多くの企業では継続企業概念を前提とする取得原価主義で誘導法による簿記実務を基本に据えていた。ただし以下に見るように，企業は取得原価を基本に据えながらも，強かに商法の時価以下評価規定を利用する。

3 日本郵船における資産評価

　日本郵船では資産評価は取得原価主義であったが，船舶と有価証券の評価には時価が加味された。商法の施行に際して，不良資産の処理に，資産の時価評価規定を利用し，優良資産の評価益を用いて不良資産を処理する。

　その後，日本郵船の経営は順調に推移し，1901年ごろには膨大な有価証券を保有する。時価が取得価額より下落した有価証券は時価評価するという低価基準を採用する。

　第1次世界大戦による船価の高騰を受け，1917年以降日本郵船では船舶価額の切下げが毎期のように行われる。これは高額な船価を平準化する目的と膨大な利益剰余である積立金を低く見せるためであった。

　第2次世界大戦中も船価の切下げが行われるが，その目的は沈没船に交付された膨大な補償金を費消するためであった。1950年の資産再評価法による資産切上げは，資産の時価とそれに伴い増加する減価償却額が将来の利益や税金にどう影響するかから決定された。有価証券，船舶の評価替えの際の評価損失は損益計算書に計上されずに積立金で処理されたり，キャピタル・ゲイン・ロスが未決済勘定に留保されたことも注目される。評価損失が業績測定のための期間損益計算を歪めないように工夫されていた。

　このように日本郵船ではその時々の財務上経営上の課題を解決し，期間業績の正確な測定のために当時の商法の資産評価規定である時価以下主義を利用した。評価規定を鵜呑みにして実施するわけではない。日本郵船では有価証券や船舶売却によるキャピタルゲインは，損益計算書を通さずに直接，貸借対照表の未決済勘定という勘定で認識され，キャピタル・ロスが生じた時はその未決済勘定で填補された。いわゆる

クリーンサープラスの関係は重視されなかった。貸借対照表の資産価額は公正価値で評価するが，評価損は損益計算書で認識させない工夫がとられていた（山口不二夫［1998]）。

4 収益力による資産評価

　1937年に出版された日本会計学会編『評価各論』（森山書店）に収録された東奭五郎執筆の論文「利益金の評価問題」で営業権の評価に資産の超過収益率を用いて計算した。これは課税金額の算定の際の例で，通常の貸借対照表の資産の評価ではないが，資産の評価の基準として収益力が勘案されていた事例として銘記したい。

5 まとめ

　このようにわが国の明治以降の歴史の事例を観察すると，時価評価が商法で規定された時期もあったが，実際の企業では帳簿の取引結果から誘導された取得原価が基本であった。ただし資産の評価基準の選択によって資産の価額や損益は異なってくるので，その時々の会計諸表の作成・提出目的によって時には政策的に資産の評価基準は選択される場合もあった。

（注）片岡［1988]は，Fra Luca Bartolomeo de Pacioli（1445年-1517年）は著書『スムマ』（1494年）の中で高価主義を主張している点を明らかにしている。

●参考文献
片岡泰彦［1988]『イタリア簿記史論』森山書店。
加藤吉松［1899]「財産目録について」『東京経済雑誌』第990号（明治32年8月5日号）。
東奭五郎執筆［1937]「利益金の評価問題」日本会計学会編『評価各論』森山書店。
山口不二夫［1998]『日本郵船会計史財務会計篇』白桃書房。
松尾俊彦［1998]「わが国初期商法における財産評価基準」『社会情報学研究』第4号，139-149頁。

（山口不二夫）

収益認識

1 実現主義に基づく収益認識

　収益は一般に実現主義に基づいて認識される。ここで実現した収益とは，伝統的に，次の2要件を満たしたものであると解されてきた。
- 企業外部の第三者に対して財または用役を提供する。
- その対価として現金または現金同等物を受領する。

　そもそも，このような収益の認識基準としての実現主義が確立したのは第1次世界大戦以降であり，とりわけ1929年の世界恐慌以降に支配的になったといわれている（AIA［1952］，pp. 23-28）。そして，実現主義も含め，アメリカにおける期間損益計算の考え方を集大成したものとして位置づけられるPaton and Littleton［1940］では，「収益は，現金の受領や受取債権その他の新しい当座資産で立証された時に初めて実現されることになる。この場合は2つのテストが暗黙裡に考えられている。すなわち，第1に法的な販売または同様の過程による転換，そして第2に当座資産の取得による確定である」（Paton and Littleton［1940］，p. 49）と述べられている。ここでも，上記の2要件に相当する要件があげられている。

2 実現概念の変遷

　第2次世界大戦後の急激なインフレを背景として原価主義会計に対する批判の声が高まり，認識対象の拡大が叫ばれるようになった。そこで注目されたのが実現主義である。すなわち，上述の伝統的な2要件ではなく，より抽象的な要件を用いることによって実現概念が拡張されたのである。その代表がAAA［1957］である。AAA［1957］では，基礎概念の1つとして実現が取り上げられており，「実現の本質的な意味は，資産または負債における変動が，会計記録上での認識計上を正当化するにたるだけの確定性と客観性とを備えるに至ったということである」（p. 538）と述べられている。ただしAAA［1957］では，伝統的実現概念の意味で「未実現の変動は，財務報告書に明示されるべきであるが，実現純利益の金額をこれによって左右すべきではない」（p. 543）とも述べられており，やはり利益計算においては伝統的な実現概念が用いられていると解されるのである。

　そしてAAA［1957］を敷衍し，かつ修正することを意図して公表されたAAA［1965］では，収益実現の要件として，①受領資産の測定可能性，②市場取引の存在，③決定的事象という3要件があげられている。またAAA［1965］では保有損益の認識についても検討されているものの，それは実現主義とは分けて議論されていることから，認識対象の拡大は実現主義以外の基準で対応し，実現主義はあくまでも収益の認識基準として位置づけられていたと解される。

　さらにFASBの設立とともに検討が開始された概念フレームワークの中で，実現だけでなく実現可能という概念が規定される。すなわちFASB［1984］は，「一般に，収益および利得は，実現したときまたは実現可能となって初めて認識される。収益および利得は，製品（財貨もしくは用役），商品またはその他の資産が現金または現金請求権と交換される時点に実現される。収益および利得は，取得もしくは所有している資産が容易に既知の現金額または現金請求権に転換される時点で実現可能となる」（par. 83）と述べている。

　しかし国際的には，近年，このような実現主義に対して批判的な見解がしばしば見受けられる。というのも，実現主義のもとでは，たとえば土地や有価証券の売却等通常の商品売買以外

の場面では財または用役の提供のタイミングを自ら決定できるため，利益操作の温床になるからである。かかる事情に配慮しつつも，わが国では伝統的な実現利益である純利益を重視する立場から，実現主義に代えてリスクからの解放という考え方が採られるようになっている。そもそも企業は，将来の不確実な資金の獲得を期待して現在の資金をリスクにさらすことによって投資を行っている。事前に期待された成果が事実として確定することによって，このような投資におけるリスクがなくなった段階で収益を認識するのが，リスクからの解放という考え方である。リスクからの解放という考え方のもとでは，事前に期待された成果に価格変動も含まれる場合には，時価評価差額も利益（事実として確定した成果）としてみなされるため，実現主義よりも広義のものとしてみなされる。

3 ストックの変動に基づく収益認識

実現主義にしてもリスクからの解放にしても，収益をフローの側面から捉えようとする点で違いはないのに対して，近年，国際的にはストックの変動に基づいて収益を認識するという考え方に変わってきている。国際会計基準審議会とアメリカ財務会計基準審議会は2002年から共同で包括的な収益認識基準の開発を進め，2014年に新たな収益認識基準を公表した。そこでは，次のような5つのステップに基づいて収益が認識されるとされている。すなわち，①顧客との契約を識別する，②契約における履行義務を識別する，③取引価格を算定する，④取引価格を契約における履行義務に配分する，⑤企業が履行義務の充足時に（あるいは充足するにつれて）収益を認識するという5つである。

最後の⑤ステップにおいて収益が認識される契機となる履行義務の充足は，上述の伝統的な実現主義の1つめの要件と大差ないようにも思える。ステップ⑤の履行義務の充足は財または用役に対する支配が顧客に移転することによって生じるのに対して，実現主義においては資産

の所有に伴うリスクおよび経済価値の移転によって財またはサービスの移転が生じると考えられているため，両者は異なるものであるといわれている。しかし，支配の移転とリスクおよび経済価値の移転とは多くの場合重なっており，財または用役を提供することによって，収益を認識するにたるだけの義務を顧客に対して果たしたといえるのである。

なお2018年3月に，わが国においても，上述の国際会計基準やアメリカ基準に匹敵する新たな収益認識基準が公表された。

●参考文献

AAA [1957] Committee on Accounting Concepts and Standards, "Accounting and Reporting Standards for Corporate Financial Statements — 1957 Revision," *The Accounting Review*, Vol. 32, No. 4, pp. 536-546. (中島省吾訳編 [1970]『増訂A.A.A.会計原則―原文・解説・訳文および訳註』中央経済社，128-148頁)

AAA [1965] 1964 Concepts and Standards Research Study Committee — The Realization Concept, "The Realization Concept," *The Accounting Review*, Vol. 40, No. 2, pp. 312-322.

AIA [1952] *Changing Concepts of Business Income — Report of Study Group on Business Income*, The Macmillan Company. (渡邊進・上村久雄共訳 [1956]『企業所得の研究―変貌する企業所得概念』中央経済社)

FASB [1984] *Statement of Financial Accounting Concepts No. 5 : Recognition and Measurement in Financial Statements of Business Enterprises*, FASB. (平松一夫・広瀬義州訳 [2002]『FASB財務会計の諸概念（増補版）』，中央経済社，195-266頁)

Paton, W. A. and A. C. Littleton [1940] *An Introduction to Corporate Accounting Standards*, AAA Monograph No. 3, AAA. (中島省吾訳 [1958]『会社会計基準序説』改訳，森山書店)

(山田康裕)

商品勘定の歴史

1 商品勘定の生成

　複式簿記の構造が確立されたとされる15世紀末頃のイタリアでは，商品の記帳方法は今日使用されている三分法とは異なっていた。当初，Luca Pacioliの簿記論（1494年）に代表されるヴェネツィア式（イタリア式）簿記では商品を取扱商品の種類や同じ商品の種類であっても産地や品種，仕入口等を単位とする特定商品勘定（商品名商品勘定）が使用されていた。つまり，商品の仕入れや売上だけでなく，当時の冒険商業（貿易）から生じる手数料や関税等の諸経費も，当該商品勘定に関連づけられて記録されていた。そのため，多数の商品を取り扱う場合には，元帳には多くの商品名商品勘定が設けられることになる。

　これらの商品勘定では，商品の払い出しが完了したものについては勘定が締め切られ，各商品勘定の貸借差額が損益として算出された。基本的に商品の払い出しが完了してから勘定の締切が行われるので，棚卸は実施されなかった。仮に，元帳全体を新しい帳簿に更新する場合，販売が未完了のものについては，当該勘定の借方と貸方との算術的差額である貸借差額が，そのまま新帳簿に繰り越されることになる。元帳への記入が一杯になったことで記入する余白がなくなり，新帳簿を締め切っていたため，規則的な元帳の締切は行われていなかった。

　その後，経済的な発展による商取引活動の拡大や取引商品の専門化等に伴い，個別的な管理・統制にとって有効であった商品名商品勘定における売買取引等の記録や計算は，商取引活動の全体的把握という観点では，以前のように役立つものではなくなっていった。

　そのため，商品の種類ごとに記帳されていた商品勘定は，時代が進むにつれて総括化が簿記書等で展開されていく。16世紀イギリスの

John Wsddingtonの簿記書（1567年）やJames Peeleの簿記書（1569年）等でも，勘定の一部総括化が見られる。つまり，個別の商品勘定等を集約して統合していく様子が見られるのであった。さらにRichard Dafforneの簿記書（1635年）では商品勘定の総括的勘定処理が試みられ，Alexander Malcolmの簿記書（1718年）では概括勘定が採用され，Benjamin Boothの簿記書（1789年）は取扱商品のすべてを一括して単一の「商品勘定」で処理する方法を説いた。このように商品の取扱いに関して，総括的商品勘定の採用がより明確にあらわれていったのである。

　ただし，上記のような商品勘定の総括化から一転して，19世紀末から20紀初頭以降，商品勘定の分割化が進んでいく。このことはCharles E. Spragueの論文（1901年）等でも説明されるところである。商品勘定を機能的に分割することで，仕入勘定，売上勘定，繰越商品勘定が設けられることとなった。この背景には，企業の大規模化等があり，商品の仕入れや販売に伴う職能分課をもたらした。その結果，商品の仕入れに関しては仕入勘定，商品の販売については売上勘定，さらには繰越勘定という三分割の形態が採用されていった。このように，複式簿記が登場した当初に見られた口別の商品名商品勘定から，17世紀以降に簿記書で解説された総括的な商品勘定の説明が展開されていくものの，20世紀以降では，機能的分割が図られ，今日の三分法が登場するに至る。

2 棚卸資産の評価

　実際の会計実務や簿記書ではいつ頃から売残商品が認識され，評価されていたのであろうか。16世紀アントウェルペンで出版されたJan Ympynの簿記書（1543年）では，例示として宝石やイギリス産のオスタード等売残商品を取得原価で評価していた。他にも，ブルージュで

Simon Stevinが出版した簿記書やロンドンでDafforneが出版した簿記書でも同じく、売残商品を取得原価で評価する記帳例示が掲載されている。18世紀イギリスのJohn Mairの簿記書（1763年）でも売残商品の残高を取得原価で評価していたのであった。

これに対して同時期の簿記書の中で売残商品を時価で評価していたのが、Richard Hayesがロンドンで出版した簿記書（1731，1741年）である。この簿記書には当時の商人達が売残商品を一般的には売却時価で評価していたことが先行研究等でも指摘されている。

簿記書において売残商品が説明された時期と、大きくは時代が異ならないものとして、15世紀のボロメオ商会ロンドン支店における元帳（1435-1439年）があげられる。ここでは売残商品を認識し、それに対して市場価格で評価していたことがわかる。たとえば、1439年12月31日時点の未売却により手許にあるブドウ酒の大樽2つを時価、あるいは原価よりも£20高く評価していたとのことである。会計実務において売残商品を売却時価等で評価していた事例も確認できるのであった。

3 イギリス東インド会社の商品勘定

初期の大規模株式会社の1つであり、世界史にもその名も残す、イギリス東インド会社（1600-1873年）でも棚卸資産の会計実務が垣間見える。東インド貿易をけん引した同社は、貿易で獲得した香料、胡椒の他に、キャラコ等のインド産織物等、多くの種類の商品を輸入し、販売していたので、数多くの商品が同社の会計帳簿に記録されていた。

大英図書館に所蔵される本社の元帳（1664-1873年）のうち、17世紀中のものでは主に商品の種類別、つまり口別の商品名商品勘定が設けられていることがわかる。さらに、商品勘定については、商品名や記入の内容等により輸出用商品と輸入用商品とに識別することができる。

輸出用の商品勘定の借方には買い付けの記録が記入された。基本的に相手科目として取引相手の人名勘定名ないし現金勘定が記載され、摘要欄には、購入商品の数量、すべてではないけれども商品によっては仕入単価も記入されている。それから、商品が仕向地へと輸出されるために船積みされるわけだが、これを反映するために、商品勘定の借方から仕向地先ごとの航海勘定（たとえば、スラト向け航海勘定）の借方へと振替えられることになる。

元帳C（1669-1671年）に記載された輸入商品のうち、黒胡椒勘定を例にあげると、借方（左側）に旧帳簿からの残高が資本勘定を相手科目として記入され、続けて仕入の記入が行われていることがわかる。金額欄には仕入総額が記入されるとともに、摘要欄に、仕入時の仕入口ごとに、商品の調達先である商館名、数量と船舶名が記載されている。ただし、仕入単価については基本的に未記入であった。

商品勘定の貸方（右側）には、商品の売上が、その都度、売価（総額）で記入され、摘要欄には商品仕入時の船舶名、商品購入者名と売価（単価）、販売数量もおおむね明記されていた。

17世紀後半頃になると、特に元帳H（1682-1694年）から、複数種類取り扱われたキャラコ等は、キャラコ勘定というようにまとめて記帳され始めていることがわかる。輸入商品の勘定に総括化の傾向が見受けられるのであった。

なお、帳簿の更新等に伴い各商品勘定が締め切られるわけだが、商品が残っていれば、それらは貸方の末尾に「残高」として記入され新しい元帳へ繰り越された。17世紀中葉頃では、多くの売残商品に対して売価等に近い価格あるいは売価等を基礎とした見積評価が行われている。売残商品を評価し貸方に計上したのち、各商品名商品勘定の貸借差額を売買損益として記入した。各商品勘定において損益を個別的に把握していたことが見て取れるのであった。

● 参考文献

中野常男［2007］「商品勘定の史的展開」『会計学辞典（第6版）』同文舘出版。

渡邊泉［2014］『会計の歴史探訪』同文舘出版。

（杉田武志）

減価償却

1 減価償却の登場

(1) 19世紀イギリスの鉄道会社が減価償却を導入した目的は何か

減価償却は，1830年代のイギリスにおける鉄道会社の固定資産会計実務の中で生成され普及した（木村 [1947]，17頁）。減価償却の主目的について，今日いわれているのは，「毎期の損益計算を正確ならしめること」（『連続意見書』第一・二）である。しかし，当時の鉄道経営者が減価償却実務を導入した第一の目的は，「保有する有形固定資産を将来取替する際に要する資金を自己金融すること」（ペイトン・リトルトン [1958]，147頁）であった。

鉄道経営者は，有形固定資産の取替資金調達に腐心し，耐用年数を通じて資金を規則的に積立てることを可能にする減価償却に注目した。ロンドン・ノースウェスタン鉄道会社（以下 L&NW鉄道という）の1847年下期取締役報告書は，同社のジェネラル・マネージャー，M. Huish氏の調査報告書に基づく減価償却計画を採用するにあたって，次のように述べている。

「当社の担当者によって注意深い調査が行われた結果，レールの消耗の増大は，列車の急激なスピードの上昇と機関車の重量の増加に起因していることが明らかとなった。そして慎重性を重んじて，全路線を順次更新するのに伴う費用に見合う減価償却資金（Depreciation Fund）を定期的に積立てることが望ましいとの結論に達した。この結論は取締役会でも承認済である。この目的のために適当と判断される当半期の積立額は £10,000である。」（London and North Western Railway Company [1847]，p. 1）

(2) 減価償却仕訳の貸方科目は，資産の評価勘定に限定されるのか

19世紀イギリスの減価償却生成期の鉄道会社が作成した会計報告書を観察すると，減価償却にかかる仕訳の貸方項目の性格は，現在の会計実務の標準である減価償却累計額（資産の評価勘定）を含めて，少なくとも3種類確認できる。

① 資本（任意積立金）

ロンドン・バーミンガム鉄道会社（以下，L&B鉄道という）は，1837年下期から車両資産の取替資金を内部留保するために，「減価償却積立金」（Reserve Account for Depreciation of Stock）を設定した。この勘定項目の性格は，資本（任意積立金）に相当するものである。その表示内容は，1840年下期の貸借対照表で確認できる（**図表1**）。

一方，この勘定残高は，意図した配当財源金額が不足した場合の取崩しにも利用可能という可能性も内在していた。実際に1840年上期のL&B鉄道株主総会では，減価償却積立金を配

図表1 ■L&B鉄道の1840年下期にかかる貸借対照表（借方：負債・資本の部）

貸 借 対 照 表

借方（£. s. d.）		1840年12月31日	
株式払込金額	3,125,000. 0. 0.		
株式の譲渡に伴って生じた金額	3,633. 6. 5.		
(Produce of Forfeited Shares)			
社 債	2,125,000. 0. 0.		
手形借入金（対株主）	389,753. 11. 8.	5,643,386. 18. 1.	
収益に賦課されるべき未済勘定	25,764. 8. 7.		
同上 利息	58,542. 17. 6.		
車両減価償却積立金	71,790. 0. 0.		
収 益 勘 定			
6月30日現在残高	134,177. 5. 1.		
収 益 勘 定			
12月31日現在残高	186,689. 11. 8.		
	320,866. 16. 9.		
差引: 配 当 金			
1840年8月7日の	-155,000. 0. 0.		
株主総会での決定額		165,866. 16. 9.	321,964. 2. 10.
			£5,965,351. 0. 11.

出所：London and Birmingham Railway, *Minutes of the Proceedings of the Court of Proprietors*, the 12 th February 1841, p.46（太字追加）.

当支払財源の捻出のために以下のように取り崩す提案が承認されている。

「…減価償却積立金残高（£57,150）のうち，£21,000が今回宣言する配当金の支払のための財源として使用できるよう提案いたします。その結果，当該減価償却積立金の貸方残高は£36,150となります。……」（London and Birmingham Railway Company [1840]，p. 40）

② 資産の評価勘定

L&B鉄道の1841年上期において，前期まで減価償却積立金（任意積立金）として表示されていた残高の表示が，有形固定資産勘定から控除される形式に変更された（**図表2**）。この会計手続は，利益剰余金残高を資産の評価勘定残高として付け替えることを意味しており，同時に，将来の有形固定資産取替に必要な資金原資が配当財源の不足を補塡するために流用されないというメッセージを会計報告書上で明示することにもつながった。

③ 負債（負債性引当金に類似）

L&NW鉄道は，軌道資産が将来の特定期間に更新される際に必要となる資金をその使用可能期間にわたって企業内部で蓄積するための会計処理を負債性引当金に類似した「レール更新勘定」（Renewal of Rail Account）を用いて行った。ただし，「レール更新勘定」の期末残高は，本来貸方に生じるべきところであるが，実際は借方に生じた（1849年上期〜1864年下期）。その理由は，「レール更新勘定」借方に期中で取崩記入される軌道更新支出金額が，期末決算ごとに引当記入される同勘定の貸方残高を度外視して計上されたためである。L&NW鉄道がこのような会計処理を選択する背景には，毎期多寡の差が激しい軌道更新支出金額を損益計算に直入することを避け，均一な「レール更新勘定」繰入額を費用計上させることで配当可能利益の安定化につなげようとしたことが指摘できる（**図表3**：L&NW鉄道の会計報告書に基づき著者が作成）。

図表3 ■L&NW鉄道「レール更新勘定」期末引当額に対する期中取崩額の乖離度（1849年〜1864年）

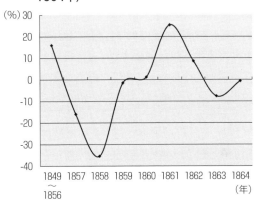

「レール更新勘定」借方残高は，会計報告書上では，負債ではなく，結果的に資産項目の「前渡金」（Advance）として表示された（**図表4**）。

2 減価償却法と取替法との関係

19世紀イギリスの鉄道会社が有形固定資産に対して取替法を採用し始めたきっかけとは，何か。通常，軌道のような取替資産には取替法を適用することが想定されている。しかし，L&NW鉄道は，軌道資産に対して当初（1847年下期以降），「レール更新勘定」を用いた減価償却法を適用していた。その後，ある判断基準に

図表2 ■L&B鉄道の1841年上期（第16期）にかかる資本勘定計算書（借方の一部分）

(C)

資本勘定計算書

借方（£. s. d.）		1841年6月30日現在
	12/31/1840	1/1〜6/30/1841	計
～中略～			
動力車両：			
機関車・炭水車，工具・備品	154,635. 0. 7.	9,851. 5. 3.	
差引：減価償却積立金			142,763. 9. 7.
£71,790の一部	21,722. 16. 3.		
被牽引車両：			
客車各種貨車その他	195,310. 5. 0.	2,893. 19. 4.	
差引：減価償却積立金			148,136. 10. 7.
£71,790の一部	50,067. 3. 9.		
～中略～			

出所：London and Birmingham Railway, *Minutes of the Proceedings of the Court of Proprietors*, the 13th August 1841, p.51（太字追加）.

図表4 ■L&NW鉄道 一般貸借対照表（1864年下期）

GENERAL BALANCE SHEET

Dr.						Cr.
	£.	s. d.			£.	s. d.
To Balance of Capital Account............................	1,019,521.	8. 0.	By Balance of Stores, as per Account..		509,917.	4.11.
To Outstanding Accounts due by the Company..........	1,093,112.	6. 10.	By Outstanding Accounts due to the Company......................		1,677,012.	1. 0.
To Balance of General Revenue Account	999,861.	8. 7.	**By Advance upon Renewal of Road Account (see Abstract J.)** ...		67,824.	2.10.
			By Balance of Cash at Interest, and with the Company's Bankers		857,741.	14. 8.
	£	3,112,495. 3. 5.		£	3,112,495.	3. 5.

Disposable Balance .... £. 999,861. 8. 7.
Proposed Dividend .... 974,019. 1. 2.
Balance to be carried forward........ £. 25,842. 7. 5.

Examined and confirmed, subject to the correctness of the amount credited as this Company's proportion
of the sum in suspense at the Railway Clearing House under "The English and Scotch Traffic Agree,emt,"
which credit the Auditors believe to have been safely estimated.   } H. CROSFIELD,
R. W. HAND,   } Auditors,
verified, J. E. COLEMAN, *Public Accountant.*

出所：London and North Western Railway, *Report of the Directors and Statements of Account for the Half-Year ending 31st December, 1864*（強調著者追加）.

基づき減価償却法に代えて，取替法が（1865年上期に）導入された。その判断基準について，1865年上期にかかる同社の取締役報告書は，次のように述べている。

「・・・初期の段階では，毎年実際に軌道に対して支出された金額は年によって大きく変動する傾向がみられた。そのため，当期利益への負担額をより一定とするための手段として『レール更新勘定』を設定することは望ましいとみなされた。しかし，現在では，毎年の軌道更新支出金額が『レール更新勘定』繰入額として収益から控除される金額と，そのような手続をもはや必要とはしないほどに，ぴったりと一致している状態にあることが分かる。それゆえ，われわれ取締役は，今後，これまでのような固定的な金額ではなくて，実際に支出した金額を毎年収益に賦課することを提案する。」（London and North Western Railway Company ［1865］, p. 1）

L&NW鉄道は，配当可能利益を安定的に確保するという観点から，期間により軌道更新支出額の増減幅が大きかった軌道資産に減価償却法を適用していたが，毎期の軌道更新支出額が均一となり，それが減価償却費金額と一致するレベルとなったと判断した時点で，減価償却法に比して会計処理的に簡便な取替法の採用を決定するに至った。

●参考文献

London and Birmingham Railway Company ［1840］ Minutes of the Court of Proprietors at their Fourteenth Half yearly General Meeting of L&B, London, the 7th August 1840.

London and North Western Railway Company ［1847］ *Report of the Directors and Statements of Account for the Half-year ending 31st December.*

London and North Western Railway Company ［1865］ *Report of the Directors, to be submitted to the Proprietors at the Half-Yearly General Meeting 18th August.*

木村和三郎 ［1947］『減価償却研究』淡清堂。

W. A. ペイトン・A. C. リトルトン（中島省吾訳）［1958］『会社会計基準序説』改訳版，森山書店。

【更なる学習のために】

佐々木重人 ［2010］『近代イギリス鉄道会計史』国元書房。

中村萬次 ［1991］『英米鉄道会計史研究』同文舘。

村田直樹 ［1995］『近代イギリス会計史研究』晃洋書房。

（佐々木重人）

コラム6

日本における減価償却

日本における減価償却は，明治初期の複式簿記や株式会社制度の輸入とともに実施され始めた。例をあげると，日本初の株式会社ともいわれる第一国立銀行や，日本郵船の前身企業の1つである郵便汽船三菱会社ではすでに減価償却を実施していた。これらの会社は当時の殖産興業政策上重要な企業であり，その減価償却は政府による指導・命令・利益誘導等によって実施されたものであった。

明治・大正・昭和戦前期の減価償却には，今日同様「減価償却費」を計上する方法の他に，利益処分によって「減価償却積立金」を計上する方法が存在した（**図表**参照）。いずれの方法においてもラウンド・ナンバー額の計上が多く見られ，特に後者の方法は，固定資産の取替資金準備を重視したものであった。当時の減価償却実務に，今日のような原価配分の思考を見出すことは困難であろう。

初めて法人所得税を定めた1899（明治32）年の所得税法以降，減価償却費の損金算入が議論されてきたが，1920（大正9）年の所得税改正および「所得税法施行上取扱方心得（大蔵大臣達）」によって，減価償却費全般が損金算入されることとなった。ここでは，費用処理による方法は勿論のこと，利益処分によったとしても，翌期首に資産価額を減額すれば同額の損金算入が認められた。しかしこれ以降，大正期から昭和戦前期にかけて，費用処理による減価償却実務が徐々にではあるが拡大していった。

このように財務会計における減価償却が展開される一方，原価計算における減価償却費の計上は長い間一般的ではなかった。たとえば，三菱造船所が減価償却費を製造原価に算入するようになったのは，1913（大正2）年以降であった。その後，軍需品調弁のための原価計算基準が策定される過程で，減価償却費の原価性は制度上も認められていった。

日本において減価償却が定着した契機は，1942（昭和17）年の「会社固定資産償却規則」である。これは，軍需品の原価計算において減価償却費を認識しているにもかかわらず，財務会計上これを計上せずに同額を配当にまわしている企業が存在したことから制定されたものである。当該規則によって，残存価額を10%（坑道および無形固定資産は0）として直接法による減価償却が強制された（ただし，適用は資本金500万円以上の会社に限定された）。このように，いわゆる「正規の減価償却」は戦時統制経済下で確立されたといえる。

図表■減価償却の会計処理

取得原価100円の固定資産が毎期10円ずつ減価する場合…

① 費用処理による方法

（借）減価償却費　　10　（貸）固定資産　　10

貸借対照表

固定資産	90	

損益計算書

減価償却費	10	

② 利益処分による方法

（借）未処分利益　　10　（貸）減価償却積立金10

貸借対照表

固定資産	100	減価償却積立金	10

太田哲三［1968］『近代会計側面誌―会計学の六十年』中央経済社。

高寺貞男［1974］『明治減価償却史の研究』未来社。

久野秀男［1972］「日本減価償却生成史の実証研究(4)」『学習院大学経済論集』第9巻第2号，51-82頁。

山下正喜［1995］『三菱造船所の原価計算―三菱近代化の基礎』創成社。

（中村将人）

減損会計

1 減損会計の起源

　減損会計とは，長期の費用性資産に関して，損傷や技術進歩等により資産の帳簿価額の全額を回収することができなくなった場合に，減損が生じた資産の帳簿価額を回収可能価額まで切り下げることである。ここでの回収可能価額とは，資産の売却から得られる貨幣額をあらわす正味売却価格と，資産の継続的使用から得られる正味の将来キャッシュフローに割引利子率を適用した割引現在価値として算定される使用価値のいずれか高い方のことを指す（神戸大学会計学研究室編［2007］，410頁）。

　減損会計の始まりについては諸説あるが（Cf. 泉谷［1964］，216-217頁；西谷［2016］，52頁），その必要条件を固定資産の帳簿価額の切下げを目的として当該資産を将来キャッシュフローで測定することとした場合，その萌芽は1970年代のアメリカの制度にまで遡ることができる（吉田［2008］，110頁）。

　1973年の第4次中東戦争による石油危機により，原油価格が高騰し，経済は世界的に停滞していた。アメリカ議会は，このような経済の停滞に対応し，国内の石油備蓄量を把握することを目的として，首尾一貫した信頼できるエネルギーデータベースを構築するために，1975年，「エネルギー政策と保存に関する法律（Energy Policy and Conservation Act）」を公表した。同法律は，米国証券取引委員会（Securities and Exchange Commission：SEC）に対して，石油・ガス算出企業の会計実務の統一化を達成する手段の構築を要請し，これを受けて，1977年，SFAS第19号「石油・ガス製造会社による財務報告および財務会計」が公表された（吉田［2008］，110頁）。しかしながら，その後，SFAS第19号では十分な情報が開示されないとして，1978年，

SECは，会計連続通牒（Accounting Series Release：ASR）第253号「石油・ガス製造活動に関する財務会計および報告実務の要求の適用」（規則3-18）を公表し，そこで，石油・ガス産出企業に対して，1979年12月31日以降の決算から新しい会計方式である埋蔵量計上会計（Reserve Recognition Accounting：RRA）を適用するように提案した（SEC［1981］，p. 3257；Cf. 広瀬［1980］，132頁）。ここで重要なことは，RRAが，確認埋蔵量について，現在の価格と10%の割引率に基づいて，その評価の変動額の開示を求めたことである（SEC［1981］，p. 3257；Cf. 吉田［2008］，111頁）。

　石油・ガス産出企業のリーダーカンパニーであったExxon社（Exxon Corporation）は即座にこれに対応した。ただし，SEC向けの有価証券報告書の中で，ASR第253号の提案に対して，任意の割引率である10%は資本コストや借入率を表すものではなく，実際の状態は公表されたデータとはほど遠いものになると主張するとともに，RRAが取得原価主義会計からかけ離れたものであると批判している（Exxon Corporation［1979］，s-10）。さらに，一般の論者も，当時からすでに，あらゆる地域の確認埋蔵量に対し割引率を画一的に10%と仮定した上で作成される情報は逆にミスリーディングなものになると指摘していた（広瀬［1980］，137頁）。

　しかしながら，1980年に入ると，石油産業に関連する多くの企業が，将来キャッシュフローに基づく石油精製施設の評価切下げによる損失を認識するようになり，その後，経済的不況を背景とした事業の再構築の必要に促される形で，他の産業へも伝播することになった（吉田［2008］，111-112頁）。なぜならば，貸借対照表上の資産価額を切り下げることは，その後の費用負担を軽減し，結果，利益を大きく算定する効果があると考えられたためであった（吉田

[2008]，112頁；辻山［2003]，6-7頁）。

2 日本における減損会計

　日本では，2002年，企業会計審議会より，
「固定資産の減損に係る会計基準の設定に関す
る意見書」が，2003年，企業会計基準委員会よ
り，企業会計基準適用指針第6号「固定資産の
減損に係る会計基準の適用指針」が公表され，
減損会計は，2005年の4月1日以降開始する事
業年度より，適用されることになった。
　日本における減損会計の制度化の背景には，
バブル経済崩壊により，企業が雇用・設備・債
務の過剰という問題を解決するためにリストラ
クチャリングを行う必要があったこと（吉田
［2008]，115-116頁），会計基準の国際化を図る
ために米国基準や国際会計基準等の相次ぐ減損
会計基準の導入の動きに呼応する必要があった
ことがあげられる（辻山［2003]，7頁；吉田
［2008]，115-116頁）。

3 減損会計の歴史的特徴

　低価法や減価償却といった会計は実務先行型
の会計であり，企業において実務が成立し，そ
れが制度化そしてその後の理論化につながった
一方で，減損会計は，上述してきたように，少
なくともその導入の契機は政府による情報提供
の要求に伴うASR等の公表であった。つまり，
減損会計は制度先行型の会計であったといえる。
その後，経済停滞の中，事業の再構築の必要等
から，同処理は他の産業にも伝播した。日本に
おいては，上記に加えて，会計基準の国際化の
必要の影響もあった。

●参考文献

Exxon Corporation ［1979］ Annual Report Pursuant to
　　Section 13 of the Securities Exchange Act of 1934.
SEC ［1981］ Accounting Series Releases and Staff Ac-
　　counting Bulletins.
泉谷勝美［1964]『中世イタリア簿記史論』森山書店。

企業会計基準委員会［2000]『固定資産の会計処理に関
　　する論点の整理』。
企業会計基準委員会［2003]『企業会計基準適用指針第
　　6号』「固定資産の減損に係る会計基準の適用指針」。
企業会計審議会［2002]『固定資産の減損に係る会計基
　　準の設定に関する意見書』。
神戸大学会計学研究室編［2007]『会計学辞典（第6
　　版）』同文舘出版。
辻山栄子編著［2003]『逐条解説 減損会計基準』中央経
　　済社。
西谷順平［2016]『保守主義のジレンマ―会計基礎概念
　　の内部化』中央経済社。
広瀬義州［1980]「石油・ガス埋蔵量計上会計（Reserve
　　Recognition Accounting）― SEC: Accounting Series
　　Release No. 253, No. 269 and No. 270, Regulation S-X,
　　Rule 3 -18」『企業会計』第32巻第7号，130-138頁。
吉田武史［2008]「減損会計基準の設定と経済的背景」
　　『産業経理』第67巻第4号，110-118頁。

（澤登千恵）

リース会計

1 リースの語源と起源

　リース（lease）とは，どのような意味を持つ用語であろうか。オックスフォード英語辞典によれば，リースとは，通常，賃貸料またはその他の定期的な報酬を対価として，耐用年数または数年間，あるいは当事者の意思により，土地や家屋を移転する当事者間の契約と定義している。そして，この意味でのリースという用語は，古フランス語の*lais*, *leis*または*lez*を語源としており，13世紀後半より文献上使用されてきたことが確認されている（*The Oxford English Dictionary* [1989], p. 769）。

　この定義から，リースとは，契約形式上，対価の受払いと交換に資産を一定期間にわたり利用させる（する）いわゆる賃貸借取引であると理解できる。賃貸借取引が歴史上いつ頃から行われるようになったかを探ることは容易ではないが，その起源は，チグリスユーフラテス地域における領主が川向うの土地を耕せないためにそこにいる者に耕作の成果物を対価として耕させていたおよそ紀元前3000年の取引形態にあるとする考えがある（Marek, M [2001], S. 4）。また，賃貸借取引に対する法規制がすでに533年のローマ法『法学提要』（末松 [1916], 398頁）でなされていたことから判断しても，これが古来より行われてきた一般的な取引であると考えることができる。

　現代的な意味でのリース取引は米国において19世紀後半に開始された。当初，製造業者が自らの製品を普及させる手法として米国で発展した。その起源は，米国靴製造機メーカー（United States Shoe Machinery Corp.）にあるとされている。1950年代以降になると米国や欧州各国においてリース専門業社が登場することになった（Geeraert, E [1967], pp. 215-216）。わが国で

も1963年に日本リースが設立され，その後リース業が本格的に展開していくことになった（日本長期信用銀行調査部 [1980], 6頁）。

2 リース取引の機能

　企業が設備投資を行う際に，購入ではなくリースを選択するのは，なぜだろうか。

　第1は，リース取引の持つ財務弾力性である。最先端設備や一定量の設備資産を購入するには多額の資金が必要となる。また，ひとたびそうした資産を購入すると長期にわたり保有し続けるため，資金が固定化することになる。この時，購入に代えリースを利用すると，多額の資金を資産取得に充てる必要がなくなり，資金の余裕度が増すとともに資金用途の選択肢が広がることになる。リースはこうした財務上の弾力性を確保する手段となる。

　第2は，リース取引が持つ資産選択の弾力性である。資産の種類によっては，技術革新により短期のうちに陳腐化するものがある。購入に代え解約可能な短期のリース取引を利用すると，他の最適な設備が出現した時に，新たな資産へ切り替えることが容易になる。リースは陳腐化リスクを負うことなく資産を利用しうる手段となる。

3 リース取引の典型例

　リース取引の内容を理解するために，2つの典型的な取引例を見てみよう。**図表1**は，製造業者が自らの製品をリースする契約形態を示している。製造業者が製品を購入する意思を持たない顧客を獲得したり，将来にわたる顧客との関係を構築することをねらい，販売戦略の一環として製造業者自らが貸手となって行われる販売型の契約形態である。

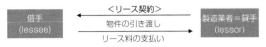

　図表2は，製造業者と借手との間をリース会社が仲介するリース取引を示している。まず，借手が物件を選定し，当該物件に関して借手とリース会社との間で契約が締結される。次に，リース会社と製造業者との間で物件の売買契約が締結され，物件の所有権がリース会社へと移転する。そして，物件が製造業者から借手に引き渡され，借手からリース会社にリース期間にわたりリース料が支払われる。この関係から，リース会社は，借手の行った資産投資に対する資金提供者として機能していることが理解できよう。

図表2■リース会社の仲介によるリース取引

4 リース取引の会計処理の論点

　こうしたリース取引に対してどのような会計処理が必要であろうか。リースの本質が賃貸借取引であるという形式面を重視すると，次の賃貸借処理が導かれる。

（貸手）

（借）現金　　　　×××　（貸）受取リース料　×××

（借手）

（借）支払リース料　×××　（貸）現金　　　　×××

　この時に，借手の会計処理には次のような問題が生じる。

　第1は，使用している資産を計上しない点である。この仕訳が示すように，賃貸借処理では，借手企業の貸借対照表には経営活動で使用している資産が計上されることはない。リースした場合と購入した場合を比較すると，そこには調達方法に差異があるものの，調達した資産が企

業活動にもたらす経済効果に差異はない。差異がないにもかかわらず，リースによる場合と購入した場合では貸借対照表にその影響が異なって表示されることになる。そのことにより，リースによる場合には，購入による場合に比べ資産規模が小さく見えたり，ROA（資産利益率）が高い数値となる。

　第2は，負債を計上しない点である。リースが一定期間にわたり解約不能である場合には，確定債務としての負債が生じている。この時，賃貸借処理を行うと，負債の定義を満たす項目が貸借対照表に計上されないことになる。そのことにより負債比率が低下したり，企業の借入限度額や財務制限条項等に影響を与える可能性もある。

　このように，賃貸借処理ではリースにかかる資産や負債が貸借対照表に計上されない，いわゆるオフバランスの状態となる。そのことは，会計上の資産および負債の定義を満たす項目が貸借対照表に計上されないという理論上の問題をもたらすとともに，借手企業の経営活動に対する外部者の判断を誤らしめるという実務上の問題も生み出すことになる。

5 リース会計基準の確立と展開

(1)　リース会計基準の確立

①　米国の展開

　リースに対する規制は，こうしたオフバランス問題に対処するために，リース取引を借手の貸借対照表に計上（オンバランス）することを主眼として展開されてきた。この規制に最も早く取り組んだのが米国である。

　図表3に示す規制のうち，1976年に財務会計基準審議会（Financial Accounting Standards Board, FASB）が公表した財務会計基準書第13号（ASC, Topic840）が，国際会計基準審議会（International Accounting Standards Board, IASB）や日本のリース会計基準のモデルとなった。そこでは，資産の所有に伴う便益とリスクを実質的にすべて借手に移転するリース取引を

ファイナンス・リースとし，それ以外をオペレーティング・リースとして分類する。そして，ファイナンス・リースについては借手がオンバランスすること，オペレーティング・リースについては賃貸借処理することを定めている。

図表3■米国のリース会計規制の展開

基準	公表主体	借手の会計処理の概要
会計調査公報第38号「借手の財務諸表における長期リースの開示」(1949年)	米国会計士協会(AIA)	長期のリース取引によって生じる賃借料の支払義務が重要である場合には，借手がオンバランスするか注記で開示することを求める。
意見書第5号「借手の財務諸表におけるリースの報告」(1964年)	会計原則審議会(APB)	実質的に割賦購入と同等であるリース取引は，法律上の形式ではなく，契約の実質に従い借手がオンバランスすることを求める。
財務会計基準書第13号「リースの会計」(1976年)(その後ASC, Topic840 に置き換わった)	財務会計基準審議会(FASB)	資産の所有に伴う便益とリスクを実質的にすべて移転する取引をファイナンス・リースとして借手がオンバランスすることを求める。

② 日本の展開

日本におけるリースへの会計規制の展開は**図表4**の通りである。米国基準とほぼ同様の内容を持つ基準は，平成5年に設定されたリース会計基準である。

図表4■日本のリース会計規制の展開

規則または基準・発行主体	借手の会計処理の概要
改正計算書類規則(昭和63年法務省令第30号)	リースから生じる固定資産を注記または貸借対照表へ計上することを求める。
「リース取引に係る会計基準」企業会計審議会(平成5年)	解約不能であり，かつ物件からもたらされる経済的利益を実質的に享受し，その使用に伴って生じるコストを実質的に負担するリース取引をファイナンス・リースに分類し，借手がオンバランスすることを求める。ただし，所有権移転外ファイナンス・リースについては賃貸借処理を容認。
企業会計基準第13号「リース取引に関する会計基準」企業会計基準委員会(平成19年)	平成5年基準にみられた所有権移転外ファイナンス・リースに対する賃貸借処理を廃止し，すべてのファイナンス・リースを借手がオンバランスすることを求める。

ただし，平成5年基準には，ファイナンス・リースのうち所有権移転ファイナンス・リースに対して一定の開示を条件に賃貸借処理を容認

する「例外処理」を規定していた。平成19年に企業会計基準第13号として公表されたリース会計基準では，この「例外処理」が廃止され，借手はすべてのファイナンス・リースをオンバランスすることになった。ファイナンス・リースの借手の会計処理（取引開始日とリース料支払日）を示すと次のようになる。

（取引開始日）

(借) リース資産　　○○○　（貸）リース債務　　○○○
（リース料支払時）
(借) リース債務　　▽▽▽　（貸）現金預金　　□□□
　　支払利息　　△△△

(2)　リース会計基準の展開

その後，各国のリース会計基準は，借手にファイナンス・リースのオンバランスを求める点で共通し，一応の収れんが達成されることになった。しかし，会計実務を見ると，リース取引がオペレーティング・リースとなるように契約を仕組み，負債の計上回避や財務比率の改善を図ることをねらったオフバランス処理が依然として行われている。つまり，基準設定当初のオンバランス規制の趣旨が十分に達成されていない状況にある。

これを是正するために，FASBとIASBは共同で基準改訂に取り組み，2016年に新リース会計基準を公表した（FASB, Topic842とIASB, IFRS16)。そこでは，リース取引によってリース物件を使用する「権利」が借手に移転することに着目し，原則としてオペレーティング・リースを含むすべてのリース取引について借手がリース物件を使用する権利をオンバランスすることを定めている。そこでの借手の会計処理（取引開始日とリース料支払日）を示すと次のようになる。

（取引開始日）

(借) 使用権資産　　○○○　（貸）リース負債　　○○○
（リース料支払時）
(借) リース負債　　▽▽▽　（貸）現金預金　　□□□
　　支払利息　　△△△

この基準は2019年1月1日以降に開始する事業年度から適用される。今後わが国でも，リース会計基準の国際的なコンバージェンスの点から基準改訂に向けた議論が行われることになるであろう。

● 参考文献──────────

Geeraert, E［1967］Le développement du leasing en Europe, Rivista internationale di scienze economiche e commerciali, N. 3.

Marek, M［2001］Geshichte des Leasing, Abriss einer beeindruckenden Entwicklung, Univeresität-Gesamthochschule Paderborn, Neue Folge Nr. 73.

末松謙澄訳［1916］『訂正増補ユスチーニアーヌス帝欽定羅馬法学提要三版』有斐閣。

日本長期信用銀行調査部［1980］「アメリカにおけるリースの発展とその特徴─日本のリース業の展望のために」『調査月報』No. 172。

【更なる学習のために】
加藤久明［2007］『現代リース会計論』中央経済社。

佐藤信彦・角ケ谷典幸編著［2009］『リース会計基準の論理』税務経理協会。

茅根聡［1998］『リース』新世社。

嶺輝子［1986］『アメリカリース会計論』多賀出版。

（菱山　淳）

のれん

1 のれんとは何か

　のれんとは，企業の営業上の優位性を総称する無形固定資産を示す用語であり，その中でも特許権等，特定の権利によって保護されている無形固定資産を除いたもののことである。なお，会社法が施行される以前の商法では，「暖簾」と漢字表記されていたが，本項では現行法規のかな表記で統一している。

　のれんは，物理的な実体を持たない無形資産であるため，その存在は理解されても，具体的にそれが何であるのかについては合意がなかった。のれんは企業の優位性の源泉，たとえば企業の立地や企業と取引先等との人間関係等に関連づけて理解されていたが，20世紀に入る頃になると，のれんが，ある企業が同業他社に対して有する超過収益力であると一般に理解されるように至る。

　のれんは，継続的な企業活動から生み出されていくものであるため，通常，のれんを生成するための原価は費用として計上されることとなる。そのため，企業が自ら作り出したのれんは一般には貸借対照表には計上されない。特に海外では，特別な広告キャンペーンの原価等，繰延資産に該当する支出を内部創設のれんとして計上することが議論されていたが，現在ではこのような内部創設のれんの計上は一般に否定されている。のれんが資産として貸借対照表に計上されるのは，他の企業や事業を買収する企業結合により，明示的にのれんを取得した場合においてである。これを買入のれんという。買入のれんは，企業や事業に対して支払った対価が，受け入れた企業や事業の有する識別可能な資産・負債の評価額を上回る金額として計上される。支払対価が受け入れた純資産価値を下回る場合には，負ののれんが発生し，その会計処理が長らく議論の対象となってきた。

2 商法時代ののれんの会計

　日本の会計基準においてのれんに対する言及が初めてみられたのは，1934年に公表された財務諸表準則においてであった。そこでは，のれんを意味する「営業権」を含む無形資産が有償取得の場合においてのみ資産として計上可能であることが規定されたが，取得後の会計処理については言及がなかった。

　のれんの評価について，具体的な条文が置かれたのは，1962（昭和37）年の商法改正においてであった。企業会計と商法の調整を行ったこの改正では，資産評価に関する規程の整備が行われ，商法285条ノ7において，のれんが有償による譲り受けまたは合併によって取得された場合にのみ計上可能であり，取得後は5年以内に毎期均等額以上の償却を行うことが要求された。企業会計原則においても，その後の1974（昭和49）年改正において，買入のれんの資産計上が明示的に容認されるようになった。

　しかしながら，のれんが実際に貸借対照表に現れることはほとんどなかった。商法では，合併において資産・負債の受入価額について明文の規定がなく，対価として株式を発行する場合にはその資本の構成に高い自由度が認められていた。また，パーチェス法にしたがう形で合併において資産・負債を合併時点での公正価値で評価すると，評価差額に対して法人税の課税が行われるため，のれんを計上するインセンティブは低かったのである。

　他方，企業結合には，他の会社の株式を取得して子会社とするという株式取得も含まれる。親会社の個別貸借対照表において，株式取得は子会社株式の資産計上で処理されるためのれんは計上されない。しかし，連結財務諸表を作成

する際には，親会社による子会社株式への投資額と被連結子会社の資産・負債の評価額との間に投資差額が発生する場合，その際の原因分析を行うことが1997年に改正された連結財務諸表原則において強制されるようになった。投資額が子会社の純資産額を上回る時，買入のれんに対する支出があると考えられるが，当時の連結財務諸表原則では，これは連結調整勘定として無形固定資産に計上され，20年を最長償却期間として償却することが要求された。結果として，のれんという勘定科目が貸借対照表に現れることは，個別財務諸表・連結財務諸表の両者においてほとんどなかった。

3 会社法と企業結合会計基準の整備

　21世紀に入ると，のれん，そしてのれんの発生原因である企業結合に関する諸規定の整備が進展する。背景には，ディスクロージャー制度が連結財務諸表中心となり，事業再編規定を含む商法規定と合わせた関連規定の整備が求められたことがあげられる。

　2003年には企業結合に関する会計基準が公表され，従来は商法が規定していた合併の会計と，連結財務諸表原則に示されていた株式取得の両者が単一の会計基準の下で統一的に処理されるようになった。企業結合に関する会計基準では，一定の要件を満たすもの以外のほぼすべての企業結合についてパーチェス法の適用が強制された。個別財務諸表と連結財務諸表の差異にかかわらず，企業結合に対して支払った対価が識別可能な資産・負債の時価を上回る金額をのれんとして計上することとされた。計上されたのれんは，従来の連結調整勘定と同様に20年以内のその効果の及ぶ期間にわたって，定額法その他の合理的な方法により規則的な償却が求められた。また，負ののれんは，それが再分析を行った後も残存する場合には，正ののれんとは対照的に負債として計上し，規則的に償却することとされた。

　2006年に施行された会社法では，このような会計基準の変更を取り入れ，ディスクロージャー制度との一体化が図られた。会社法に基づく会社計算規則においては，のれんの表記がかな表記へと変更されている。

4 国際的な基準との整合性

　21世紀に入って整備された企業結合や連結財務諸表に関する会計基準は，アメリカの会計基準や，アメリカと基準の共同開発を行っていた国際会計基準との整合性を意識したものであったが，当時の国際的な会計基準とは大きな相違が存在していた。第1に，日本基準が極めて限定的ながらも持分の結合という名称で持分プーリング法を認めていたことである。第2に，日本基準ではのれんの償却を強制したことである。また，第3に，負ののれんについて，負債計上を行い，規則的に償却することを求めていたことである。

　会社法の施行以降，特に2007年に国際会計基準審議会と締結された東京合意を機に，日本の会計基準は国際会計基準との整合性を強く意識した基準改定を進めるようになる。2008年の企業結合に関する会計基準の改正において，持分プーリング法が廃止され，パーチェス法による処理へと統一化されるとともに，負ののれんは発生した期の利益とすることと改められた。その一方で，のれんの償却については日本はその立場を改めることなく，規則的な償却を求める姿勢に変化はない。むしろ，国際会計基準に対して償却の必要性を問うている。

●参考文献
梅原秀継［2000］『のれん会計の理論と制度—無形資産および企業結合会計基準の国際比較』白桃書房。

黒川行治［1999］『合併会計選択論』中央経済社。

ASBJ, EFRAG, OCI［2014］『のれんはなお償却しなくてよいか—のれんの会計処理及び開示』。

（清水泰洋）

研究開発費

1 研究開発費とは

　企業にとって研究開発は，新製品やサービスを生み出す技術革新をもたらし，将来の収益力を高めるきわめて重要な投資活動である。研究開発投資は，その膨大な金額と将来の業績に与える影響から，その会計処理のあり方にも大きな関心が寄せられる。

　研究開発活動に対する会計処理については，1998（平成10）年に企業会計審議会より「研究開発費等に係る会計基準」が公表され，その後2008（平成20）年に企業会計基準委員会（ASBJ）から一部改正されているが，発生時にすべて費用処理されることになっている。しかし，それ以前の歴史的な変遷を見てみると，その時代における会計観や社会的要請に応じて費用処理すべきか資産計上すべきか歴史的な変遷を経ている。

2 現行の会計処理

　現在，日本においては，研究開発費はすべて発生時に費用処理されることになっている（研究開発費等に係る会計基準三）。その根拠として，1998年に「研究開発費等に係る会計基準」と同時に公表された「研究開発費等に係る会計基準の設定に関する意見書」では，比較可能性と，蓋然性の問題を挙げている。

3 日本における研究開発費会計の変遷

　歴史的な変遷をみると，日本の近代会計は，財務諸表準則の時代（1934（昭和9）年～），企業会計原則の時代（1949（昭和24）年～），そして国際会計基準の時代に分けて考えることができる。研究開発にかかる会計基準も財務諸表準則の中に初めて規定され，戦後になって企業会計原則の中で整備され，90年代後半の会計ビッグバンの時代に大きな変革を受けることになった。

　財務諸表準則は，商工省臨時産業合理局財務

管理委員会により制度化されたわが国における最初の会計基準である。その中で開発費について「第八　雑勘定（借方）57」に「新事業の計画又は新技術の採用の為準備として支出せる経費は，之を開発費なる科目を以て繰延べ，資産に計上することを得。」（注：旧字体は新字体に改めてある）としている。繰延資産という表現ではないが，「社債発行差金」や「創業費」等とともに資産計上し繰延処理することを認めている。なお，試験研究費に該当する項目は見当たらない。

　試験研究費，そして試作費という項目が初めて登場するのは陸海軍の準則においてである。その後，日本は戦時下に突入し，1940（昭和15）年に陸軍省経理局が「陸軍軍需品工場事業場財務諸表準則」（以下，「陸軍準則」とする）を，そして海軍省経理局が「海軍軍需品工場事業場財務諸表作成要領」（以下，「海軍要領」とする）を相次いで公表した。「陸軍準則」においては，資産を経営資産と経営外資産に大別した上で，経営資産の中の無形資産の中の一項目として試験研究費と開発費を規定している。「海軍要領」においては資産を未払込資本金，経営資産，経営外資産，経過資産の4区分に分類し，試験研究費と開発費は経営外資産の中の未働資産の中の項目としてあげている。それぞれの具体的な内容は**図表1**の通りである。

　久保田［2000］によると，「陸軍準則」と「海軍要領」は，財務諸表準則とは異なり強制力を持つ経理統制であった。この2つの基準は共通する点もあるが，多くの部分で不一致な点もあり，その混乱を避けるために両者の統一が図られたのが「製造工業原価計算要綱草案」，「製造工業貸借対照表準則草案」，「製造工業財産目録準則草案」および「製造工業損益計算書準則草案」（いずれも1941（昭和16）年）である。

　このうち「製造工業原価計算要綱」は1942年に制定されたが，その他は草案段階のまま終戦

図表1■陸軍準則と海軍要領における研究開発費

基準	分類	項目	内容
陸軍準則	経営資産－無形固定資産	試験研究費	試験研究費の科目には新技術採用の為に支出したる試験研究及試作に関する費用にして繰延べたるものを記載するものとす
		開発費	開発費の科目には経営組織の創設又は改善若は操業準備の為に支出したる費用にして繰延べたるものを記載するものとす
海軍要領	経営外資産－未働資産	試験研究費	新技術採用の為に支出したる試験研究又は試作に関する費用にして固定資産に計上せられたるものの内未だ実用に供せられざるものを記載するものとす
		開発費	経営組織の創設又は改善又は操業準備の為に支出したる費用にして固定資産に計上せられたるものの内未だ操業開始に至らざるものを記載するものとす

図表2■製造工業原価計算要綱と製造工業貸借対照表準則における研究開発費

基準	項目	内容
製造工業原価計算要綱	試験研究費・試作費	試験研究費及試作費にして経常の性質を有するものは之を当該期間の経費とす。新技術採用の為に支出したる試験研究費又は試作費は之を繰延資産に計上することを得。
製造工業貸借対照表準則	試験研究費・試作費	試験研究費の科目には新技術採用の為に支出したる試験研究費及試作費にして繰延べたるものを記載す。
	開発費	開発費の科目には経営組織の創設又は改善又は新市場開発のために支出したる費用にして繰延べたるものを記載す。

を迎えている。その「製造工業原価計算要綱では初めて繰延資産という項目が登場し，試験研究費と試作費を繰延資産として計上し，その減価償却費を製造原価の構成要素とする処理を認めている。また，「製造工業貸借対照表準則」の中では試験研究費と開発費を無形資産に計上されることが求められていた。その規定を整理すると**図表2**の通りである。

中村 [2005] によると，この戦時下における研究開発費会計は，試験研究費・試作費を資産計上することにより，「航空機開発推奨」を目的とし，軍からの航空機の性能要求に応えられるように巨額費用を分散できること，そして開発費の無形資産計上は，親企業が子企業の育成にかかった費用を資産計上できることにより，総力戦遂行のために設けられた制度であるという。

終戦により，日本は連合国総司令部（GHQ）の統治下に入り，あらゆる社会・経済体制がアメリカ型を範として再整備される中，会計基準も例外ではなく，1949（昭和24）年に公表された企業会計原則もアメリカの会計原則を基礎として構築されている。

企業会計原則の中で，研究開発に関する規定は，繰延資産の中に試験研究費と開発費として示され，資産として任意計上が認められた。しかし，その具体的な内容については定義されていなかった。旧商法では，1962（昭和37）年の改正で試験研究費と開発費の繰延資産計上が認められることになったが，その内容としては1.

新製品又は新技術の研究，2．新技術又は新経営組織の採用，3．資源の開発，4．市場の開拓が示されている（施行規則37条）。

このうち，2〜4の内容は，現行の「研究開発費等の会計基準」の対象ではなく，「繰延資産の会計処理に関する当面の取扱い」の中で開発費として繰延資産計上が認められる活動である。それらは戦前の財務諸表準則の中で定義された開発費の概念を現在まで継承しているといえる。

4 現行の国際会計基準

現在は，資産負債中心の会計観に立脚する概念フレームワークに基づき，研究開発費の持つ資産性が問われると同時に，会計基準が国際会計基準とのコンバージェンスを意識しながら整備されている。その国際会計基準（改訂IAS38）においては一定の基準を満たす開発費について資産計上することが求められている。つまり，1998年に公表された現基準は，改訂IAS38号との差異の解消という課題を残しているといえる。

●参考文献

久保田秀樹 [2000]「日本における企業経理近代化の系譜」『彦根論叢』第323号，103-116頁。

中村恒彦 [2005]「日本における研究開発費会計の経路依存─総力戦体制の影響」『国民経済雑誌』第192巻第1号，119-134頁。

【更なる学習のために】

譚鵬 [2018]『研究開発費の会計─制度・理論・実証』中央経済社。

（藤川義雄）

税効果会計

1 税効果会計の内容

　税効果会計とは，「企業会計上の資産又は負債の額と課税所得計算上の資産又は負債の額に相違がある場合において，法人税等の額を適切に期間配分することにより，法人税等を控除する前の当期純利益と法人税等を合理的に対応させることを目的とする手続」をいう（税務上の欠損金に関する税効果会計については，本テーマの対象外とする）。

2 税効果会計の手続

　確定決算原則を採るわが国では，課税所得の額（益金の額−損金の額）は当期純利益（収益−費用）と近似する。ただしまったく同じではないため，償却超過額や資産の評価損の否認額のように認識時点が異なるものや，企業会計でのみ純資産直入される評価差額等によって，企業会計上の資産・負債の金額と課税所得計算上の資産・負債の金額との間に，将来的に解消する差額（一時差異）が生じることがある。税効果会計の対象は，このような差額である（連結財務諸表固有の一時差異もあるが本テーマでは扱わない）。交際費や受取配当金等による永久的に解消しない差異は，税効果会計の対象とならない。

　一時差異には，将来減算一時差異と将来加算一時差異がある。将来減算一時差異とは，その一時差異の解消時にその期の課税所得を減額する効果を持つものをいう。一時差異項目が将来的に損金算入されると，その期の課税所得が減少し，納付すべき法人税額も減少する。この将来における納税額の減少という経済的便益を繰延税金資産として計上するのである。具体的には，将来減算一時差異に，その一時差異の解消期の実効税率を乗じて，その積から回収不能見込額を控除した金額を繰延税金資産とする（相

手勘定は法人税等の減額）。解消期には繰延税金資産の取崩しと法人税等の費用計上を行う。

　将来加算一時差異とは，その一時差異の解消時にその期の課税所得を増額する効果を持つものをいう。将来の納税額の増額という経済的犠牲を繰延税金負債として計上するために，将来加算一時差異に一時差異の解消期の実効税率を乗じて算定する（回収可能性の考慮は必要ない）。相手勘定は法人税等である。解消期には繰延税金負債の取崩しと法人税等の減額を行う。

　いくつかの方法のうち，現行で採用されている上記の方法は資産負債法とよばれている。

3 わが国における税効果会計の歴史

　わが国の税効果会計制度は，1975年6月公表の「連結財務諸表の制度化に関する意見書」が端緒であり，「個別主・連結従」の時代の連結財務諸表における任意適用として始まった。

　個別財務諸表で税効果会計が適用されなかったのは慣行として未成熟とされたためであり，実際に2つの問題が未解決であったためである。まず，当時は，法人税等が費用なのか否かが制度的に確定していなかったという問題があった。黒字の時にのみ納税するという性質に着目すると，利益算定の要素ではなく，配当と同様の算定後の利益の分配と考えられ，法人税等が費用でなければ税効果会計の適用は不適当である。また，当時は，繰延税金資産の貸借対照表能力の有無が明らかではなかったという問題もあった。債権者保護の見地から，商法では財産性のない資産の計上を制限していたため，財産性がないと考えられていた繰延税金資産の計上に結びつく税効果会計の適用が困難だったのである。

　これらの問題は，いわゆる会計ビッグバンによって解消した。会計ビッグバンの一環として，「税効果会計に係る会計基準の設定に関する意見書」と「税効果会計に係る会計基準」が公表

され，1999年度から上場企業等における連結財務諸表と個別財務諸表の両方で強制適用がはじまったことで，上記の2つの問題は「公正ナル会計慣行ヲ斟酌スヘシ」とする商法上解決されたと解釈されたのである。

わが国では，税効果会計は比較的好意的に受け止められた。長く任意適用されていたことに加え，多くの企業では，税効果会計の適用によって，法人税等の減額⇒当期純利益の増加⇒利益剰余金の増加⇒自己資本の増加という「好ましい」結果がもたらされたからである。

税効果会計の適用による当期純利益や自己資本の増加に情報としての意味はないが，多くの企業とりわけ銀行が税効果会計を積極的に早期適用した。不良債権の有税償却を推し進めていた当時の銀行は，BIS規制の対応に苦慮していたが，税効果会計の適用によって，自己資本（しばしば税効果資本とよばれた）が増強され，利益獲得による利益剰余金の増加や増資等の実質的な自己資本の増強策を採らずにBIS規制をクリアするという恩恵を被ったのである。

後に，りそな銀行（2003年3月期）や足利銀行（2003年9月中間期）の一時国有化につながる「事件」が起こった。これらの事件は企業会計上の問題ではなく，銀行規制に関する問題であったが，繰延税金資産の資産性に対する疑義がこれらの事件における「最後の藁」であったため，税効果会計はいかがわしい会計処理，繰延税金資産（税効果資本）はまがいものの資産（自己資本）といった印象が持たれることになった。

4 アメリカにおける税効果会計

わが国の税効果会計基準は，当時のアメリカGAAPであったSFAS109を参考に開発された。アメリカGAAPにおける税効果会計の源流は，1967年公表のAPBO11まで遡る。APBO11は，Kennedy大統領時代の減税政策（特に加速償却，投資税額控除）への対応の一部として公表された会計基準であり，減税の恩恵をどのように会計処理するかに主眼を置いていた。端的には，当期の減税額を将来に繰り延べる方法（繰延法による全面配分）が採られていた。しかし，減税政策が恒久化する中，APBO11の適用により解消見込みのない巨額の「繰延税金負債」が累積し，貸借対照表貸方が歪み，自己資本比率等主要な経営指標の意味も失われるという問題が生じた。

この反省から，1992年2月に公表されたSFAS109では，当期の法人税費用の計上から将来の税負担／税恩恵の計上に重点を移し，資産負債法を採用した。それでも，アメリカでは，たびたび大規模な法人減税が行われること，開示と税務の分離によりタックスマネジメントが広く可能なこと，アーニングマネジメントあるいはビッグバス会計が好まれた等の理由から，繰延税金資産は計上されず，繰延税金負債が計上される嫌いがある（現行ASC740でも同様）。

SFAS109は，税効果会計の要否に始まり，対象差異の範囲（全面配分と部分配分），適用税率（発生期税率と解消期税率，複数税率の問題），配分の方法（繰延法と資産負債法），表示方法（独立勘定法，評価勘定法，税引後法），税効果の測定（割り引きの要否），繰越欠損金や繰戻還付金の取扱い等多くの論点に対する数十年にわたる激しい論争の末に完成したのだが，これらの論争は繰延税金負債の計上をめぐって展開してきたのである。SFAS109は，アメリカ特有の事情を反映した会計基準なのである。

5 社会・法制度・経済環境と会計

アメリカの税効果会計基準はアメリカ特有の事情を反映したものであるため，社会・法制度や経済環境がアメリカと異なるわが国に適合するとは限らない。たとえば，法人減税は，アメリカ企業では当期純利益の増加（＝業績好転）につながるのに対して，わが国の多くの企業では当期純利益の減少（＝業績悪化）に結びつくという直感に反するような事態が生じる。「今日のわが国」という深い視野だけではなく，「世界通史」という広い視野でも物事を見ることが，ことさら会計学の学習では重要である。

(久保淳司)

純資産

本テーマ（30）・次テーマ（31）では純資産・（株主）資本の異同を意識しつつ両者の歴史にふれる。たとえ歴史を知ってもすべてを（現在すら）見通せる保証はないが，だからこそ会計史の有用性もきちんと試されてよい。なお，年表および図表はテーマ30・31で兼用する。**図表1**を眺め，本論へ進もう。

図表1 ■ 連結貸借対照表の純資産の部

連結貸借対照表 （純資産の部を強調・拡大。自己株式申込証拠金は省略）				
資産の部	負債の部			
…	…			
	純資産の部			
	Ⅰ 株主資本			
	1 資本金	×	×	×
	2 新株式申込証拠金	×	×	×
	3 資本剰余金	×	×	×
	4 利益剰余金	×	×	×
	5 自己株式	△ ×	×	×
	株主資本合計	×	×	×
	Ⅱ その他の包括利益累計額	×	×	×
	1 その他有価証券評価差額金	×	×	×
	2 繰延ヘッジ損益	×	×	×
	3 土地再評価差額金	×	×	×
	4 為替換算調整勘定	×	×	×
	5 退職給付に係る調整累計額	×	×	×
	その他の包括利益累計額合計	×	×	×
	Ⅲ 新株予約権	×	×	×
	Ⅳ 非支配株主持分	×	×	×
	純資産合計	×	×	×

1 資産と負債の差額としての純資産

複式簿記が完成・普及するより前，たとえば12世紀ごろまでのイタリアにおける単式簿記の時代は，損益計算よりも財産把握の目的が先行した。その把握対象がお金や商品，債権・債務にとどまらずすべての資産・負債に及ぶ時，それら全部を記載した財産目録（**図表2**参照）を作成できた。その作成は現在の日本の法律上必

ずしも義務ではない一方，事業上は今でも金額以前の物量が財産把握の基礎になる。

図表2 ■ 財産目録

財産目録（形式はさまざまだが，より詳細と思われるものを示す。末尾の正味財産を強調）				
	科　目	摘要（所在・相手方・物量等）	目的・使途	金　額
流動資産	現金	手許有高	運転資金に使用	×××
	預金	普通預金○銀行△支店	運転資金に使用	×××
	売掛金	□商店(期日：☆月☆日)	回収すべき債権として	×××
			流動資産合計	×××
固定資産	土地	○町△番地□m²	事業活動に使用	×××
	建物	〃 　○棟△m²	事業活動に使用	×××
	備品	デスク・チェア○セット，ノートPC△台	事業活動に使用	×××
			固定資産合計	×××
			資産合計	×××
流動負債	買掛金	○商店(期日：★月★日)	返済すべき債務として	×××
	未払金	△商事(期日：★月★日)	返済すべき債務として	×××
	預り金	従業員□名(期日：★月★日)	本人に代わって納付	×××
			流動負債合計	×××
固定負債	長期借入金	△銀行□支店(期日：★月★日)	返済すべき債務として	×××
	退職給付引当金	従業員○名(期日：★月★日)	本人に支払うべき給付	×××
			固定負債合計	×××
			負債合計	×××
正味財産				×××

財産目録は理念的には簿記・帳簿（誘導法）と一定の距離を置いて財産の実地調査から作成され，そこでの財産（資産・負債）は時価評価される（べき）とみられてきた。体系的な簿記・帳簿と結びつくことで損益計算書（の利益）に連動しうる貸借対照表と比べ，財産目録は独立して財産把握・財産計算に特化しやすいわけである。実際，財産目録末尾の正味財産は資産・負債の時価を相殺した財産価値または解散価値を示すとみるのも典型的な理解の1つだった。

その正味財産は貸借対照表における純資産の理念型である。正味財産（net worth）と純資産（net assets）に共通の原語（net）は総資産と総

負債を相殺した「差額」「残り」の意味合いをもつ。財産目録と貸借対照表は同じではないが貸借対照表にも財産計算や企業価値計算の役割まで期待されるのは会計史上珍しくない。近年までのように時価評価の範囲が広がると，貸借対照表が財産目録に近づいて，正味財産に類似した純資産（＝資産－負債）が計算される。

資本等式というより純資産等式上，純資産は資産・負債に従属し，この特徴が株主資本との差異として具現化するのが連結貸借対照表上の「その他の包括利益累計額」（個別貸借対照表上の「評価・換算差額等」）をなす項目群である。時価・公正価値にもとづく項目のうち未実現の（または事業のリスクから解放されていない）それらの項目は，純利益ひいては株主資本にはまだ含まれずに，その他の包括利益そして株主資本以外の純資産に据え置かれる。

2 純資産概念が明示された経緯・効果

資産の再評価が広く行われた1920〜1930年代のアメリカでは，未実現の評価差額を，日本でいう（株主）資本に算入する実務が顕在化した。そこではそもそも資本と純資産が分けられず，問われたのはむしろ，資本の中で，内部留保（利益剰余金）と元手（資本剰余金）のどちらに当該差額を含めるのか，という点であった。未実現の評価差額を資本として位置づけるのはもとより困難なはずだが，とにかくその差額を最初の記録・認識時点で資本（元手または内部留保）に算入する処理が前提になっていた。

日本でも特に2001（平成13）年ごろから一時期，上記の処理に類似した「資本直入」とよばれる会計処理が行われていた。具体的には，たとえば売買目的有価証券の時価評価に伴って実現した差額（有価証券評価損益）が損益計算書を経由して貸借対照表の資本の部（当時）に振り替えられるのに対し，持ち合い株式に代表されるその他有価証券の時価評価に伴う差額のうち未実現分（その他有価証券評価差額金）は損益計算書を経由せず貸借対照表の資本の部に直接

算入された（**図表3**参照）。この資本直入がアメリカでの上記の処理と似ていたのである。

図表3■未実現の評価差額の発生による資本直入項目の発生のプロセス

未実現の評価差額の発生　⇒　資本直入項目の発生

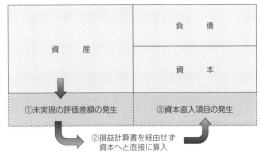

（注）タイトル項目の面積は，平均的な発生額の割合よりも大きくしてある。

だが明確に違ったのは未実現の状態から実現していく評価差額の処理だった。アメリカでは貸借対照表における当該差額の振替えすなわち資本内部の処理だけで（当初算入された特定の剰余金から別の剰余金への直接の振替えだけで）処理は完結した。対して日本では該当する実現金額が，貸借対照表から損益計算書へ振り替えられ純利益に算入され続けてきた。組替調整やリサイクリングとよばれるこの処理によって，実現利益のすべてが損益計算書を経由してから確定的に貸借対照表の資本を構成していく，という一貫性が保たれている（**図表4〜5**参照）。

図表4■未実現の評価差額の実現，リサイクリング，資本への損益振替えのプロセス①

未実現の評価差額の実現⇒リサイクリング　⇒資本への損益振替え

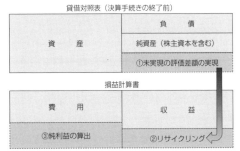

（注）タイトル項目の面積は，平均的な発生額の割合よりも大きくしてある。

図表5■未実現の評価差額の実現，リサイクリング，資本への損益振替えのプロセス②

未実現の評価差額の実現⇒ リサイクリング⇒資本への損益振替え

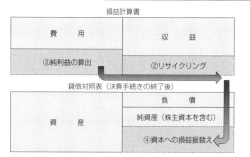

（注）タイトル項目の面積は，平均的な発生額の割合よりも大きくしてある。

とはいえ資本直入の処理自体が，そもそもの違和感を残していた。その感覚は，損益なのか資本なのかが未確定の項目が含まれる，そんな資本の部（株主資本）をもたらす点に起因した。そこへ2005（平成17）年に至って株主資本と純資産が概念的に明示・区分され，その上で未確定の時価評価差額が株主資本以外の純資産に直入された。そして当該差額は現在，2010（平成22）年公表の会計基準により作成される（連結）包括利益計算書を，その他の包括利益として経由する。これらの工夫で，資本直入は純資産直入とともに回避された一方，上述したリサイクリングの仕組みが維持されている。

　一見複雑な純資産と株主資本の区分も以上の歴史を振り返ればそれは，実現した評価差額を株主資本に振り替える確定的な処理を予定して，未実現の評価差額なら株主資本以外の純資産に暫定的にとどめる単純化の工夫にみえる（ここでも図表4〜5参照）。さらにリサイクリングによってすべての損益が純利益に反映される点もふまえると上記の工夫は，確定的な株主資本とすべての純利益を用いた収益性指標（本来的なROE）の計算も思い出させる。簿記・会計の歴史と形式の理解が，実質の反省を促す一例と思う。

　ちなみに，株主資本以外の純資産項目のうち新株予約権と非支配株主持分はむしろ資本系統（または負債に）近い性格も伴う。したがってそ

れらは株主資本項目が対象の次テーマ（31）で説明する。

3 株主資本以外の純資産項目の概説

　本節では，資産と負債の差額としての特徴が明確な，株主資本以外の純資産項目（連結貸借対照表上の「その他の包括利益累計額」項目）を概説する。かつて同項目ではなかったものも現在は，2005（平成17）年に公表された会計基準でそれら（本節の対象）に含まれている。なお，税効果会計適用の影響には言及しない。

(1)　その他有価証券評価差額金

　その他有価証券の時価評価による差額が実現するまで，暫定的に計上。1999（平成11）年公表の会計基準にもとづいて計上開始。特に当初は既述の資本直入をめぐる議論を招いた。

(2)　繰延ヘッジ損益

　金融上のリスクヘッジ手段の時価評価差額が実現するまで，暫定的に計上。1999（平成11）年公表の会計基準を根拠に計上開始。当初はいわゆる繰延項目と同様，資産・負債に含まれた。

(3)　土地再評価差額金

　土地の時価評価差額が実現するまでのあいだ計上。時限立法で1998（平成10）年3月31日からの4年間，大会社等一定の会社に限り1度だけ計上（認識）が許容。ただし，評価替えは以後も生じうる。2000（平成12）年ごろから一時期，資本直入された。

(4)　為替換算調整勘定

　在外子会社等に対しての投資に伴う為替換算差額（一種の時価評価差額）が実現するまで，暫定的に計上。1979（昭和54）年公表の会計基準によりゆっくり計上開始。当初は繰延項目と同様に資産・負債に含まれていたが，1999（平成11）年改訂の会計基準を根拠に一時期，資本直入された。

(5) 退職給付に係る調整累計額

　退職給付の割引計算に伴い生じる数理計算上の差異・過去勤務費用（一種の時価評価差額）のうち，未認識（まだ純利益に算入されない）部分が費用化するまで，暫定的に計上。2012（平成24）年改訂の会計基準による計上の当初から株主資本以外の純資産項目である。

年表：純資産・株主資本の会計史
【日本の現行ルールへの集約を意識しつつ，本文で詳述しない出来事等も後学のために収録】

時　期	地　域	出　来　事
12世紀〜	イタリア	組合で資本勘定が使用
13世紀〜	イタリア	それまでの単式簿記から，複式簿記の普及へ
15世紀〜	イタリア	個人企業でも資本勘定が使用
17〜18世紀	フランス・ドイツ	商法・会社法（の解説書）等が資本に言及
1890年	日　本	当時までのフランス・ドイツにおける商法・会社法にならって，資本金・利益準備金・配当規制が導入
1920〜30年代	アメリカ	資産再評価とそれに伴う資本項目の処理
1949年	日　本	当時までのアメリカの会計原則にならって，資本取引・損益取引の区別，ないし，資本剰余金・利益剰余金の区別が導入
1950年	日　本	資本準備金が導入，（資本）準備金算入額からの新株発行費（当時）の控除が不可に
1963年	日　本	資本の部の表示に関する2つの規則（商法系統の計算書類規則，証券取引法系統の財務諸表等規則）が制定
1974年	日　本	財産目録の一般的な作成義務が解除
1979年	日　本	為替換算調整勘定が導入
1981年（〜2001年）	日　本	額面株式（当時）と無額面株式のあいだで，資本金・資本準備金への組入額が接近（2001年に額面株式が廃止）
1998年	日　本	土地再評価差額金が導入（4年間の時限立法過程で資本直入）
1999年	日　本	その他有価証券評価差額金が導入・資本直入，繰延ヘッジ損益が導入，為替換算調整勘定が資本直入
2001年	日　本	現在のその他資本剰余金が実質的に計上可能
2002〜03年	日　本	資本の部の表示に関する2つの規則（商法系統の商法施行規則，証券取引法系統の財務諸表等規則）が内容面でほぼ一本化
2005年	日　本	純資産の部が導入
2010年	日　本	包括利益計算書が導入
2012年	日　本	退職給付に係る調整累計額が導入
2013年	日　本	少数株主持分が非支配株主持分に差替

＊　ここで示す出来事（右列）のうち，法令・基準に起因する出来事については，一般的な慣例に従って法令公布・基準公表の時期ないし年次を示す（左列）。ちなみに法令・基準が実際に施行・適用される時期は，ルールの内容や実務上必要となる準備等に照らして個別にばらつく（制定・改正の同年度内だったり，1〜2年度以上あとだったりする）。

（石川　業）

株主資本

1 資産・負債と同格関係にある資本

純資産に対して資本（capital）は資産・負債といわば同格関係にあり，その関係は複式簿記の仕訳で説明しやすい。企業に現金の元入れが行われる時，たとえば次のように記録される。

（借）現　金　×××　（貸）資本金　×××

この仕訳では現金と資本金が同時に変動しているとみられ，それゆえ資本は資産に従属していないことになる。この理解は貸借対照表等式（資産＝負債＋資本）のあり方とも整合する。

同格の関係は負債と資本のあいだにもある。負債が資本に入れ替えられる取引として，転換社債（転換社債型新株予約権付社債）の転換が行われる時，ここでは便宜的に両者を同額とすると，たとえば次のように記録される。

（借）社　債　×××　（貸）資本金　×××

この仕訳では社債と資本金が同時に変動し，資本は負債に従属していないとみられる。ただこの場合，それぞれが反対向きに増減しているから，同格関係がわかりにくいかもしれない。

その時は資本も負債も貸借対照表（等式）の貸方（右辺）で資金の調達源泉を示すという共通の位置づけを思い出したい。資本と負債は両方，資産と同時に変動したり，一方が他方に転換されて入れ替わりうるわけである。

これらのことから資本は複式簿記にもとづき資産・負債と同格のものとして，また，図式的に表現すれば「資産・負債⇔資本」の同時変動を構成する要素として把握される（上の例以外も含め，いわゆる取引要素の結合関係を参照）。

歴史を遡ってみると，12世紀イタリアの組合で使用され始めた資本勘定は出資者それぞれの人名勘定であり，そこに記録される各自の出資

額にもとづいて損益額が配分されていた。これは，資産・負債にあたる債権・債務について，相手方となる債務者・債権者ごとに人名勘定を設定して行われてきた記録・配分に似ている。そういう会計史の一側面に照らしても資本は，資産・負債と同格の役割を果たしうるといえる。

資産・負債と比べ独特にみえるのは，資本は期末に損益勘定からの損益振替で増減する点だろうか。だがたとえば商品売買で資産と収益が同時に増加したり，引当金計上で負債と費用が同時に増加したりするから，損益と連動するのは資本だけでない。資産・負債の場合は期中の取引ごとに把握される一方で，資本の場合は損益勘定を経由して期末に一括把握されるだけなら，それら（資産・負債および資本）と収益・費用とがともに変動すること自体は同じである。

資産・負債と資本のあいだの違いはむしろ，収益・費用が資本の方に吸収されていく点にある。期中には一見，資産・負債と収益・費用が一体となって増減しているようにみえても，後者つまり損益の方は資本に加減されるわけである。このような結果をもたらす損益振替は歴史上，組合では12世紀以降，個人企業では15世紀以降に採り入れられて，複式簿記という仕組みの完成をあと押ししたとみられている。

それは要するに複式簿記の仕組みが，損益の振替先としての役割も資本勘定に認めたことで「資産・負債⇔収益・費用⇔資本」という同時変動関係までも整えたことを意味する。そこにある「複式簿記・貸借対照表・資本」の組合せは，テーマ30で示した「単式簿記・財産目録・正味財産（純資産）」の組合せと対照的である。

2 株主資本項目の概説

株式会社の会計上の資本を，特に株主資本という。そこには配当のしにくさ／しやすさをめ

ぐる当事者間の利害調整・合意が絡み，本来なら単純な各構成項目もやや複雑になる。その理解のためここでは**図表6**（個別ベースの意義は後述）を念頭に，やや稀な株式申込証拠金を除く主要項目の歴史にふれよう。なお，簿記・会計上の処理の基礎は学習済みを前提とする。

図表6 ■個別貸借対照表の純資産の部

個別貸借対照表（株主資本を強調・拡大。新株式・自己株式申込証拠金は省略）		
資産の部	負債の部	
…		
	純資産の部	
	Ⅰ 株主資本	
	1 資本金	×××
	2 資本剰余金	×××
	（1） 資本準備金	×××
	（2） その他資本剰余金	×××
	資本剰余金合計	×××
	3 利益剰余金	
	（1） 利益準備金	×××
	（2） その他利益剰余金	
	×× 積立金（特定目的の積立金）	×××
	別途積立金	×××
	繰越利益剰余金	×××
	利益剰余金合計	×××
	4 自己株式	△×××
	株主資本合計	×××
	…	×××

(1) 資本金

現行制度では，株主から取締役に特定目的で委託された元手額（の全部または一部）をいう。その株主の有限責任をふまえて資本金は，銀行や仕入先等の債権者側が資金回収のあてにする（債務者側の会社に残されやすい）純資産額の目安とも見なされてきた。この役割が制度上で広く期待されたのは1890（明治23）年旧商法以来であり，資本金を初めとした一定の規準額より純資産が多くないと配当をさせない規制がドイツ商法から継受された歴史の経路上にある。

(2) 資本剰余金

上記の元手額（全体）が資本金を超える部分。こちらの方が資本金よりも減らしやすいのは，あてにできる額が多いほどよい債権者と，元手の取扱いを自身で決めてもよい株主との，1つの折り合い・利害調整か。個別貸借対照表では次の資本準備金とその他資本剰余金に分かれる。

① 資本準備金

1950（昭和25）年の導入当初は，資本金とこの資本準備金の金額に，旧来の株式額面価額の有無が違いをもたらしていた。しかし1981（昭和56）年からその違いは縮小して，2001（平成13）年以降は株式すべてが無額面となり，額面価額に伴う違いが前提ごと消えた。その点で必ずしも普遍的ではない（元入時に半額まで資本準備金にできる現行規準を含む）ルールを左右してきたのは主に，当事者間の合意や社会の取り決めにもとづく利害調整の観点だった。

ただ資本準備金の導入時に他方では，準備金から新株発行費（当時）を差し引く旧来の処理が否認された。以後，当該費用が収益から控除されていった歴史は，株主資本が当事者の合意だけで決まらない，資本取引と損益取引を区別する損益計算の理屈の産物でもあることを示す。

② その他資本剰余金

元手額のうち，資本金・資本準備金の減らしにくさが当事者間の合意等で解除された金額。「資本」と付く項目の中で最も減らしやすい。2001（平成13）年から実質的に計上可能。

(3) 利益剰余金

留保された利益から配当額や（もしあれば）損失額を引いてなお残る過去の利益額。世間では内部留保ともいう。ただし資本剰余金を含め「剰余金」は歴史上も，余ったお金というより純資産または株主資本が資本金を超過する金額（＝純資産or株主資本－資本金）を指し，そのうち元手額が資本剰余金，そして，留保利益が本項の利益剰余金である。個別貸借対照表では次の利益準備金とその他利益剰余金に分かれる。

① 利益準備金

配当時の余裕をいわば逆向きにも活用（会社に残される資産も増加）させる主旨の強制的な

留保利益。株主のためにもなりうるが，債権者も便乗しやすい。フランス商法等を参考に導入された1890（明治23）年以来，留保割合等は変化しつつも本質は不変。2005（平成17）年からはその他資本剰余金の分配時に資本準備金も同様に積立てられる。源泉が違っても２つの準備金は共通して資本金の次に減らしにくい。

② その他利益剰余金

利益剰余金のうち，利益準備金以外の項目。純利益の繰越しや利益準備金の減少で生じる。制度上の配当のしやすさはその他資本剰余金と同じ。なお，当事者は任意で，特定目的に留保される任意積立金，目的を定めない別途積立金，それ以外の繰越利益剰余金という３つの大枠で配当のしにくさ／しやすさに差をつけられる。

(4) 自己株式

2001（平成13）年に発行済株式の買戻しが広く認められて以降，株主資本の全体から一括控除（マイナス）されている（テーマ32参照）。

3 株主資本項目の配列

本節では，株主資本を構成する項目の配列をその歴史もふまえつつ全体的に眺める。本書の読者がもつとみられる個別項目の基礎的な理解は，会計史を含めたそれらの全体像まで眺める（木も森も眺める）ことで深まる余地がある。

図表6に示されているのは個別貸借対照表における株主資本項目の配列であった。もっとも2000（平成12）年３月期から財務諸表は連結ベースが主で個別ベースが従となる環境が整えられて，それから20年近くが過ぎた現在はその主従が常識である。ところが配当は現在もほぼ個別ベースすなわち個別貸借対照表における，株主資本の詳細区分に依拠して行われている。

そこでの各項目の配列について2002（平成14）年ごろまでは，いわば「配当のしにくさ／しやすさ」（難易度）を規準にした当時の商法による配列と，いわゆる「拠出資本と留保利益の区別」を規準にした当時の証券取引法・「企

業会計原則」による配列が並存した。要するに，２つの形式で資本が提示されていたわけである。

だが，2002〜2005（平成14〜17）年までにそれらの配列は，上記の後者を大枠にして前者を加味する配列へと一本化され，現在に至る。この大枠の方は第１節で会計史から読み取った「複式簿記・貸借対照表・資本」という組合せに整合する。つまり，完成して広範に普及した複式簿記の仕組みが，元手額として記録される拠出資本と，損益振替を通じた留保利益の，２つの区分にもとづいた配列を支える（個別と連結に共通。図表6と図表1を参照）。

図表7 ■株主資本における配当の難易度

個別貸借対照表（株主資本を強調・拡大，配当のしにくさ／しやすさ（難易度）を色で表現）		
資産の部	負債の部	
…	…	
	純資産の部	
	株主資本	
	資本金	×××
	資本準備金	×××
	その他資本剰余金	×××
	利益準備金	×××
	その他利益剰余金	×××
	××積立金（特定目的の積立金）*	×××
	別途積立金*	
	繰越利益剰余金**	×××
	…	
…		

項目	制度上，最も配当しにくい（資本金）	
項目	制度上，次に配当しにくい（準備金）	
項目	制度上，最も配当しやすい（その他剰余金）	* 任意で配当しにくい剰余金 ** 任意で配当しやすい剰余金

そしてその大枠のうえに配当の難易度を反映する資本金・準備金・剰余金の配列が加味されている（**図表7**を参照。おおよそながら濃⇔淡となる配色に注目してほしい）。こちらの配列は「単式簿記・財産目録・正味財産」に整合的なとりわけ19世紀のドイツ商法に由来する。日本でも継受されてきた商法（・会社法）に伝統的なその配列は，しかし上述の一本化でやや後退

した。その背景には，配当の難易度を示そうとする配当規制それ自体が緩和されてきたという2001（平成13）年前後からの経緯がある。

4 資本系統の特徴も伴うその他の項目

本テーマの最後に，テーマ30で持ち越した新株予約権と非支配株主持分の概説を行う。また，それらと同様に，資産・負債の差額とは異なるいわば資本系統の用語の一種として長く広く使われてきた自己資本の，近年における意味合いの１つにふれる（それがテーマ30・31の復習を兼ねる）。

(1) 新株予約権

定額で株式を購入できる権利（新株予約権）を発行する見返りとして受領した金額を表わす。遅かれ早かれ株主資本に振り替えられることは確定しているが，拠出資本と留保利益のどちらになるのかが決まっていない未確定項目として株主資本以外の純資産に据え置かれる。

(2) 非支配株主持分

資金の調達源泉項目のうち，連結グループの親会社株主（多数派株主）に対する非支配株主の持分を表わす（従前の少数株主持分に取って代わった）。親会社株主の資本だけを「資本」とよぶ想定のもと負債に含まれることもあったが，借入金のような負債の典型とも違うので，半端ながら負債と資本の中間・独立項目とされたりもした。現在はそのどちらの取扱いも避けられ株主資本以外の純資産項目とされている。他の未確定項目と同様の位置づけは難しそうでも（株主）資本系統に近いというのはわかる。

(3) 自己資本

定義なしに使われたりもする表現だが，東京証券取引所等を運営する日本取引所グループは，純資産全体から新株予約権と非支配株主持分を控除（マイナス）した金額，つまり，図表１のⅢ・Ⅳ以外を指して自己資本とよぶ。ただその

金額は，株主資本に（未実現の）その他の包括利益累計額を加算した金額（図表１のⅠ・Ⅱ）であり，どういう意味の自己資本か自明でない。多用される指標やその解釈にも影響しうるため想定や直感とのずれに注意したい表現である。

●参考文献──────

ごく断片的ながらテーマ30・31でふれた会計史の有用性は，筆者を含めてそれをふまえる側のセンスや厳格さにもかかっている。そのお手本はたとえば，安藤英義「資本概念の変化─資本概念をめぐる商法と会計の離合の歴史」『企業会計』第58巻第９号（2006年９月）にあろう。

（石川　業）

自己株式

1 自己株式とは

(1) 自己株式とは

　自己株式とは，会社が一度発行した自社の株式（これを自社で取得・保有している時に計上される勘定科目）をいう。近年の新聞記事を賑わせている自社株買い（本業を営んだ結果余ったお金を用いて会社が自己株式を買い戻すこと）も，これに該当する。

　自己株式の取引は，次の通りである。まず，会社がすでに発行した自社の株式を，市場取引または特定の人との相対取引（市場を通さずに当事者同士で取引を行う方法）等により購入する。これを，自己株式の取得という。会社が，自社株式を取得・保有している時，会社は，議決権は有さず，配当金も獲得することはない。

　しかし，そもそも，自己株式は，発行済株式数の削減の他，株価の安定，敵対的買収の防衛，株主資本純利益率（ROE）の向上や，会社の組織再編の対価等，何らかの目的のために取得される。とすれば，自己株式の取引は，取得のみで完結するものではない。自己株式は，会社の目的達成のため，市場への放出等の方法で再度利用されたり（会社法第199条），自己株式を消滅させたりする。前者を自己株式の処分，後者を自己株式の消却という。ここで，自己株式の処分や消却までの期間について，現在は，特に定めはない。これが，自己株式取引の概要である。

(2) 自己株式に関する会計処理の概要

　前述の通り，一度自社で取得された自己株式は，その後，自己株式の処分または消却が行われる。しかし，この企業が自己株式を保有している以上，企業で取得され消却・処分を待つまでの間，貸借対照表にこの取引事実を計上する必要がある。

　ここで，自己株式取得の会計処理については，2つの考え方が存在する。1つは，日本で以前用いられてきた，自己株式を資産の部に計上する考え方（資産説）である。自己株式は，他社の有価証券（株式）と同じく市場における金融資産であると解せば，（固定資産等の購入［現物出資］等にも使用できる）換金性のある会社財産（資産）の一種であるとも考えられる。この考えに従い，自己株式を取得した場合には，資産の部に計上することになる。

　一方，現在日本基準でも採用されている2つ目の考え方は，自己株式を資本の控除項目として計上する考え方（資本控除説）である。というのも，新株発行時には，拠出資本（資本金や資本準備金）が増加する。一方，自己株式の取得は，この新株の発行と逆の取引，すなわち，株主に出資してもらうべく自社が市場で発行した株式を株主から買い戻した自社と株主との取引であると解釈できる。この考えに従えば，会計処理も新株を発行した時とは逆，すなわち，資本の減少として処理することになる。

2 米国における自己株式会計の萌芽

　次に，自己株式がどのような変遷を辿ったのかを探るべく，日本基準の参照枠となった米国基準について，その概略を示したい。それを示したのが，**図表1**である。

　当時の米国でも，現在の日本と同様，自己株式の会計処理について，2つの説（1(2)で詳述した①資産説と②資本控除説）が存在した。米国では，各州で会社法が定められているが，イギリスの影響を受けた一部を除き，多くの州で自己株式を取得する権利を広く認めてきた。また，米国の個人所得税法でも，1918年法と1954年法では，自己株式取引を資本取引と解釈して，課税は行われてこなかった。この市場環境のもと，

日本とは異なり，古くから自己株式取引が活発に行われてきた。

さらに，1929年の世界恐慌とそれに伴う株価下落期が続いた。この時期において，自己株式の取得を，①の資産説と処理すれば評価損が計上され続ける一方売却益は生じない（損失が恒常的に生じる一方，利得は生じない）。一方，自己株式の取得を，②の資本控除説と処理すれば，自己株式の取得は減資となり，減資差益が計上される。以上の会社法・所得税法の動きと経済情勢を受け，米国では，古くから自己株式を②の資本控除説で処理する考え方が台頭していた。

3 日本における自己株式に関する会計基準導入の経緯

そこで，日本における自己株式とその会計基準導入の経緯を説明する。それを示したのが，**図表2**である。日本では，自己株式について，税法と商法という会計周辺制度に阻まれ，その取得が長らく禁止されてきた。しかし，2001年の改正商法で，配当可能限度内であれば，期間や数量等の制限なく，自己株式の取得が可能となった。この変更は，企業取引の変化の影響を受けたものである。たとえば，1990年代以降，(1)日本における企業結合（特に敵対的買収）の増加や，(2)バブル崩壊に伴う企業業績が悪化により，後述するストック・オプション（Stock Options：SO）制度（会社財産が流出しない報酬制度）の利用が切望されたこと等が挙げられる。

この商法改正と自己株式導入の動きを受け，2002年，現在も用いられている企業会計基準第1号が設定・公表された。

4 現在の日本基準（企業会計基準第1号）の概要

ここで，自己株式の会計処理を説明する。まず，自己株式の取得についてである。企業で取得され消却または処分を待つまでの間，自己株式は自社で取得・保有されるため，この取引事実を計上する必要がある。そこで，登場するのが，資本控除説である。というのも，1(2)の論拠により，株式の取得は，新株発行時とは逆（資本の減少）として処理されるためである。

ただし，ここで，1つの疑問が浮かぶ。それは，純資産の部のどこから控除するのか，という問題である。この点については，純資産の部のある特定の項目から差し引く処理も想定できる。しかし，現在の会計基準では，取得原価で一括して株主資本全体から控除する方法が定められている。というのも，自己株式は，処分・消却されるまでの暫定的な状態に置かれている株式である。とすれば，会社法で規制されている資本項目（資本金・資本準備金・利益準備金）を減少させるわけにはいかないためである。

次に，自己株式を処分する場合の会計処理について説明する。自己株式の処分とは，（企業が現在保有している自己）株式を市場への放出等の方法で再度利用することを言う。とすれば，自社株式を証券市場に放出するという点で，新株の発行（出資）と同質の資本取引であると解釈できる。そのため，自己株式の処分により資本金または資本剰余金を増加させることになる。

ただし，株価は常に変動しているため，自己株式取得時の取得原価と処分時の株価とは一般的に同じ価額（＝1株当たりの株価×株式数）とはならない。そのため，自己株式の処分にあたっては処分差額が生じる。これが，自己株式処分差益または自己株式処分差損である。

ただし，これらの処分差額は，その他資本剰余金から直接増減させる。というのも，伝統的に，資本取引からは損益は生じないと考えられてきたためである。すなわち，企業活動の結果獲得した成果（利益）と，株主からの出資（元手・株主資本）とを明確にしなければ，企業の資金増加の原因が出資か企業活動の成果かが判断できないためである（資本と利益の区別）。この考えに基づき，現在の日本基準では，これらの処分差額はその他資本剰余金から直接増減されることになる。

一方，自己株式の消却とは，取締役会等の決

定により自己株式を消滅させることを指す（会社法第178条）。以前は，この消却について，企業ごとの裁量で会計処理が行われていたが，現在は，会社計算規則の影響を受け，その他資本剰余金を減額する処理が適用されている。というのも，自己株式の消却とは，出資額を株主へ払い戻すことである。とすれば，株主資本の中でも，資本剰余金を減額する必要が出てくるためである。

●参考文献
椛田龍三［2001］『自己株式会計論』白桃書房。

図表 1 ■米国における自己株式に関連する出来事の変遷

年号	出来事
1918	内国歳入法で，自己株式は資本取引と解釈され，課税が行われない規定が定められた。
1929	世界恐慌を契機に，株価が低調に推移した。
1934	内国歳入法の改正により，取引の実質に依存して会計処理を行う旨が定められた。
1954	内国歳入法の改正により，再び，自己株式は資本取引と解釈され，課税が行われない規定が定められた。

図表 2 ■日本における自己株式に関連する出来事の変遷

年号	出来事
以前	企業会計原則により ● 貸借対照表は，資産の部，負債の部，および資本の部に区分される。 ● 資本の部は，払込資本（拠出資本）と留保利益に区分される。
1994. 6	「商法及び有限会社法の一部を改正する法律」他により，自己株式の取得及び消却に関する規制が大幅に緩和される。
2001. 4	「商法等の一部を改正する等の法律」（平成13年改正商法）が公表される。 【改正点】 ● 自己株式の取得及び保有規制の見直し，ならびに法定準備金の減少手続が制定される。 ➢ 自己株式に関する会計処理の全面的な見直し ➢ 資本金及び法定準備金の減少により生じた剰余金及びそれらの処分の会計処理 ● 新株予約権制度が創設される。
2002. 2	企業会計基準第1号「自己株式及び準備金の額の減少等に関する会計基準」が公表される。

（藻利衣恵）

ストック・オプション

■1 ストック・オプションとは

SOとは，予め決められた価格で会社の株式を引き受ける権利（新株予約権）のうち，従業員等（取締役や従業員）が企業に提供する労働の対価を指す。

SO取引の流れは，次の通りである。付与日に，企業と従業員等との間で契約が締結され，SOが従業員等に付与される。ただし，SOは，一般的には，所定の期間（権利確定期間）にわたり，企業が定める所定の条件（契約で定めた企業業績に関する条件［業績条件］と，一定期間の企業への勤務を義務づける条件［時間条件］を総称した権利確定条件）を達成することが必要となる。そして，権利確定日に条件達成したと判断できる場合には，従業員等が無条件で株式を取得できる権利を獲得し，権利行使の状況が整う。通常は，直ちに権利行使が可能となる期間（権利行使期間）が開始され，その期間満了までに従業員等は独自の判断（たとえば，株価等の変動，政府の経済政策，インフレーションや一国の経済景気動向の変化）に基づいて権利行使できる。ただし，SOの場合で，権利確定日の条件未達や株価低迷等の理由による権利行使期間の満了（権利不行使による失効時）の場合には，SOは失効する。

■2 米国におけるストック・オプション制度の萌芽

SOが登場したのは20世紀初頭と言われる。当時の米国は，南北戦争を契機として世界第1位の産業国家へと発展する途上であったが，SOに関連して言えば，株式会社の台頭により，専門経営者の登場と所有と経営の分離が生じ，経営者報酬の議論が起こる。

しかし，1929年に世界恐慌が起こる。これにより，企業利益が大幅に減少し，その影響を受け，配当の減少とともに，労働者の賃金も削減された一方，経営者の給与はむしろ増額になったケースが一般的に多く，世界恐慌の負担は，株主や労働者の肩へのしかかった。この結果，株主や労働者の経営者への不満が爆発し，法廷抗争へと進展した。

この法定抗争の頻発により，米国では，連邦政府，国会と州議会も積極的に介入し，経営者報酬に関する情報公開と，その金額の抑制策を推し進めた。特に，個人所得税の累進税率がニューディール政策で引き上げられたことにより，即時に支払われる給与やボーナスが所得税のインパクトを強く受け，経営者の実質所得が低下した。このことで，報酬抑制策に対抗する複雑で多様な報酬制度が登場する。その1つが，長期の報酬制度である。ただし，長期制度の中でも，株価等の変動が報酬額に影響を与える株式報酬制度（たとえば，SO制度）は，1929年の世界恐慌，その後の株式下落，税制上の問題が浮上した結果，1940年代後半まであまり使用されず，1950年改正の内国歳入法でSOの課税が明文化され，税制優遇が可能となるSOの登場により，その利用は増加した。この経緯を示したのが，**図表1**である。

■3 日本におけるストック・オプション会計基準導入の経緯

それに対して，日本では，1977年以降，再三にわたり経団連がSO制度創設を要望したが，実際に創設されたのは1991年（バブル崩壊後）であった。その理由としては，以下の2つが挙げられる。

① 1991年の商法改正まで自己株式の取得が禁止されていたため。

② バブル崩壊後の不況により会社財産の流出を伴わないSO制度の利用が切望され，また，ソフトバンクやソニーは当時の制度的な制約を回避しつつもSOと同じ効果をねらった疑似SOを導入したため。

その後，SO制度の導入による経済の活性化を図るべく，1997年に商法が改正され，全面解禁が決まった。また，2001年4月の商法改正により自己株式が解禁され，自己株式の処分が新株発行の手続と同様となり，2001年11月の商法改正で，現在の新株予約権方式のSOへと再編された。

そして，企業会計基準委員会は，国際的な動向を踏まえ，SO会計基準の設定は緊急性の高い検討課題であるとの判断を下し，2005年，現在の日本基準（企業会計基準第8号）を設定する。この基準設定により，日本でも，現金支出を伴わないSO関連の費用（株式報酬費用）は，他の報酬取引と同様，費用計上されることになった。この経緯を示したのが，**図表2**である。

4 現在の日本基準（企業会計基準第8号）の概要

ここで，SOの会計処理の概要は，次の通りである。SO取引では，付与日に，従業員等に株主と同等の権利（たとえば，配当をもらえる権利や残余財産を請求できる権利権）はない。というのも，従業員等がその権利を獲得するのは，

株式が交付される権利行使日であるためだ。この結果，日本基準では，権利行使日に初めて労働サービスによる出資額が払込資本（資本金や資本準備金）に計上される。

その一方，労働サービスが提供されるのは，権利行使日より前の権利確定期間である。そのため，権利行使日における払込資本の計上に先立ち，労働サービスの費消により株式報酬費用が計上され，その相手勘定は，純資産の部における株主資本以外の項目（新株予約権）として計上される。というのも，一連のSO取引では，企業から会社財産は流出しないことから，負債に計上されるべきではなく，株主資本の定義にも負債の定義にも合致しないためである。そして，権利行使時には，新株予約権として計上した価額のうち，権利行使に対応する部分を払込資本に振り替える。これが権利行使時の会計処理である。

それに対して，権利不行使による失効時には，株主にならない（出資分が拠出資本とはならない）ことが確定したことになる。この場合，企業や既存株主にとっては，現在の株価等より安価で株式を従業員等に引き渡す必要がなくなる。この考えに従えば，失効部分は既存株主にとって得（利益）となるため，利益への戻入が行われる。

●参考文献────

山下克之［2013］『ストック・オプション会計』白桃書房。

図表1■米国におけるストック・オプションに関連する出来事の変遷

年号	出来事
1904	United States Steel Rubber Companyのアニュアル・レポートに「ストック・オプション」という文言が記載された。
1929	世界恐慌を契機に，株価が低調に推移したため，ストック・オプション制度の利用が激減した。
1933	● アメリカの経済不況は，この年度が底辺。 ● ニューディール政策等により景気が回復したが，政府・国会と州議会は，経営者報酬制度に対して，積極的に干渉し，極めて厳しい抑制策（個人所得税の累進度の急激な増加）が行われた。
1950	ストック・オプションの課税について，内国歳入法ではじめて明文化された。この規定では，一定の制約条件を定め，それを満たした場合には，税法上の優遇措置を講じることとなった（制限付ストック・オプション制度の誕生）。

図表 2 ■日本におけるストック・オプションに関連する出来事の変遷

年号	出来事
以前	企業会計原則により ● 貸借対照表は，資産の部，負債の部，および資本の部に区分される。 ● 資本の部は，払込資本（拠出資本）と留保利益に区分される。
1977. 10	経済団体連合会から公表された「『株式制度改正試案』に関する意見」の中で，SO制度を創設するための法改正が要望された。
1991. 3 ～	バブル崩壊に伴い，企業の業績が悪化し，企業財産が流出しないSO制度の創設が切望されるようになる。
1994. 6	「商法及び有限会社法の一部を改正する法律」他により，自己株式の取得及び消却に関する規制が大幅に緩和される。
1995. 10	FASBより米国財務会計基準書第123号が公表される。
1995. 10	ソニーが新株引受権付社債（ワラント）を利用した疑似SOを発行される。
1995. 11	特定新規事業実施円滑化臨時措置法及び特定通信・放送開始事業実施円滑法（新規事業法）による認定会社が実施したSOについては，一定の要件を満たせば，権利行使時の経済的利益は，非課税となった。
1997. 5	商法改正により，SO制度（自己株式方式によるストック・オプションと新株引受権方式によるストック・オプション）が創設され，全面解禁と議員立法で決まった。
2001. 4	商法改正により自己株式が解禁され，自己株式の処分が新株発行の手続と同様となり，自己株式方式によるSOは廃止される。
2001. 11	商法改正で，自己株式方式のSOと新株引受権方式のSOを統合し，現在の新株予約権方式のSOへと再編されることになった。
2002. 12	「ストック・オプション会計に係る論点の整理」が公表される。
2004. 2	IASBより国際財務報告基準第2号が公表される。
2004. 12	企業会計基準委員会から，企業会計基準公開草案第3号「ストック・オプション等に関する会計基準（案）」の公表 ● SOに関する費用（株式報酬費用）の計上が要請される。 ● SOに対応する金額の貸借対照表上の表示について，負債の部と資本の部の中間に独立の項目として計上される。 ● 中間区分の性格には論争が多く，概念上の整理もされていない。 ● 個別財務諸表に新たな中間区分を設けることに慎重な意見が寄せられる。 それに加えて，以下の会計基準等や法律が公表される。 ● 2004. 9　討議資料「財務会計の概念フレームワーク」 ● 2005. 6　会社法が国会で成立（2006. 5　会社法および会社計算規則の施行） ● 2005. 8　企業会計基準公開草案第6号「貸借対照表の純資産の部の表示に関する会計基準（案）」
2005. 12	企業会計基準第5号「貸借対照表の純資産の部の表示に関する会計基準」，および企業会計基準第8号「ストック・オプション等に関する会計基準」が公表される。 →SOに対応する金額の貸借対照表上の表示について，純資産の部のその他の要素として計上される。
2006. 12	討議資料「財務会計の概念フレームワーク」が改訂される。
2013. 9	企業会計基準第8号「ストック・オプション等に関する会計基準」が最終改訂される。

（藻利衣恵）

コラム 7　農業簿記

　農業簿記の一般的な定義としては，一般簿記理論を農業分野に適用した応用簿記，ということになる。その意味では，工業簿記や銀行簿記等と同様の位置づけがなされることになる。特に，農業も工業と同様に生産過程を持つことから，工業簿記と親和性が高いことになる。もっとも農業簿記は，工業簿記が前提とする工業的生産とは異なり，生物的生産であるという特殊性により，原価計算の遂行が困難であることが指摘される。よって，農業簿記のさらなる一般的な定義としては，生物的生産という特殊性を加味しながら一般簿記理論を農業分野に適用した応用簿記，ということになる。

　上記農業簿記の定義は，一般的・普遍的な定義である。ただし当該定義が，日本においてこれまで展開されてきた農業簿記の定義として妥当かどうかは別問題である。なぜなら，日本における農業簿記は，工業簿記や銀行簿記のように当該経済主体自らが自らの必要性に応じてその簿記処理方法を発展させてきたものというより，たとえば戦前は，国の政策・統計調査目的により推奨されたものであったし，さらに戦後は，青色申告制度という税制からの要請が大きく影響してきたものであったからである。つまり，日本における農業簿記は，農業者以外の主体により発案され，かつ普及が促進されてきたという，特殊歴史的な展開がなされてきたのである。

　このような特殊性は，日本の農業簿記が主たる対象としてきた会計主体に起因するものでもある。日本における農業簿記の主流は，基本的に，小規模な家族経営を，つまり「農家」を対象としてきた。よって，日本の農業簿記は，農業者以外の主体により発案されかつ農家への普及が企図された簿記，と指摘できる。具体的には，次のようなものである。まず，戦前の農業

簿記は，旧農林省（現農水省）が農家の実態把握に基づく国の政策遂行のため，旧農林省側で集計・分析する前の統計基礎データを農家自身に記帳させることを企図した簿記が主流である。

　対して，戦後の農業簿記は，旧大蔵省（現財務省）税務当局が農家に対する徴税遂行のため，農業所得が期末に一括で容易に算定されることを企図した簿記が主流である。こういった，農業者以外の主体により発案され農家への普及が企図された簿記の中には，大槻正男博士を中心とした京都帝国大学農学部が，近畿地方の農家の実態把握と彼らの農業経営改善を目的として，彼ら農家が記帳するだけでなく，彼ら自身が集計・分析までできることを企図した「自計式簿記（別称は京大式農家経済簿記）」という他に類を見ない独特の農家簿記もある。大槻氏の功績・活躍もあり，その後京都大学農学部は，日本における農業簿記研究の拠点と見なされるようになった。

　以上のように，農業簿記を定義し論ずる場合，農業簿記一般をその対象とするのか，日本においてこれまで展開されてきた農業簿記を対象とするのかで，大きな違いがあることに留意する必要がある。

●**参考文献**

大槻正男［1990］『農業生産費論考・農業簿記原理（昭和前期農政経済名著集16）』農山漁村文化協会（農文協）。なお，同著第1刷は1979年に，また『農業簿記原理』は単著として高陽書院より1941年に発行されている。

戸田龍介［2017］『日本における農業簿記の研究─戦後の諸展開とその問題点について』中央経済社。

（戸田龍介）

第 2 部

管理会計

アメリカ管理会計史

1 綿工業会社の総合原価計算

アメリカ産業革命期から1880年頃までの萌芽期には，それまでの支配的な簿記システムに代わって会計システムが次第に登場しつつあった。

1813年，ボストン・アソシエイツ（Boston Associates）とよばれるボストン在住の富裕な貿易商人達によって，ボストン製造会社（Boston Manufacturing Co.）が資本金40万ドルで設立され，1814年秋，ボストン近郊のウォルサム（Waltham）に大規模で近代的な紡織一貫工場が完成した。ボストン製造会社が大変成功したので，その後，これと同じウォルサム型綿工業会社が多数設立された。アメリカ産業革命の勃興である。

紡織一貫綿工場では，水力を動力とする紡績機や織機が設置され，この機械の下で若い女工が単純な繰り返し作業を行っていた。ウォルサム型綿工業会社では，ボストン・アソシエイツ＝取締役会→財務部長→工場長→監督者→女工という簡単なライン組織が構築され，このライン組織の下で財務部長の工場長に対する管理が行われ，これを通じて工場管理が間接的に展開された。同時に，ボストン本社の財務部長が遠隔地の綿工場を間接的に管理するための手段として会計システムが開発された。

たとえば，1854年4月に設立されたライマン・ミルズ社（Lyman Mills Corp.）では，ボストンから西へ約100kmに位置するホリョーク（Holyoke）の綿工場を間接的に管理するために会計システムが開発された。ライマン・ミルズ社では，設立当初からボストン本社の総勘定元帳とホリョーク工場の工場元帳とが結合され，ごく簡単な総合原価計算（process costing）による工業会計システムが構築されていた。そこでは，半年ごとの配当可能利益を計算するため，

工場勘定から製造原価報告書が作成され，また労務費に関する原価報告書も提供された。これらの会計報告書を利用して，本社の財務部長はホリョーク工場の工場長が展開する工場管理を間接的に管理できた。この綿工業会社での会計実務は管理会計の萌芽と言えるだろう（上總［1989］）。

2 鉄道会社の先駆的管理会計

他方，綿工業会社の勃興と歩調を合わせて鉄道会社の設立が相次いだ。たとえば，1827年，メリーランド州の設立特許状を得て，ボルティモア・オハイオ鉄道が資本金300万ドル（1株額面100ドル）で設立された。開業認可に不可欠な料金設定と開業後の年次報告書に注目して，この鉄道会社では，投資利益率に基づく「鉄道料金の設定と収益・費用の見積が行われていた」。しかしながら，それらの見積が「予算」であり，これと実績額を比較して予算統制が定期的に行われていたという事実はまだ見つかっていない（高梠［1999］）。

アメリカの鉄道は，やがて大都市間を結ぶ基幹鉄道となっていった。1850年代末には，営業距離500マイルを超える巨大鉄道会社が登場した。巨大鉄道会社は，巨額の建設資金を社債で調達したため，極度の社債依存型財務体質を持っていた。

たとえば，4大基幹鉄道の1つ，ニューヨーク・エリー鉄道（New York & Erie Railroad Co.）は，1859年現在，払込資本金1,100万ドル，社債約2,500万ドルで設立された。この鉄道では，社債利息の支払を絶対的条件として，この地理的に広がった大規模な鉄道事業を管理するため，①鉄道経営を担当する専門経営者を登用し，②会計職能を担当するコントローラ（controller）を任命するとともに，多数の管理者集団を組織

してライン・スタッフ組織をもつ階層的管理組織が構築された。③列車走行実験を基礎として集中列車運行管理が行われ，この運行管理のための報告システムの一環として全社的な会計システムが構築された。この会計システムの下では月次営業報告書が作成されたが，管区長，工場長，駅長等に対する管理者管理のために会計情報が利用された（上總［1989］）。

さらに，1865年には世界最大の私企業であったペンシルベニア鉄道会社（Pennsylvania Railroad Co.）では，管理目的に会計情報を利用するため，営業費を固定費と変動費に区分した鉄道原価計算，総管区単位の利益計算が行われていた（足立［1996］）。南北戦争を通じて南部巨大鉄道の1つに成長したルイビル・ナッシュビル鉄道（Louisville and Nashville Railroad Co.）でも同様の鉄道会計が行われていた。

1870年代には多くの鉄道会社が倒産したが，投資銀行による倒産鉄道の再建を通じて巨大鉄道システムが登場した。たとえば，1880年代初頭，南部巨大鉄道システムの1つとしてプラント鉄道システム（Plant System）が形成された。このプラント鉄道システムでは，買収した多数の倒産鉄道を統合し，効率的に管理するため，①事業部制組織によく似た「連邦形態の組織」の採用，②会計責任者としてコントローラの任命，③予算統制（budgetary control）の実施等の経営改革が行われた。プラント鉄道システムの予算統制の下では，目標利益を目指して予算が編成され，総支配人を議長とする編成会議で承認された後，月次予算報告書による予算統制が行われていた。収益予算を欠いていたとはいえ，プラント鉄道システムでは，紛れもなく予算統制が行われていた。産業会社での予算統制に先んずること約30年であった（上總［1989］）。まさに先駆的な予算統制実務であったが，現時点では，同様の管理会計実務がアメリカ鉄道会社で広く実践されていたという事実は確認されていない。

3 管理会計の生成

世紀の転換期には，大規模な企業合併が展開され巨大産業会社が登場した。この巨大産業会社は，同時に垂直統合企業（vertical integrated company）でもあった。この垂直統合企業では，①強力な権限を集中した本社を持つ職能部門別組織の構築，②専門経営者の登用，③全社的かつ統一的な総合管理を支援する会計システムの構築が行われた。

まず直接工場管理体制を構築するため，内部請負制度の下で工場管理を事実上担当していた職長帝国（foreman's empire）が解体された。当時，アメリカ機械技師協会（American Society of Mechanical Engineer：ASME）に結集した機械技師を中心として工場管理の改革を目指すアメリカ管理運動が展開されていた。20世紀初頭には，科学的管理法（scientific management）を提起したテイラー（Frederick W. Taylor）の活躍によって，その運動は頂点に達した。工場主の下に計画機能を集中した「計画課」が設けられ，職長は単に工場主の命令を執行するだけとなった。生産現場から材料費と労務費に関する原価情報が収集され，また製造間接費が配賦されて，全部原価計算（個別原価計算）が実践された。ここに原価計算を一般会計に結合した工場会計システムが登場した（上總［1989］）。

次に合併直後は，単なる会社の法的集合体（legal combination）であったが，これを管理統合体（administrative consolidation）へと変身させるため，購買，製造，販売，輸送等の職能部門に加えて，複数の職能部門の統括と調整を行う本社機構を設けて，集権的な職能部門別組織が構築された。本社のトップ・マネジメントは，職能部門の管理者を管理するため，統合会計システムを構築したのである。たとえば，1903年に設立されたデュポン火薬会社（E. I. du Pont de Nemours Powder Co.）では，職能部門別組織の構築とともに，約200人規模の財務部の管轄下で，各職能部門の活動を補捉するため，製

造会計，販売会計，そして購買会計を含む重層的かつ統合的な会計システムが開発された（上總［1989］）。

かくして，大部分の巨大産業会社では重層的かつ統合的な会計システムが導入され，これによって管理者管理が実践された。綿工業会社→鉄道会社→巨大産業会社へと発展を続けて，ここにアメリカ管理会計が生成した。

4 予算システムの普及

20世紀初頭から予算統制が次第に採用されはじめたが，とりわけ1921年6月，アメリカ連邦政府の「会計及び予算法」（The Budget and Accounting Law）の成立やマッキンゼー（James O. McKinsey）の『予算統制論』（1922年）の公刊等を一大契機として，予算システムはアメリカ巨大産業会社へ急速に普及していった。

他方，テイラーが提唱した科学的管理法の普及に伴い，作業分析→標準作業量＝課業（task）→標準原価（standard cost）というプロセスを経て標準原価計算が登場した。標準原価計算は，原価差異分析の方法を改善する努力と相まって，製造部門の能率向上，原価削減に威力を発揮したが，やがて会計システムの下で企業予算に結合されていった（辻［1971］）。

アメリカ産業会社では，会計システムが構築された後に，企業予算が導入されることになるが，ナショナル金銭登録機社（National Cash Register Co.）の事例（1907年）は最も初期のものであった。辻厚生氏によれば，「企業の目標としての計画利益を算定し，これを地域・部門別に配分するとともに，計画利益に見合う目標・計画売上高を製品別・地域別に算定し，許容原価・費用をこれに照応せしめるという現代的な予算統制方式に通じていた」（辻［1971］）と高く評価されている。

また1912年には，デュポン火薬会社で投資利益率に基づく割当予算の編成と予算管理が展開されていた（高梠［2004］）。さらに倒産の危機に陥ったゼネラル・モーターズ社（General Mo-

tors Co.：GM）を救済するため，デュポン火薬会社の社長であったピエール・デュポン（Pierre S. du Pont）が同社の社長に就任して，デュポン社で開発された管理会計システムが積極的に移植・利用された。GMでも，投資利益率に基づく割当予算システムとチャート・システムとよばれる予算管理システムが採用された（田中［1982］）。当時，アメリカ最大の総合電機メーカーであったゼネラル・エレクトリック社（General Electric Co.：GE）では，総合予算を構成する主要予算報告書，つまり今年度末の決算貸借対照表，予算損益計算書，現金収支予算，次年度末の決算貸借対照表に加えて，多数の補助予算書が作成されていた（上總［1989］）。

20世紀初頭には，少数の産業会社でしか予算システムが利用されていなかったが，全米産業会議事務局（National Industrial Conference Board：NICB）の調査によれば，1920年代末には予算編成と予算統制を含む予算管理がアメリカ巨大産業会社に急速に普及した。

5 責任会計論の登場

1929年大恐慌の下で，著名な経営コンサルタントであったネッペル（Charles E. Knoeppel）は，新しい利益公式の「所要売上高－必要利益＝許容原価」を提唱した。売上高の激減に苦しむ経営者は，この許容原価（allowed costs）を統制するための手段として予算統制を利用した。予算統制は全社的かつ管理組織の下部にまで適用された。さらに変動費と固定費の原価分解に基礎を置く損益分岐点分析や変動予算（flexible budgeting）等が開発され，予算統制の下部浸透はますます進展した。

その結果，現業部門に対して独断的な人員削減，非現実的な原価削減等の多くの拘束的実践（restrictive practices）が広く行われたので，現業管理者には予算が抑圧的行動のシンボル（a symbol of oppressive action）となった。ついには職長や労働者から強烈な反発ないし抵抗を受けるようになり，予算統制は否定の雰囲気（an aura of negativeness）に包まれてしまった。

このような職長問題を解決するため，政治的，社会的には，1947年6月，急速に拡大しつつあった職長組合運動にブレーキをかけるため，「職長は管理者であり，従業員ではない」と規定した，いわゆるタフト・ハートレー法（Taft-Hartley Act）が制定された。他方，企業内では職長が管理者の一員であることを明確化した公式組織が強調されるとともに，非公式組織が感情の論理（the logic of sentiments）によって動機づけられることに注目した人間関係論を人事管理ないし労務管理に応用した人間関係管理が展開された（上總［1989］）。

会計に関しては，財務諸表の企業内公開，現業管理者に対する会計教育，そして現業管理者の管理会計プロセスへの参加といった管理会計の人間関係論的改革が実践された。さらに，従来の会計システムの欠陥を改善するため，1950年代初頭には，現業管理者の個人責任と管理可能性を強調する責任会計論（responsibility accounting）が主張された。

責任会計論では，管理組織の最下層に位置する職長が会計報告書を作成する出発点＝会計報告基点として位置づけられ，職長から順次上位の経営者に対して管理可能費だけが計算・報告される。責任会計論では会計システムの欠陥が排除されただけではなく，標準原価計算が予算システムにほぼ完全に包摂・統合されたのである。

6 多角化企業の予算管理システム

第二次大戦後，アメリカ巨大企業では，いわゆる技術革新の下でオートメーション化と多角化戦略が展開されていった。多角化戦略の展開に伴い，それまでの垂直統合企業から多角化企業へと経営構造が大きく転換した。これに対応して，1920年代初頭にはすでにデュポンやGMに導入されていた事業部制組織がこぞって採用された。事業部制組織は，戦略的な意思決定機関である本社，トップ・マネジメントを補佐す

る本社スタッフ，そして本社の管轄下で自律的に活動できる複数の事業部から構成されている。事業部制組織では，各事業部の業績を正確かつ客観的に確定する業績評価システムが不可欠だったが，これを可能にしたのが予算管理システムであった。

たとえば，1960年には業界第3位のアメリカ巨大総合化学会社となったモンサント化学会社（Monsanto Chemical Co.）では，企業目的である資本利益率を実現するため，事業部制組織と予算管理システムが採用された。予算管理システムの下では，資本利益率を利用した戦略的計画設定のための会計が展開され，これを受けて企業内部のあらゆる事業部・部門・子会社に対して事業部別損益計算を媒介として予算管理が行われた。さらに，この予算管理と連動する形で変動予算を組み込んだ標準原価計算が展開された（上總［1989］）。

ところで，GE社では，1910年代にすでに天下り型予算（top-down budgeting）が実践されていた。1950年代のGE社では，独自の分権化理念の下で，管理者や監督者が積極的に予算編成に加わるべきだとする参加型予算管理が強く打ち出された。予算編成では，現業管理者が参加して，事業要約書，利益差異分析書，製品ライン別報告書，工場投資支出予算書，現金流入予算書，収益性標準勧告書といった6種類の予算書が作成された。GE社の本社会計部は，この予算書を会社全体の総合予算（損益計算書，貸借対照表，そして資金運用表）に集約し，総合予算が経営者と取締役会に提出・承認された。現業管理者は，予算編成のみならず，その後の予算統制でも「参加」が期待されていた。当時，天下り型予算が支配的であった中で，GE社の分権的管理と参加型予算管理は最も先駆的な事例の1つであった（上總［1989］）。

7 多様な管理会計の展開

多角化戦略を展開するためには，事業部制組織のみならず，それに対応できる管理会計シス

テムも不可欠であった。予算システムと直接原価計算（direct costing）とを結合したセグメント別利益計算システムの下で，主要製品別の短期限界利益管理が展開された。たとえば，巨大総合食品企業であったハインツ社（H. J. Heinz Co.）では，目標利益が検討され，この目標利益を実現するために直接原価計算の下で製品種類別利益計画が設定されていた。さらに利益予算編成に引き続いて，この利益予算と実績とを比較する利益統制，つまり短期限界利益管理が展開されていた（上總 [1989]）。

また1950年代のアメリカ経済は，連邦政府予算の60％，国民総生産（GNP）の約10％に達する国防費支出に支えられた経済軍事化の中で急成長したが，アメリカ巨大企業はこの巨額な国防予算に極度に依存していた。この結果，研究開発費の獲得→新兵器の開発→新兵器の独占的受注という関係の中で，アメリカ巨大企業は企業活動を長期的に計画した。長期計画に関する調査によれば，1958年現在，巨大企業では，長期販売計画，長期支出計画，長期利益計画，長期現金計画がいずれも60％を超えて公式に採用されていた。また，長期利益計画（long-range profit planning）がかなり広範に普及していった。

長期計画の設定は，一方では，投下すべき企業資本の長期的再配分計画であり，いわゆる製品ライフサイクルを視野に入れながら，基本的には，資本利益率の高い長期計画（事業）から順番に投資が行われる。他方，長期計画を単なる「絵に描いた餅」としないために，このような長期計画が管理者集団によって受け入れられ，年次計画として実行される必要がある。このため，将来5年間の長期見積財務諸表，つまり長期利益計画が作成されたが，この長期利益計画は予算システムの下で年次予算と結合された。

さらに長期計画，とりわけ長期個別計画（long-range project plan）では，代替案をより合理的に評価するための管理会計技法が模索された。伝統的な期間回収法や投資利益率法（会計的利益率法）が批判され，それに代わって資本予算論（capital budgeting）が提唱された。資本予算論では，将来の現金収入を現時点の価値に割引く内部利益率法や現在価値法等の割引現金流入法（discounted cash flow method）が最良とされた。デュポン社では，1967年にベンチャー事業投資の評価基準として割引現金流入法が採用された（高梠 [2004]）。その後，割引現金流入法が次第に多くの企業で利用されるようになった。

こうして，1950年代のアメリカ巨大企業では，長期利益計画と資本予算を内容とする戦略的計画設定のための会計が展開されていった。この結果，資本利益率を中軸的利益概念として，戦略的計画設定のための会計，総合管理のための会計，現業統制のための会計という3つのサブ会計システムから構成される重層的な管理会計システムがほぼ完成された。

8 グローバル競争時代の管理会計

1970年代以降，西ドイツや日本の企業が顕著に活躍したのとは対照的に，アメリカ企業の活動は停滞していった。その原因の一端を管理会計に求めるキャプラン（Robert S. Kaplan）は，1984年に管理会計の停滞論を主張し，1987年には，アメリカ管理会計史研究の第一人者であったジョンソン（H. Thomas Johnson）とともに，管理会計論は実務では役に立たないという意味を込めて『適合性の喪失』（Relevance Lost）と題する「衝撃の書」を公刊した。この爆弾宣言に触発されて，アメリカでは，会計研究者も企業人も，フィールド・スタディを通じて先駆的企業の管理実務や管理会計実務を学びつつ，管理会計論の再検討に着手しはじめた。

翌1988年，クーパー（Robin Cooper）はキャプランとともに，非操業度配賦基準を含めた複数の配賦基準を利用する活動基準原価計算（Activity Based Costing：ABC）を提唱した。さらに業務改革を指向する活動基準管理（Activity-Based Management：ABM），予算管理を指向した活動基準予算管理（Activity-Based Budgeting：ABB）も提唱された。1993年には，シャ

ンク・ゴビンダラジャン（J. K. Shank and V. Go-
vindarajan）によって戦略的コストマネジメン
ト論が提唱され，それまでのABCやABMが戦
略的コストマネジメントとして体系的に議論さ
れるようになった。同時に，日本で開発された
原価企画も戦略的コストマネジメントの1つで
あるという認識が定着していった。1992年には，
キャプランはノートン（David Norton）ととも
に，非財務的業績指標を協調する業績評価方法
としてバランスト・スコアカード（Balanced
Scorecard：BSC）を提唱した。その後，BSCに
は，戦略マップが組み込まれ，戦略の策定と実
行を担う戦略マネジメント・システムとしての
役割が強調されている。

●参考文献

足立浩［1996］『アメリカ管理原価会計史―管理会計の
　潜在的展開過程』晃洋書房。

上總康行［1989］『アメリカ管理会計史』上下巻，同文舘。

高梠真一［1999］『アメリカ鉄道管理会計生成史―業績
　評価と意思決定に関連して』同文舘出版。

田中隆雄［1982］『管理会計発達史―アメリカ巨大製造
　会社における管理会計の成立』森山書店。

辻厚生［1971］『管理会計発達史論』有斐閣。

【更なる学習のために】

Chandler, Alfred D. Jr. ［1977］ *The Visible Hand: The
　Managerial Revolution in American Business*, The
　Belknap Press of Harvard University Press.（鳥羽欽
　一郎・小林袈裟治訳［1979］『経営者の時代―アメリ
　カ産業における近代企業の成立（上）（下）』東洋経済
　新報社）

Garner, S. Paul ［1954］ *Evolution of Cost Accounting to
　1925*, University of Alabama Press.（品田・米田・園
　田・敷田訳［1956］『原価計算の発展―1925年まで』
　一粒社）

Johnson, H. Thomas & Robert S. Kaplan ［1987］ *Rele-
　vance Lost: The Rise and Fall of Management Ac-
　counting*, Harvard Business School Press.（鳥居宏史訳
　［1992］『レレバンス・ロスト―管理会計の盛衰』白桃
　書房）

Littleton, A. C. ［1933］ *Accounting Evolution to 1900*,
New York, Russell and Russell.（片野一郎訳［1952］
『リトルトン　会計発達史』同文舘出版）

伊藤博［1992］『管理会計の世紀』同文舘出版。

岡本清［1969］『米国標準原価計算発達史』白桃書房。

高梠真一［2004］『アメリカ管理会計生成史―投資利益
　率に基づく経営管理の展開』創成社。

小林健吾［1981］『原価計算発達史―直接原価計算の史
　的考察』中央経済社。

小林健吾［1987］『予算管理発達史―歴史から現在へ』
　創成社。

高浦忠彦［1992］『資本利益率のアメリカ経営史』中央
　経済社。

高橋賢［2008］『直接原価計算論発達史―米国における
　史的展開と現代的意義』中央経済社。

中根敏晴［1996］『管理原価計算の史的研究』同文舘出版。

廣本敏郎［1993］『米国管理会計論発達史』森山書店。

（上總康行）

業績評価におけるコントロール・チャート

1 コントロール・チャートとは

　管理会計は経営管理のための会計機能である。よって、経営管理活動に対応させて、意思決定に役立つ管理会計、および業績評価に役立つ管理会計に分類することができる（Beyer［1963］；青木［1979］、30頁）。ここでは、後者の業績評価に役立つ管理会計の手法であるコントロール・チャートがいかにして生成し、それがどのようにしてシステムとして確立・展開したかを考察することによって、業績評価におけるコントロール・チャートの役割を理解する。コントロール・チャートとは、20世紀初頭のデュポン社で考案され、財務部長を中心とする財務部門によって作成された、投資利益率（return on investment）を軸としたチャート（図表）形式の会計情報である。

2 業績評価手法としてのコントロール・チャートの生成

　トップ・マネジメントからロワー・マネジメントまでを対象とした、体系的な管理会計が生成した20世紀初頭のデュポン火薬会社（the E. I. du Pont de Nemours Powder Company）において、業績評価の手法としては、予算と標準原価計算を挙げることができる（辻［1971］；田中［1982］；Johnson and Kaplan［1987］；上總［1989］）。その際、デュポン社においては、経営管理組織として、当時の多くの企業が採用していた職能部門別組織に基づいて、予算を用いた予算管理と標準原価計算を用いた標準原価管理が展開された（高梠［2004］、170-271頁）。

　その後、デュポン火薬会社は、企業規模の増大および企業組織の複雑化等を原因として、デュポン社（the E. I. du Pont de Nemours

and Company）に改組され、GM社（the General Motors Corporation）と同時期の1921年に、世界で最初の事業部制組織を構築したことから、事業部に対する業績評価の手法が必要となった（田中［1982］、70頁）。つまり、職能部門別組織から事業部制組織への変更によって、原価責任や収益責任のみを負う部門とは異なり、利益責任を負い、企業活動の自立の程度を増大させた事業部の業績評価をいかに行うかが課題となった。

　そこで、主に、この課題を解決するために登場したのが、コントロール・チャートであった。デュポン社において、このコントロール・チャートを用いたトップ・マネジメントによる業績評価は、1921年に事業部制組織が構築された翌年の1922年頃から開始された。たとえば、1924年1月11日に作成された財務部長名の文書によれば、爆薬製造に使用される染料の中間原料の製造・販売に関して、売上高利益率、回転率、投資利益率等の比率を取りまとめた図表を用いて業績評価がなされた（Records of du Pont, Accession 1662, Box 78）。

3 コントロール・チャート・システムの確立

　このように、デュポン社では1922年頃から、コントロール・チャートを用いて、主に事業部やプロジェクト等の業績評価が経営執行委員会等のトップ・マネジメントによって実施されたが、その後、複数あるコントロール・チャートを相互に関連づけながら、業績評価を体系的に実施することを目的として、1947年に『経営執行委員会用のコントロール・チャート』とよばれる解説書が作成された。そして、その解説書では、コントロール・チャートに関連する用語や概念およびそれらの役割・相互関係が、図表やグラフ等を利用して、明確に定義・説明され

た（Records of du Pont, Box E-4）。

この1947年の解説書によれば，投資利益率の変化の原因を解明できるフォーミュラ・チャートを中心として，コントロール・チャートは1から8まであった。フォーミュラ・チャートでは，投資利益率が回転率と売上高利益率の積として示される。また，回転率は売上高を総投資で割ったもの，および売上高利益率は利益を売上高で割ったものとして説明される。さらに，総投資は運転資本と固定的投資の合計として，および利益は売上高から売上総原価を控除したものとして，チャート形式で説明された。

そして，チャート1では，投資利益率（operative return on investment），回転率（turnover），外部売上高利益率（operative earnings as % of outside sales）の変化の様子が架空の事例を用いてチャート形式で説明される。チャート2では外部販売による売上高，営業利益および純利益，チャート3では総投資，運転資本および固定的投資，チャート4では運転資本における実績値と標準値，チャート5では外部売上高製造コスト率，外部売上高営業利益率，生産操業度，チャート6では外部売上高に対する運送費，販売費，管理費，およびその他の全費用の割合，チャート7では2年間にわたる外部売上高，営業利益，純利益の月々の数量・金額および累計数量・累計金額，そして四半期および年間の予測値，チャート8では外部売上高，運送費，販売費，製造コスト，管理費，営業利益，および純利益の実績値と標準値，そして運転資本，固定的投資，総投資の月々の実績値と標準値，に関して，同様の説明がなされた（Records of du Pont, Box E-4）。

4 コントロール・チャート・システムの展開

以上のように，デュポン社では，経営管理組織が1921年に職能部門別組織から事業部制組織に変更されることによって，部門だけでなく事業部等の業績評価をすることが必要になり，コントロール・チャートを用いた業績評価が行われた。その後，1947年に作成された解説書は何度か改訂されたが，個々のコントロール・チャートをバラバラに利用するのではなく，これらを相互に係わらせた，1つの連動した体系としてのコントロール・チャート・システムが展開したと考えられる（高梠［2019］）。

そして，実際の経営成果を予測された経営状況・数値に照らして，現在の状況を評価・把握し，企業全体の視点から各事業部の業績評価が可能となった。このように，各事業部の業績評価については，これがコントロール・チャートによって実施されたが，その事業部内に存在する各部門における業績評価は，もちろん事業部制組織構築以前と同様に，予算や標準原価計算を用いて行われた（高梠［2019］）。

●参考文献──────

Beyer, R.［1963］*Profitability Accounting for Planning and Control*, The Ronald Press Company.

Johnson, H. Thomas and Robert S. Kaplan［1987］*Relevance Lost: The Rise and Fall of Management Accounting*. Boston, Harvard Business School Press.（鳥居宏史訳［1992］『レレバンス・ロスト─管理会計の盛衰』白桃書房）

Records of E. I. du Pont de Nemours & Co., Office of the President, Accession 1662, Box 78, Hagley Museum and Library.

Records of E. I. du Pont de Nemours & Co., Pamphlet File, Box E-4, Hagley Museum and Library.

青木茂男［1979］『現代管理会計論』国元書房。

上總康行［1989］『アメリカ管理会計史（上巻）』同文舘出版。

高梠真一［2004］『アメリカ管理会計生成史─投資利益率に基づく経営管理の展開』創成社。

高梠真一［2019］『アメリカ管理会計発展史─事業部制への適合』創成社。

辻厚生［1971］『管理会計発達史論』有斐閣。

田中隆雄［1982］『管理会計発達史─アメリカ巨大製造会社における管理会計の成立』森山書店。

（高梠真一）

36

ドイツにおける原価計算の歴史的展開

1 1871-1933

ドイツ統一（1871年）後の劇的な景気上昇は，異常な投機熱と，普仏戦争で得たアルザス－ロレーヌ地方の新領土や賠償金により可能となった。1871-73年の３年間に全ドイツで928の株式会社が新設され（これに先立つ70年間には418社），大企業・銀行も設立されたが，その後に起こったのは，1873-74年の恐慌と，1879年まで続いた不況であった。この不況期に，「慎重な」資産評価・負債認識の重視というドイツ会計に顕著な特質が形成された。

ドイツ企業がその資金調達を多く銀行に依存していたため，後の商法典（Handelsgesetzbuch；HGB）でも，債権者保護を目的とする，分配可能利益の慎重な計算が規定され，これは20世紀のほとんどを通じてドイツ財務会計を特徴づけた。

20世紀となり，商法典規定により算定される利益の有用性は，経営上の計画設定・意思決定・統制目的については限られていることが，学界で認識され始めた。

Schmalenbachは，企業の状況を反映し経営意思決定に資する利益数値は，商法典の枠外で計算されるべきだと主張し，費用（Aufwand）と原価（Kosten）とを区別した。損益計算上の費用のうち，経営目的に関連しないものは中性費用（neutraler Aufwand）として原価計算から除外される。これに対して，原価計算上の原価には，損益計算では認識されない付加原価（Zusatzkosten）も含まれる。たとえば，実際に支払われた他人資本利子は中性費用とされ，支出を伴わない自己資本利子が付加原価となる。また，損益計算上の減価償却費と，原価計算上の減価償却費とでは，その金額が異なることがある。ドイツの原価計算は，経営意思決定・業績

評価・資源配分・経営統制に資する役割を持つ，損益計算（財務会計）とは独立した制度とされたのである。

またSchmalenbachは，売価や原価要素価格の変動，景気や操業度の変化の影響を測定して分離し，経営の本来の能率を示す経営成果を測定しようとする短期損益計算を，勘定組織と有機的に結びつけて行い，さらに年次損益計算との調整を図るためのコンテンラーメン（Kontenrahmen；標準勘定組織）を提唱した。

2 1933-1945

原価計算とコンテンラーメンは，1933年に権力を掌握し，1945年に崩壊した国家社会主義ドイツ労働者党（Nationalsozialistische Deutshe Arbeiterpartei；ナチス）による強制のため，実務に普及することとなった。

1937年の「簿記指針原則」（Grundsätze für Buchhaltungsrichtlinien）には，コンテンラーメンと，その具体例として，製造経営のためのコンテンプラーンとが例示され，各業種団体は，これを基礎として業種別簿記基準，特に業種別コンテンプラーンを作成し，これをすべての企業に適用することを強制された。その構成は，主にSchmalenbachによって展開されたものに準拠しているが，その際，彼の名はどこにも言及されていない。彼はすでに1933年にナチスにより教壇を追われていた。

1939年の「原価計算総則」（allgemeine Grundsätze der Kostenrechnung）では，原価は「給付生産のための財貨および用役の費消の貨幣価値的評価」と定義され，さらに原価計算においては，支出（Ausgabe）ではなく経済的価値の消費が決定的に重要であると強調されており，ここにもSchmalenbachの原価の定義が役立てられている。この総則においては，計算上の

（kalkukatorisch）企業家賃金・危険費の計算が認められ，また「特別な原則によって算定された計算上の」減価償却費・利子は，実際に生じた減価償却費・利子とともに簿記上で明らかにされねばならないと定められており，付加原価についての検討が加えられている。しかし，ここでもSchmalenbachの名前を見ることはできない。

3 1945-1990年代

経済の奇跡（Wirtschaftswunder）とよばれる，1950年代から60年代の経済の急速な回復期に，ドイツ企業が事業部制組織を採用する過程で，新しい責任領域への権限委譲が進み，米国の例にならってROIやROAといった業績尺度が用いられるようになった。しかし，米国では，これらの比率が財務会計データに基づくものだったのに対して，事業部制を採用したドイツ企業は，付加原価を含む原価計算上のデータを用いていた。

短期的意思決定目的での全部原価計算の不適切性と，間接費配賦基準の恣意性が指摘され，米国での直接標準原価計算に相当する，限界計画原価計算（Grenzplankostenrechnung）が展開されることとなった。

Kilgerの弾力的計画原価計算（flexible Plankostenrechnung）も，従来の原価の定義を踏襲しており，結果として，全部原価計算に基づく弾力的計画原価計算は，20世紀後半のドイツ企業においても最も一般的な原価計算システムであり続けた。

4 1990年代以降

1990年代，ドイツ企業による海外市場進出の当初は，現地国での原価計算システムもまた，その財務会計とは別個に構築された。しかし，費用と原価の厳格な区別は，現地国の従業員にとって奇異なものであり，また財務会計規則と矛盾する奇妙なデータと映るものによって，そ

の業績が評価されることとなった。さらには，原価計算に基づく利益と財務会計システムに基づく利益とは，しばしば大きく異なっていた。その後徐々に，現地国の財務会計データによる経営管理・監視の有用性が，ドイツ企業にも認識され始めた。

またドイツ企業が，資金を海外資本市場に求めて，その連結財務諸表をUS-GAAPやIASにより作成するようになると，商法典データによる財務会計とドイツ的原価計算との併存の意義は薄れ始め，さらにIFRSデータは，商法典準拠データに比べ管理会計目的にも有用であると主張されるに至って，いくつかの先駆的なドイツ企業は，業績評価データを原価計算ではなく，IFRSによる財務会計に求めるようになった。

現在では，外部計算制度と内部計算制度の統合（Integration）が議論されている。意思決定（支援）目的での機会原価の必要性は認識され，その意味では多くの企業が日常の業務的意思決定のために付加原価を用いているとは言える。しかし，財務会計と独立した計算制度としてのドイツ的原価計算の意義は少なくなっている。

●参考文献─────

Brandau et al. [2017] "Separation - integration - and now…? A historical perspective on the relationship between German management accounting and financial accounting", *Accounting History*, Vol. 22, No. 1, pp. 67-91.

Dorn, G. [1961] *Die Entwicklung der industriellen Kostenrechnung in Deutschland,* Berlin.（平林喜博訳[1967]『ドイツ原価計算の発展』同文舘出版）

Kilger, W. [1981] *Flexible Plankostenrechnung und Deckungsbeitragsrechnung,* 8. Aufl., Wiesbaden.

Pfaff, D. [1994] "Zur Notwendigkeit einer eigenständigen Kostenrechnung -Anmerkungen zur Neuorientierung des internen Rechnungswesens im Hause Siemens", *Zeitschrift für betriebswirtschaftliche Forschung,* Vol. 46, No. 12, pp. 1065-1084.

（今村　聡）

日本における管理会計実務（1920年代から50年代）

1 戦前の管理会計実務—1920年代と 30年代を中心として

この時代の管理会計実務として，ここでは標準原価計算と予算を取り上げる。同時代に行われた長谷川安兵衛氏の調査によれば，1934年時点で，日本企業（全業種）の75％（製造業で74％）が予算を実施し，製造業の76％が標準原価計算を実施していた（長谷川［1936］）。当時としてはかなり高い採用率であったが，標準原価計算については予定や見積を標準原価としていたり，原価要素の一部にしか標準を設定していなかったりと，「未熟の域にある」企業も多かったという。また，予算を採用する製造業のうち，米国の予算統制（科学的予算）に近い予算を実施しているのは11％にとどまっていた。以下では，これまでにわかっている複数の事例を基に，標準原価計算と予算が日本企業にどのように導入されていったのかを説明する。

2 標準原価計算

標準原価計算による能率測定の基礎になるのが科学的管理法である。日本では，1910年代から20年代にかけて，科学的管理法が実務に普及していった。先駆的な導入事例には，鐘淵紡績や東洋紡績といった紡績業，呉海軍工廠のような政府系工場，芝浦製作所や三菱電機といった電機企業等がある（佐々木［1998］）。しかし，これらの事例においても，科学的管理法から標準原価計算への展開が知られているのは三菱電機のみである（藤野［2010］）。

三菱電機では，1925年に扇風機の生産工程に科学的管理法が導入された。扇風機は当時の電機製品としては珍しい量産品であったこと，需要拡大のために生産工程が新設されたこと，製

品の標準化を進めることが戦略的に重要とされていたこと，等がその背景にあった。三菱電機は1923年に米国の電機会社ウェスティングハウス（以下，W社）と資本提携しており，W社からの知識移転によって科学的管理法の導入が進められた。導入の中心的な役割を担ったのは，加藤威夫というエンジニアであった。加藤はW社で約6ヵ月にわたる生産管理の実習を受け，科学的管理法だけでなく標準原価計算の実務も経験した。扇風機工程への科学的管理法の導入は，加藤が持ち帰った資料を基に進められた。時間研究を通じて標準時間が設定され，職工によってバラバラであった賃率の体系が整備された。この標準時間と賃率を基に，扇風機の部品ごとの標準直接労務費が算定された。

この時，製造原価全体の標準原価が計算されたかどうかについては，史料がなく不明である。後述するように，三菱電機は1927年に予算統制を導入するが，そこには標準原価計算が組み込まれていなかった。その後，三菱電機は1932年に標準原価計算を組み込んだ予算統制を導入した。上述の加藤はこの導入にも携わり，1925年の経験が「標準原価を採用するにあたって大きな助けとなった」と述べている（加藤［1958］）。

3 予算統制

予算の最も古い導入事例としては，1882年からの4年間に作成された郵便汽船三菱の予算が知られている。この予算は，経営管理のために予算を作成した日本で最初の事例といえるが，政府予算を模したところがあり（山口［2000］），収益と費用は別々に見積られていた。また，期中での予算修正は困難であった（田中［1987］）。郵便汽船三菱が日本郵船となってからも予算は作成されたが，次第に政府の補助金獲得のためのものという性格を帯びていった（山口［2000］）。

その後，補助金の方式が変更されると，全社的な予算は作成されなくなり，1920年代には支店別の経費予算だけが作成されるようになった。

前述の長谷川氏の調査［1936］によれば，米国で発展していた科学的予算統制が日本の実務に影響を与えるのは1925年前後とされる。郵便汽船三菱と日本郵船の例からわかるように，早くから予算を作成していたとしても，米国のような予算統制へと進んでいくわけではなかった。

それでは予算統制はどのように導入されたのか。導入の経緯が詳しく知られているのが三菱電機である（藤野［2016］）。三菱電機では1927年に予算統制を導入したが，この予算統制は米国で刊行されていたマッキンゼーの*Budgetary Control*を基に設計された。当初予算の修正手続も規定されており，各工場は毎月の実績報告とともに，実行予算とよばれる向こう2ヵ月の支出見積りを提出することとされていた。

収益と費用を連動して理解するための工夫も組み込まれていた。具体的には，工場を単位として，生産から販売までの計算の跡づけ（収益と費用の対応）が可能になっていた。営業部門は各地に散らばっており，工場とは地理的に同一ではなかったため，販売の場所にかかわらず生産した工場に収益を計上するというルールを定めて，製造から営業まで一貫した損益を計算できるようにした。

三菱電機では，予算統制の導入から数年後の1932年，標準原価計算を組み込む形で予算統制を発展させた（「標準式統制法」とよばれた）。標準原価計算を組み込むことによって，変動予算の設定が可能になり，製造間接費差異分析についての報告様式が設定された。また，標準原価計算を組み込んだ予算統制では，製品グループを単位として責任者を設置し，設計から製造までの一貫した利益責任を負わせる仕組みが導入された。

このような予算統制によって，受注価格が低い場合であっても，そこから利益を差し引いて厳しい目標原価が設定された。三菱電機ではこれを「限度予算」とよんでいた。たとえば，厳

しい不況下にあった1930年に受注した電鉄関連製品については，設計・開発段階から部分的な設計図を作るごとに，技術，製造，原価，生産管理，調達の各部門責任者が横断的に集まって原価低減を検討したとされる。原価部門責任者，生産管理責任者，調達責任者が合同で部品メーカーと交渉し，購買価格の大幅な引き下げを実現し，利益目標を達成したという。

■4 戦中の管理会計実務（1940年代前半）

三菱電機の標準原価計算と予算は，工場の会計部門（「原価係」とよばれた）によってその導入が主導されていたことに注意しなければならない。工場は独立採算単位として営業部門も併せ持ち，本社から大きな権限を委譲されていた。こうした工場は事業所とよばれ，ミドルマネジメントを介さずに本社の直轄となった（鈴木［2010］；藤野［2016］）。一方で，本社の会計部門はもっぱら外部報告に従事し，管理会計実務には関与しないことが多かった。ただし，紡績業のように，業種によっては本社が集権的なコントロールを行使していたとされる（黒澤［1944］）。

この時代一般に，本社の会計部門が管理会計実務への関与を強めるのは，1930年代後半以降，政府の会計規制が管理会計実務に影響を与えるようになってからである。1937年に商工省の臨時産業合理局財務管理委員会から公表された「製造原価計算準則」は強制力をともなわなかったが，1942年の企画院による「製造工業原価計算要綱」は，統制経済のもとで価格算定の基礎として実施が義務づけられた。この準則や要綱では，いずれも標準原価計算が規定されなかったため，企業は実際原価計算にもとづく製品原価を報告しなければならなかった。なお，ほんの一時期ではあるが，1941年の「陸軍軍需工場標準原価計算要綱（草案）」では標準原価計算も認められていた。

これに対して，標準原価計算を導入していた三菱電機では，実際原価計算には反対であると

いう要望を訴えたという。しかし，軍の強制力には逆らえず，標準原価計算をやむなく中止したという記録が残っている（三菱電機［1951］）。これは一例にすぎないが，戦中の原価計算政策を主導した中西寅雄は，後年，本社の会計部門と生産現場との対立を生んだことが原価計算規制の問題点であったと述べている（太田他［1951］）。

なお，三菱電機では，伝票様式のなかにある標準の項目をそのまま残して，いつでも標準原価計算を復活させる態勢を整えていた。これは実際に，戦後再び標準原価計算を再導入する際に役立ったとされる（三菱電機［1951］）。

一方で，原価計算規制は「原価計算運動」とも呼ばれるブームを引き起こし，原価計算知識が広く企業実務に普及するきっかけとなった。政府は「製造工業原価計算要綱」にもとづいて，数百の業種別原価計算準則を策定していったが，この作業には会計研究者とともに，さまざまな業種から会計実務家が参加した。この産学の共同作業を通じて，当時の欧米のあらゆる原価計算文献が参照されたことで，原価計算知識の普及が急速に進んだという（黒澤［1980］）。

また，日本原価計算協会（現在の産業経理協会）による普及・啓蒙活動も大きな影響を与えた。「製造工業原価計算要綱」の発表から数ヵ月後に設立された日本原価計算協会は，数年のうちに全国に支部をもつ組織となり，各地で講習会やイベントを開催した。また，常設機関として会計担当者向けの専門教育にあたる原価計算係員養成所を設置した。養成所では，第一線の会計研究者や実務家が講師となり，「製造工業原価計算要綱」の内容だけでなく，工場経営や予算管理といった管理会計の実務教育が提供された（産業経理協会［2003］）。

5 戦後の管理会計実務（1950年代）

戦後は再び米国から標準原価計算，利益計画，VE（バリューエンジニアリング）等の管理会計技法が流入するようになる。個々の技法の説明は他のテーマに委ねることとして，本テーマでは，後年の管理会計実務にも影響を与えた政府や団体による2つの取組みを紹介する。

第1に，1951年と53年に通産省産業合理化審議会から公表されたコントローラー制度に関する2つの報告書（「企業における内部統制の大綱」と「内部統制の実施に関する手続要領」）である。この報告書が提唱したのは，従来の会計部門から財務機能を分離して，予算，会計，統計，監査という4つの機能を担うコントローラー部門を設置することであった。米国企業のコントローラー部門がモデルとされ，職能部門からの情報を集約してトップマネジメントに提供する集中管理を担うことが期待された。

報告書のこうした主張に対して，当時の会計研究者・実務家の議論では，たとえば予算差異が報告された時，コントローラーのように生産や営業の現場から離れたところ（本社）からでは，その差異の発生原因がわからないという問題点が指摘された（黒澤他［1953］）。報告書を作成した審議会委員もまた，報告書の意図は本社のコントローラーが現場のコストコントロールに取って代わろうとするものではないと説明した。報告書の公表から数年後に，予算統制に関する有力企業25社の調査が行われている（企業研究会［1955］）。この調査によれば，予算部門を新設する企業が複数あったが，その場合も既存の会計部門はそのまま残されており，コントローラーのような4機能を集中的に担う部門はほとんど設置されなかったという。

第2に，日本生産性本部が主催し，1955年に米国に派遣された「コストマネジメント視察団」（以下，海外視察団）と1959年に日本企業を調査した「コストコントロール国内視察団」（以下，国内視察団）についてみておく。ここでは特に，後の原価企画にも影響を与えたと考えられることから，2つの視察団のVEの導入に与えた影響について紹介する。

海外視察団は芝浦製作所の西野嘉一郎を団長として，1955年10月から11月にかけて，米国各地の企業，大学，協会等を訪問・調査している。

視察団の報告書や西野の著書によれば，VEは材料費管理の手法であり，購買部門の購買エンジニアが設計部門の担当者と協力して，設計担当者の原価意識を高めるとともに，原価低減の機会を求めて設計図面を検討していくものと紹介された（西野・矢野［1958］）。

国内視察団は再び西野を団長として，国内6社の工場を訪問調査した。調査の目的は，海外視察団が持ち帰った成果が国内企業にどれほど導入されたかを明らかにすることであった。結論としては，「会社によってはアメリカの企業以上に原価管理が徹底している事実」（西野［1959］）が明らかになったとしている。6社の事例の中で，VEに言及しているのは日産自動車であった。日産自動車では，原価管理の手続書の中で米国のVEを紹介していた。日産自動車の原価低減は，人事，経理，設計，購買，製造の各担当役員から構成される原価低減委員会を中心に行われていた。原価低減委員会では，目標原価の設定，その成果の審議，原価低減のための重要提案の審議等を行う。目標原価は商品価値の面よりあるべき原価目標として設定される。車種別に，「要原価低減額＝実際単価－（希望売価－目標利益－管理費）」という算式によって原価低減額が算定された。また，新車については，商品計画の段階において目標原価が設定されたという。

日産自動車の原価低減は，それが直接VEを適用したものであったかどうかは不明であるが，目標原価の設定方式は後の原価企画につながるものといえる。VEの導入は1960年代から本格化するが，1950年代にも，自動車会社には後の原価企画につながる素地が形成されていたといえる。

●参考文献

太田哲三・金子佐一郎・中西寅雄・黒澤清・野田信夫・西垣冨治・今井忍・井上達雄［1951］「会計制度のエヴォリュションとレヴォリュション」『産業経理』第11巻第10号，96-103頁。

加藤威夫［1958］「インダストリアル・エンジニアリングについて―私の経験と考え方―」『PR』第9巻第2号，14頁。

企業研究会編［1955］『経営予算統制の実例』ダイヤモンド社。

黒澤清［1944］「職制と原価計算職能」『原価計算』第4巻第11・12号，2-4頁。

黒澤清［1980］『中西寅雄 経営経済論文集』千倉書房。

黒澤清・野田信夫・古川栄一・松本雅男・中山隆祐・岩田厳［1953］「『内部統制の実施に関する手続要領』の問題点」『産業経理』第13巻第3号，72-85頁。

佐々木聡［1998］『科学的管理法の日本的展開』有斐閣。

産業経理協会編［2003］『日本原価計算協会の成立と歩み』産業経理協会。

鈴木良隆［2010］「企業組織―近代企業の成長」佐々木聡・中林真幸『講座・日本経営史 第3巻 組織と戦略の時代―1914〜1937』ミネルヴァ書房，19-52頁。

田中隆雄［1987］「郵便汽船三菱会社明治18年度予算書について」『東京経大学会誌』第150号，372-309頁。

西野嘉一郎編［1959］『原価管理』日本生産性本部。

西野嘉一郎・矢野宏［1958］『原価管理制度』日本経済新聞社。

長谷川安兵衛［1936］『我企業豫算制度の實證証的研究』同文舘。

藤野雅史［2010］「原価管理思考の萌芽(1)―三菱電機神戸製作所における標準原価計算の導入と適応」山本浩二編著『原価計算の導入と発展』森山書店，31-48頁。

藤野雅史［2016］「戦間期の企業組織と予算管理の導入・利用―1920年代の三菱電機の事例」廣本敏郎・挽文子編著『日本の管理会計研究』中央経済社，157-178頁。

三菱電機［1951］『建業回顧』三菱電機。

山口不二夫［2000］『日本郵政会計史［豫算・原価計算篇］』白桃書房。

（藤野雅史）

「原価計算基準」はいかにして制定されたか

1 まえがき

　「原価計算基準」（「基準」と略称）は，その制定から今日まで半世紀以上にわたって一度も修正されることなく，わが国原価計算制度の実践規範として機能し続けている。その理由は，「基準」の完成度がきわめて高いからである。ところで，このような高い完成度は一朝一夕に得られたものではない。「基準」の草案作りが開始されたのは昭和25年12月のことであるから，それから「基準」の制定までに12年もの歳月を要している。「基準」は，12年という長い期間にわたって苦労に苦労を重ね，練りに練られた末に生み出されたものである。

2 第4部会の設置

　「基準」の草案作り作業は企業会計審議会の第4部会で行われたが，当審議会の前身である経済安定本部の企業会計基準審議会においては，当初まだ第4部会は存在しなかった。その理由は，原価計算は企業の内部会計であり，これに対して企業会計原則や監査基準と同じレベルで基準を設定することは，不可能ではないかと考えられたからである。
　しかし，こうした考えもやがて後退していく。というのは，損益計算書の重要科目である製品製造原価が企業の内部会計である原価計算からもたらされるものであるため，原価計算が一定の基準に準拠して行われなければ，製品製造原価の真実性は保証され難く，さらには財務会計の真実性も保証され難いことになるからである。こうして原価計算に関する適正な基準の必要性が認識されることになり，「基準」制定のための部会として，中西寅雄を会長とする第4部会が設置されることになった。

3 「基準・要綱案」と審議会

　第4部会が設置されると，部会内に「基準」草案作りの研究会が組織され，活発な調査研究が開始されることになった。戦時下にあって，「陸軍要綱」や「企画院要綱」の制定に全力投球してきた中西は，この研究会には参加せず，その仕事を若い第4部会メンバーである山辺六郎，鍋島達，番場嘉一郎の3人に一任することにした。若い3人は，中西の付託に答えるべく大いに努力することになる。
　第4部会における研究会の作業進行中の昭和27（1952）年，企業会計基準審議会は，経済安定本部の改組に伴い8月1日付けをもって大蔵省に移管され，名称も企業会計審議会となった。そして，昭和28（1953）年3月31日，企業会計審議会が開催され，研究会の一応の成果である「原価計算基準及び手続要綱（案）」（「基準・要綱案」と略称）について審議が行われる運びとなった。
　「基準・要綱案」は，原価計算基準と題する第1部と原価計算手続と題する第2部からなり，それぞれについて章別と章ごとの項目が示されているが，しかし全体は一種の目次で，文章による肉付けはまだなされていない。
　ところで，この「基準・要綱案」について審議会が問題としたのは，第1章総説の7として特殊原価調査が示されていることであった。特殊原価調査は，当時米国において研究のはじまった原価計算の新領域だが，企業がこの新しい原価計算を採用するか否かは企業の自由裁量に任せるべきであって，「基準」がその採用を強制すべきではない。「基準」は学術論文でもなければ啓蒙書でもない。そこを間違えては困るということで，結局「基準・要綱案」は審議会の承認を得られず，第4部会に差し戻される

ことになった。

このあと，若手グループの研究会は解散し，それまで遠慮気味だった中西寅雄が率先陣頭に立ち，構想を全面的に練り直して新草稿を作成すべく全力を傾注することになる。

4 「原価計算基準（仮案）」

中西を中心に鍋島達と諸井勝之助が加わる新陣容のもとでの「基準」の草案作りは順調に進み，昭和32（1957）年4月には「原価計算基準（仮案）」（「仮案」と略称）がまとまり，これを関係各方面に内示し，意見・要望を聴取して今後の審議の参考とする運びとなった。

「仮案」は6つの章すなわち，第1章　原価計算の目的と原価計算基準，第2章　実際原価の計算，第3章　標準原価の計算，第4章　原価差額の算定と分析，第5章　原価差額の会計処理，第6章　原価報告からなり，各章の内容は詳細な文章によって示されている。このうち，第1章には，原価計算の目的として次の3種が掲げられる。要約すると，1　財務会計目的，2　原価管理目的，3　経営計画目的の3つである。1の財務会計目的が重要なのは当然として，2の原価管理目的がきわめて重視されるとともに，3の経営計画目的にもかなりの考慮が払われていることが注目される。

以下，原価管理に関する詳細な記述の代表として，第6章のなかの「内部報告としての原価報告」を見ることにしよう。全体は6項目からなるが，ここではその内の第1と第4を紹介する。

1．現場管理者層に対しては，金額よりもむしろ数量，時間等の物量計算をもって具体的，且つ詳細に報告し，上級管理者層に対しては総括的に金額数字をもって報告する。(以下略)
4．原価報告は，形式的完全性よりもむしろ直截簡明を旨とし，経営管理者が容易に理解し得，これに基いて必要な改善措置をとるに要する時間と労力を，できる限り少なくするよ

うにこれを作成する。

以上に紹介した記述を含む「仮案」第6章は，その啓蒙性の故に「基準」では全面削除されている。

次に，第3の経営計画目的に関する「仮案」の記述を紹介することにしよう。「仮案」は，第1章6の(3)において経営計画を基本計画と業務計画に分けたのち，業務計画の設定について以下のように述べている。

その設定には，まず内外の経済的諸条件に対応して，資本利益率を制約する収益，生産高，費用及び資本在高の相互の関連を考慮した利益計画が大綱的に定められ，次いで，この利益計画に基き，販売，生産，購買，貯蔵，資金等の各業務分野について一定期間の業務計画が経営組織と結びついて具体的に定められる。予算は，一定期間における具体的な業務計画を貨幣的に総合表示したものである。

実に示唆に富む文章だが，これも啓蒙性の故をもって「基準」では省かれている。

ところで，上記のような経営管理的記述の削除は，審議会によるものではなく，実は中西自身によるものであった。彼が削除を決断した理由は，「仮案」の内示を受けた企業が，「仮案」に示された経営管理方式を強制されては困ると訴えたからである。企業会計審議会の持つ公的権威によって，経営管理方式まで拘束されては困るというわけである。中西はこれを諒承し，経営管理に関する記述を削除することになった。

上記の理由は一般には余り知られていないので，このさい強調しておきたいと思う。

5 「原価計算基準」

「仮案」の内示から5年7ヵ月もの歳月を経た昭和37（1962）年11月8日，ようやく待望の「基準」が完成し，企業会計審議会から公表された。その目次は次の如くである。

第1章　原価計算の目的と原価計算の一般的
　　　　基準
第2章　実際原価の計算
　第1節　製造原価要素の分類基準
　第2節　原価の費目別計算
　第3節　原価の部門別計算
　第4節　原価の製品別計算
　第5節　販売費および一般管理費の計算
第3章　標準原価の計算
第4章　原価差異の算定および分析
第5章　原価差異の会計処理

　ここではまず，第1章の2として示される原価計算制度の定義を紹介することにしよう。

　「この基準において原価計算とは，制度としての原価計算をいう。原価計算制度は，財務諸表の作成，原価管理，予算統制等の異なる目的が，重点の相違はあるが相ともに達成されるべき一定の計算秩序である。」以上からわかるように，「基準」は原価管理と予算統制を原価計算制度の目的として認めるのであるが，しかしその認め方は「仮案」に較べて著しく控えめとなっている。なお「基準」は，以上に続けて次のように述べている。「かかるものとしての原価計算制度は，─中略─財務会計機構と有機的に結びつき常時継続的に行われる計算体系である。原価計算制度は，この意味で原価会計である。」

　「基準」についてはなお論ずべき点が少なくないが，ここでは紙幅の関係で，最後に第2章第2節の原価の費目別計算を取りあげて，本テーマを結ぶことにしたい。

　「基準」は第2章第2節の10において，「費目別原価計算においては，原価要素を原則として形態別分類を基礎とし，これを直接費と間接費とに大別し，さらに必要に応じ機能別分類を加味して，たとえば次のように分類する。」と規定し，続いてその分類によって生ずべき多くの費目名を列挙するのである。

　ところで，ここで問題となるのはこの費目別計算の目的である。費目別計算が財務会計目的に役立つのは当然だが，真の目的は管理会計目的であると言わねばならない。

　これ迄，実際原価の計算手続の第2は，「仮案」をも含めて要素別計算であった。しかるに，「基準」は実際原価の計算の第2として，要素別計算に管理色を加味した費目別計算を導入したのである。「基準」は，「仮案」にあった多くの管理会計的規定を削除する代償として，この費目別計算を新設したと考えられる。

（諸井勝之助）

命を懸けた会計学者たち

現在は，「企業会計原則」（昭和25年）および「原価計算基準」（昭和36年）を中心として，各種会計基準に基づき企業会計の実務が行われている。しかし，戦前は現在と全く異なり，商工省の財務管理委員会が作成した「財務諸表準則」（昭和9年）や「製造原価計算準則」（昭和12年）が存在していたものの，法的強制力が皆無であったことから，企業に原価計算はあまり普及していなかった。

陸軍は，軍需品の価格低減と能率増進を目的として，会計学者に原価計算をはじめとする各種会計基準等の作成を依頼している。この点について，会計学者である千葉準一は，現代の審議会のように，単に諮問を受けて答申を提出する作業ではなく，軍需品を調弁する際に使用した各種会計基準等の作成について，会計学者自らが行っていた点を特徴に挙げている。

戦時中，陸軍は中西寅雄，鍋島達，黒澤清，杉本秋男という当時一流の会計学者たちを嘱託として囲い込み，各種の会計基準等の作成にあたらせていた。この結果，中西寅雄が中心となり，別冊「陸軍軍需品工場事業場原価計算要綱」をはじめとして，「陸軍軍需品工場事業場財務諸表準則」，「適正利潤率算定要領」，「陸軍軍需品工場事業場財務監査要綱」（昭和15年4月）や「陸軍軍需品工場標準原価計算要綱」，「陸軍軍需品工場予算統制要綱」，「陸軍軍需工業経営比較要綱」および「陸軍軍需工業財務比較要綱」（昭和16年6月）といった各種の会計基準類が完成している。

この作業が始まる前，中西寅雄は，弟子である鍋島達を訪ね，「貴様の命を呉れい」と述べ，この求めを受けた鍋島達は，心血を注ぎ中西寅雄を補佐している。

この後さらに，陸軍から南方占領地でも本土と同様な原価計算制度を樹立するため，現地で原価計算に関する指導および業種別の原価計算準則作成を目的に，黒澤清，長谷川安兵衛，岩田厳および山辺六郎の4名の会計学者が派遣されている。

彼らは，昭南（シンガポール）に向かう途中，搭乗機が積乱雲に突入し，九死に一生を得る経験もしている。また，ジャワでは，長谷川安兵衛がアメーバ赤痢に罹患し，ジャワの陸軍病院に入院している。アメーバ赤痢が快癒した長谷川安兵衛は，単身帰国の途につくが，台湾で他の3名と合流する。その台湾で，たまたま本土行きの席が1つだけ空いており，里心ついていた長谷川が先に搭乗している。しかし，なんたる運命のいたずらか，長谷川の搭乗機は台湾の山中に墜落し，乗員乗客全員が帰らぬ人となった。

長谷川は，当時の会計学者の多くがドイツ学派である中，珍しくアメリカに留学し，アメリカ会計学を修めていた。帰国後，原価計算や予算制度，そしてアメリカで萌芽していた管理会計に関する著作を多数残した早稲田大学の俊英である。長谷川安兵衛がこの事故で亡くならず，戦後も健在であったならば，戦後にアメリカ経営学や会計学がわが国に流入した際，また違った展開があったかもしれない。つくづく残念な事故であったといわざるを得ない。当時の会計学者たちは，まさに命を懸けて会計基準作りに邁進していたのである。

（本間正人）

39

CSRと会計の歴史的展開

1 社会責任会計論の生成と諸アプローチ

いわゆる企業の社会的責任（CSR：corporate social responsibility）の定義については歴史的に変化する面もあり一概にはいえないが，一般に，企業が大規模化して社会的影響度を高め社会的性格を強くするに応じて，企業経営者は株主等の私的利益のみならず顧客，従業員，取引先，地域住民等多様なステークホルダー（利害関係者）の利益（環境保護等含む）にも配慮して経営することを求められることから，そうした企業・経営者の道義的な責任を意味するものとされる。

CSRが会計の領域でも注目され始めたのは概ね1970年前後からである。当時，欧米では企業活動に伴う大気汚染や少数民族・女性の社会的進出抑制等の問題での企業批判，日本でも企業活動による公害問題や一部企業の「買占め・売り惜しみ」による暴利追求問題等への批判をきっかけに企業の社会的責任を厳しく問う世論が高まった。これに関わる法的規制等も話題になるなか，それに対する企業の防衛策として社会的責任の追求を自ら確認し宣言する等，1970年代にはかつてなく企業の社会的責任に関わる議論や取組みが進められた。

そうしたなか，欧米や日本等で会計の領域でも企業の社会的責任達成度（社会的業績）評価を目的とした会計的識別・測定・記録・集計・報告が新たな課題として議論され，学界における社会責任会計論（または社会監査論）および一部企業における試行的実践（ブリヂストンタイヤ社等）が生まれた。ただし，当時はなお，基本的に社会的責任に関わる外部への情報開示すなわち財務会計（公表会計）領域での議論にとどまっていた。

これに関する当時の欧米でのアプローチとして，①インベントリー・アプローチ，②コスト・オア・アウトレイ・アプローチ，③プログラム・マネジメント・アプローチ，④ベネフィット・コスト・アプローチ等が挙げられる。ごく簡潔にいえば，①は企業の社会的責任活動内容に関する定性的情報を開示するもの，②は社会的責任活動に支出された金額を開示するもの，③は社会的責任活動に支出された金額とそのプログラムの目的達成度を開示するもの，④は社会的責任活動とその支出およびそれによって得られた社会的価値を開示するものである。いずれも長所と短所を有するが，④が最も先進的なものと評価され，当時の実例としてアプト社（Abt Associates, Inc.）の社会的・財務的貸借対照表，社会的・財務的損益計算書が注目された。

2 環境会計の発展と諸アプローチ

1980年代後半から1990年代には地球資源の枯渇が懸念され，社会経済の持続可能性への配慮や省エネ・省資源の課題とも相まって，局所的な公害問題というより地球全体に影響する環境問題として捉えられるようになった。この頃から日本では「企業の社会的責任」から「CSR」へとよび方が変わったが，そこには，社会から追及される虞のある「責任」より，社会貢献を経営戦略の一環として打ち出す意味で「CSR」表現を多用するようになった面も窺える。

1996年には国際標準化機構（International Organization for Standardization：ISO）による環境マネジメントシステムISO14000シリーズが発行され，各国企業がその導入（認証取得）を競い，社会的にアピールした。その過程で，CSRの最優先課題として環境保全活動が重視され「環境経営」とよばれるとともに，会計の領域でも「環境会計」（environmental accounting）として議論と実践が国際的に展開された。当時の環境会計のアプローチとしては，①既存の財

務諸表への環境関連項目の組み込み（制度的・財務的環境会計），②環境付加価値会計（非制度的・財務的環境会計），③物量的環境会計（エコロジー簿記，LCA），④環境情報ディスクロージャー等が挙げられた。①は環境関連の投資額・支出額・費用および土壌汚染の見積除去費用等の環境負債，汚染排出権等特殊な資産等，簿記上の取引として認識されうるものを財務諸表に注記等で組み込むもの，②は社会的費用（外部負担コスト）としての環境コストを利益から控除した「環境付加価値」を算出・開示するもの，③は企業における物質のインプット，変換プロセス，アウトプットの把握を通じて汚染物質の発生源，発生場所，発生総量，排出先を特定し，企業が環境に与える影響を評点化するもの，④は環境関連の物量情報，記述情報等を開示するものである。

3 環境管理会計の展開

1990年代以降の特徴は環境管理会計（environmental management accounting）として管理会計領域での展開が見られる点にある。

国際標準化機構によるISO14000シリーズの環境マネジメントシステムに対応して，基本的には企業の環境保全活動の効率的遂行に従来の管理会計技法を活用するもので，①環境関連での投資意思決定，②環境コストマネジメント，③環境コスト関連での製品原価計算・価格政策，④環境関連での業績評価等に活用されている。

他方，投入された原材料（マテリアル）を物量で把握し，それが企業内・製造プロセス内をどのように移動するかを追跡し，最終製品を構成するマテリアルではなく途中で無駄になるロス分に注目してそれを発生場所別に把握・価値評価するとともに，このマテリアルロスを削減することで環境負荷を低減し，かつ企業コストの削減を達成しようとするマテリアルフローコスト会計も普及しつつある。これは，従来の原価計算が最終製品を構成するマテリアル等の価値の計算に焦点を定めていたのとは逆のもので，他の環境管理会計手法とは一線を画するものと

の評価もある。

4 CSR関連報告の最近の動向

CSRやその報告等に関わる最近の動向として，①国連グローバルコンパクト（UNGC），②GRI（Global Reporting Initiative）ガイドライン，③トリプルボトムライン等が注目される。

①は1999年の世界経済フォーラム（ダボス会議）で当時のアナン国連事務総長が提唱したもので，企業を中心とするさまざまな団体が責任ある創造的リーダーシップを発揮することで社会のよき一員として行動し，持続可能な成長実現のための世界的枠組み作りに参加することが期待されている。「人権」「労働」「環境」「腐敗防止」の4分野・10原則を軸に，2015年7月時点で約160ヵ国の13,000超の団体（うち企業が約8,300）が署名している。②は国際的に活動する企業に広く利用されている「サスティナビリティ報告書（環境報告書やCSR報告書含む）」のフレームワークの開発を進めているGRIによるガイドライン（G4）で，企業等の組織が経済的，環境的，社会的にパフォーマンスを測定・報告するための原則や指標が示されている。③は1997年，イギリスのサスティナビリティ社のエルキントン（Elkington, J.）が，決算書の最終行（ボトムライン）に財務面での損益の最終結果を示すのと同様に社会面での人権配慮や社会貢献，環境面での資源節約や汚染対策等の評価も示すべきと提唱したもので，GRIのサスティナビリティ報告ガイドラインの骨格ともなったとされる。これらはその後，国際統合報告評議会（IIRC：International Integrated Reporting Council）がフレームワークを提起した統合報告として展開されつつある。

●参考文献
山形休司［1977］『社会責任会計論』同文舘出版。
矢澤秀雄・湯田雅夫編著［2004］『環境管理会計概論』税務経理協会。
足立浩［2012］『社会的責任の経営・会計論』創成社。

（足立　浩）

直接原価計算の誕生と展開・発展

1 直接原価計算の誕生

　直接原価計算が文献上初めて現れたのは，1936年のHarrisの論文「先月我々はいくら儲けたか」である。

　1929年の世界大恐慌のあおりを受け，1930年代のアメリカ経済は大不況であった。モノが売れないため，工場によっては，操業を停止し，在庫を優先的に処分するところもあった。このような場合，固定費を製品に予定配賦していると，多額の操業度差異が発生し，製品が売れたとしてもその操業度差異が利益を食いつぶしてしまうという現象が起こった。すなわち，売上高が増加しても利益が減少するという現象である。一方，売れる見込みのない製品を大量に生産し，在庫として積み上げた場合，有利な操業度差異が発生し，利益に戻されるため，製品が売れなくても会計的には利益が増加する。当時，短期的に業績をよく見せようとしてこのような操業政策を採る者も少なくなかった。

　このような現象を回避し，売上高が増加すれば利益も増加するような損益計算書を作ってくれ，という社長の要望に応える形で，当時デューイ＆アルミー化学会社のコントローラーであったHarrisが考案したのが，固定費を製品に配賦しないという直接原価計算方式の損益計算書であった。

　Harris [1936] の翌年，直接原価計算の経営管理機能について論じたのが，Kohl [1937] の「なぜたいていの損益計算書は間違っているのか」という論文である。Harris [1936] が利益測定の問題に絞って論じていたのに対し，Kohl [1937] は，貢献利益を用いた業績評価や与信審査，差額原価収益分析による遊休能力の利用度の改善等，直接原価計算がもつ経営管理への役立ちについて積極的に述べていた。

　CVP分析や貢献利益分析は，それまでも特殊原価調査として行われていた。Harris [1936]とKohl [1937] の大きな貢献は，これらの特殊原価調査として行われていたCVP分析・貢献利益分析に必要な情報を，経常的に作成する損益計算書からえられるようにした点である。

2 直接原価計算の展開・発展

(1) 第2次世界大戦後の展開

　1930年代半ばに発表された直接原価計算であったが，その後第2次世界大戦に突入したこともあり，その当時はあまり注目を浴びることはなかった。注目を浴びるようになったのは，第2次世界大戦後のことである。当時の企業は，大戦後の物資不足，戦争中に肥大した過剰生産能力の問題に悩まされていた。限られた資源の最適配分と，それによる能力利用というのが経営上の喫緊の課題であった。そこで注目を集めたのが，直接原価計算である。直接原価計算では貢献利益（限界利益）が計算される。当時の実務家達はこの貢献利益によって製品の最適組み合わせを決定しようとした。このような直接原価計算の機能に注目したのが，Harris [1946]，Kramer [1947]，Clark [1947] らである。直接原価計算によれば，利益計画に有用なCVP分析に必要な資料が経常的に作成する損益計算書から手間と時間をかけずに入手できるという点が注目された。これは，情報技術が進んでいなかった当時において直接原価計算を用いることの大きなメリットであった。

(2) 直接標準原価計算

　1950年代に入ると，直接原価計算は新たな展開を迎える。標準原価計算と結合した直接標準原価計算がNeikirk [1951] らによって提唱されるようになる。これにより，利益管理機能

（直接原価計算）と原価管理機能（標準原価計算）が１つの損益計算システムから果たされるようになった。これはまた企業の予算システムとも連動することになり，直接原価計算の普及に拍車をかけることになった。

(3) セグメント別の業績管理と事業部制組織への役立ち

1950年代から60年代にかけて，アメリカではM&Aが盛んに行われた。それも垂直的統合ではなく，水平的統合であった。水平的統合を果たした企業では，買収した事業の管理を専門的経営者に委ねていた。このため，組織の形態として事業部制が大いに普及した。

このような経済状況下で，事業部の業績管理を行うためのツールとして直接原価計算がさらに注目を集めるようになった。直接原価計算では，原価・費用を変動費と固定費とに分類するが，この時代にはさらに固定費を個別固定費と共通固定費とに分類し，さらに個別固定費を管理可能個別固定費と管理不能個別固定費とに分類するようになった。これにより，損益計算書上で事業部長の業績評価指標（管理可能利益）と事業部自体の業績評価指標（セグメント・マージン）の計算が可能になった。これらの概念の発達に，Shillingraw［1957］，Read［1957］，May［1957］，Solomons［1965］らが貢献した。

(4) 直接原価計算の完成

以上で見たように，直接原価計算は，直接標準原価計算としての発展と，セグメント（事業部）別の業績管理システムとしての発展があったのだが，これらの論考を統合したのが，それまで直接原価計算の啓蒙と普及に努めてきたWright［1962］やMarple［1967］である。彼らが示したシステムは，現代用いられているものとほぼ同じであり，直接原価計算は1960年代に１つの完成を見たといってよい。

●参考文献

Clark, C. L. [1947] "Fixed Charges in Inventories," *NACA Bulletin*, Vol. 28, No. 16, pp. 1006-1017.

Harris, J. N. [1936] "What Did We Earn Last Month?" *NACA Bulletin*, Vol. 17, No. 10, pp. 501-527.

Harris, J. N. [1946] "The Case Against Administrative Expenses in Inventories", *The Journal of Accountancy*, Vol. 82, No. 1, pp. 32-36.

Kohl, C. N. [1937] "What Is Wrong with Most Profit and Loss Statements?", *NACA Bulletin*, Vol. 18, No. 21, pp. 1207-1219.

Kramer, P. [1947] "Selling Overhead to Inventory," *NACA Bulletin*, Vol. 28, No. 10, pp. 587-603.

Marple, R. [1967] "Management Accounting Is Coming of Age," *Management Accounting*, Vol. 48, No. 11, pp. 3-16.

May, P. A. [1957] "The Need for Profit Evaluation for Sub-Division of a Company," *NAA Bulletin*, Vol. 39, No. 1, pp. 27-31.

Neikirk, W. [1951] "How Direct Costing Can Work for Management," *NACA Bulletin*, Vol. 32, No. 5, pp. 523-535.

Read, R. B. [1957] "Various Profit Figures and Their Significance," *NAA Bulletin*, Vol. 39, No. 1, pp. 32-37.

Shillinglaw, G. [1957] "Guides to Internal Profit Measurement," *Harvard Business Review*, Vol. 35, No. 2, pp. 82-94.

Solomons, D. [1965] *Divisional Performance : Measurement and Control*, N. Y., Financial Executives Research Foundation.

Wright, W. R. [1962] *Direct Standard Costs for Decision Making and Control*, N. Y., McGraw-Hill.

高橋賢［2008］『直接原価計算論発達史―米国における史的展開と現代的意義』中央経済社。

（高橋　賢）

標準原価計算の誕生と展開

1 標準原価計算の背景

　標準原価計算は，20世紀初頭にアメリカにおいて誕生した技法であり，1904年から1910年ごろに採用され始めたと考えられている。当時のアメリカでは，企業規模が拡大し，企業間競争が激しくなる中で，競争力を確保するために製造原価の引下げが要求されるようになった。そのような状況下において，経営者は，製造原価を引き下げるために労働者の賃金の引き下げを図ろうとする一方で，労働者は生活水準の向上のために賃金の引き上げを求めるという相反する要求が存在していた。そこで，この相反する要求の両立を実現するために，労働者の生産性を向上させ，最高の作業能率の実現を目指そうという動きが出てきた。

　技師達は，品質を下げることなく，製品を安価で生産できるようにするために，生産過程の能率向上を目指し，工場の科学的管理を推し進めようとした。工場の科学的管理を推進する技師のひとりであったテイラー（F. W. Taylor）は，時間研究によって作業1単位に必要な時間（標準作業時間）を設定し，その必要時間を基に工員が1日に可能な課業（仕事量）を決定し，その課業をこなした工員には高い賃率を支払い，こなせなかった工員には低い賃金を支払うという差別的出来高払い賃金を導入することによって，作業効率の向上を図った。

　このような工場における科学的管理の推進は，作業能率の向上に結びついただけでなく，一定の条件のもとで作業をこなすために必要となる作業時間の標準という考え方を認識するきっかけとなり，標準原価計算の誕生に影響を与えた。

2 標準原価計算の誕生

　作業能率の向上を目指す技師達は，工場における改善活動が期待されたような成果をあげていることを証明するための手段として会計情報を利用することが重要であると考えた。しかし，当時，主に利用されていた実際原価計算では，計算に時間がかかるだけでなく，原価管理をする上で有効な情報を入手できないという限界があると考えられていた。そこで，技師達は自分達が設定した標準を会計の実績記録と結合させる新たな原価計算，すなわち標準原価計算を生み出していこうとしたのである。

　このような標準原価計算の重要性を指摘した技師の1人がエマーソン（H. Emerson）であった。彼は，サンタフェ鉄道会社（Atchison, Topeka & Santa Fe Railway Co.）において，標準時間や原価を決定するという「作業に着手する前に原価を確定する方法」が，工場の能率向上にとって役立つと主張したのである。

　しかし，このエマーソンの標準原価計算に関する主張に対して，会計士達はほとんど関心をもつことはなかった。その状況を憂いた会計士のハリソン（G. C. Harrison）は，材料や労働市場が安定した環境においては，実際に実現した原価（実際原価）も有用な原価情報を提供できるかもしれないが，そうでない環境では，環境変化が実際原価の変化に与える影響をなるべく排除して能率を把握できるように，事前に達成すべき標準を提供するような原価計算こそが重要であると主張し，標準原価計算の基本的な方法を示した。その結果，事前に計算された標準原価と事後に計算された実際原価を対比させることによって標準がどの程度達成されているのかを把握できるような仕組みが構築された。

　その後，第1次世界大戦後の不況期に入ると，

標準原価計算に対する経営者や原価計算担当者の関心も高まったことを受けて，1920年代に標準原価差異分析の方法が確立され，1930年代に複式簿記に組み込む方法が整理されたことで，標準原価計算という計算技法がほぼ確立した。

3 標準原価計算の展開

それ以降も標準原価計算は主として原価管理を目的として利用されてきた。しかし，1980年代後半頃から，生産工程の機械化・自動化，多品種少量生産に伴う製品ライフサイクルの短縮化，JIT（Just-in-Time）生産方式等の新たな生産管理の導入等を背景として，標準設定にかかるコストが増加し，標準原価計算から得られるベネフィットが低下するといった指摘が行われるようになってきた。このような現象が実際に生じているのかは定かではないが，その利用程度に大きな変化が見られないことを鑑みると，以前のように広範にわたって詳細な標準を設定するというよりも，主要な製品や部品に対して標準を設定するといった利用の変化が生じている可能性があると考えられている。

4 日本企業における標準原価計算

それでは，日本企業では標準原価計算はどのように利用されてきたのであろうか。日本では，1929年の世界恐慌をきっかけとして，産業合理化のための原価計算に対する関心が高まり，アメリカ企業と業務提携を行っていた一部の大企業において原価管理のための標準原価計算が導入されるようになった。さらに，1937年に公表された「製造原価計算準則」では，産業合理化に向けて，原価要素の消費量および価格の管理統制を進めることで能率の向上を実現させる手段の1つとして標準原価計算を採用することが提唱されている。しかし，当時の多くの日本企業では，個別生産・少量生産を中心としており，見込生産・大量生産を前提とするような標準原価計算の利用はほとんど進まなかった。

日本企業において原価管理を目的とする標準原価計算の本格的導入が進んだのは，経営合理化に向けた経営者の関心が高まってきた1950-60年代以降であった。その後も製造業を中心に利用は広がり，現在にいたるまで原価管理手法の1つとして多くの企業で利用されている。

その中で，日本企業では，原価の発生している現場において，なぜ原価が発生しているのかを把握することが重要であると考えられ，生産現場（工場）を中心に原価管理が進められてきたことを背景として，原価が発生している現場ではコントロールできない外部的要因によって決定される価格を含めた貨幣単位を用いた原価管理ではなく，コントロール可能な物量を基に管理を行う原単位の管理を中心とした特徴的な標準原価計算の利用が行われてきたことは興味深い点であろう。

●参考文献

Zimmerman, J. L. [2006] *Accounting for Decision Making and Control*, 5th edition, New York, NY; McGraw-Hill/Irwin.

岡本清 [1969] 『米国標準原価計算発達史』白桃書房。

小林哲夫 [1993] 『現代原価計算論—戦略的コスト・マネジメントへのアプローチ』中央経済社。

建部宏明 [2003] 『日本原価計算理論形成史研究』同文舘出版。

辻厚生 [1988] 『管理会計発達史論（改訂増補版）』有斐閣。

津曲直躬 [1981] 「戦前・戦中の原価計算基準—財務管理委員会「準則」と企画院「要綱」」岡本清編著『原価計算基準の研究』国元書房，3-15頁。

中西寅雄・山邊六郎・中西隆祐・河合壽一・古畑恒雄・齋藤彌三郎・番場嘉一郎 [1953] 『管理のための原価計算』白桃書房。

中根敏晴 [1996] 『管理原価計算の史的研究』同文舘出版。

番場嘉一郎 [1963] 『原価計算論』中央経済社。

松本雅男 [1950] 「日本における標準原價計算—山邊六郎教授著『標準原價計算』の紹介を兼ねて〔1・2〕」『産業経理』第10巻第1・2号，30-31頁，38-41頁。

（福島一矩）

42

設備投資意思決定の誕生から展開，発展について

1 投資意思決定における各種の経済性評価技法

設備投資をはじめとする各種の投資意思決定について，現代における多数の管理会計のテキストでは，資本的支出に関連する長期個別予算に位置づけられる「資本予算」のトピックとして説明がなされている。そこでは，代表的ないくつかの経済性評価技法（回収期間法，投資利益率法〔会計的利益率法〕に加えて，内部利益率法および正味現在価値法等を含む割引キャッシュフロー法〔DCF法：Discounted Cash Flow Method〕）が取り上げられ，それらの特徴について説明がなされている。

2 経済性評価技法の歴史的展開—投資利益率法と回収期間法

1800年代後半のアメリカの鉄道会社では，鉄道建設に必要な投資額を回収するための収益が確実に得られるのか否かについて，事前の検討がなされていた。当時，巨額の資金が必要とされる鉄道路線の建設には，州政府からの認可が必要とされており，その認可の判断基準として，配当率とともに投資利益率が用いられていた。そのような背景もあり，当時の鉄道会社では，簡易な投資利益率法が投資意思決定の経済性評価技法として活用されていた（Chandler［1962, 1977］，高寺［1979］，高梠［1999］）。

その一方で，1950年頃まで，投資利益率法よりも多くの企業で利用されていたのは回収期間法であった。回収期間法は，投資額の回収に要する期間が短期であるほど優れているとする非常に簡明な方法である。その簡明さ故に，かねてから最も多くの企業で利用されていた（Miller［1960］）。

他方，投資利益率法は，1900年代の前半から，鉄道業のみならず，一部の大規模な製造業で利用されるようになる。その代表的事例として，デュポン火薬会社の実務が紹介されることが多い。デュポン火薬会社では，投資利益率法を事業部の業績評価指標として利用する実務を確立し，投資利益率の分解分析，いわゆるデュポンチャートも開発した。この業績評価指標としての投資利益率を，投資意思決定の際の評価基準にまで展開したわけである（Chandler［1962, 1977］，高寺［1979］，高梠［2004］）。

このような実務背景のもとで，資本予算実務の体系化に大きく寄与した著書にJoel Dean［1951］がある。Dean［1951］は，経済性評価技法について，主に，投資利益率法と回収期間法を比較して議論をしている。そこでは，回収期間法は回収期間後の収益性を考慮していないという問題点を有しているため，収益性を測る評価指標として投資利益率法の利点が強調されている。また同時に，時間価値を考慮した割引概念についても説明をしているが，キャッシュフローの割引計算としてのDCF法よりも，時間価値を考慮した投資利益率に焦点を当てて詳述している。これは当時，主要な経済性評価技法として普及しつつあった投資利益率に割引概念を導入しようとする試みであった。

3 経済性評価技法の歴史的展開—DCF法

一方，DCF法は，鉄道エンジニアであったArthur. M. Wellingtonによってそのアイデアが提案された。残念ながら，鉄道業でこの方法は定着しなかったが，その後Wellingtonが勤めることとなったアメリカの通信事業会社であるAT&Tでは，1920年代頃から，エンジニア達の支持を得たDCF法が利用されるようになっていた（Dulman［1989］，Parker［1968］）。

とはいえ，当時，DCF法はAT&Tのような特定の先進的な企業のみで採用されていたもので，多くの大企業は投資利益率法を利用していた。DCF法が普及し始めるのは，1960年代以降である。その背景には，DCF法に関連する教育の影響があるものと考えられる。たとえば，資本予算の体系化に多大な影響を与えたDeanは，Dean [1951] の出版後に，DCF法の意義を主張するようになる。Deanは，自らが率いるコンサルティング会社が関与した事例等でDCF法の導入を支援し，その意義を論文等で発表するようになった（Johnson & Kaplan [1987]，Dean [1954]）。

また，当時のアメリカにおける管理会計の主要なテキストであるRobert. N. Anthonyによる*Management Accounting: Text and Cases* [1956, 1960, 1964] においても，1956年，1960年に出版された初版と改訂版では，投資利益率法を中心に据えた上で，時間価値を考慮した投資利益率について詳しく解説がなされているが，DCF法については前面に押し出されていない。しかし，1964年に出版された第3版からは，DCF法を前面に押し出した解説へと変化している。このような主要な管理会計のテキストにおける変化は，会計上の教育や実務に対しても大きな影響を与えたものと考えられる。これ以降は，管理会計のテキストでも，DCF法が投資の経済性評価を行う際に，投資がもたらす経済的価値（企業価値の増加分）を評価する上で相対的に優れた技法として紹介されるようになり，ほぼ現代における内容と同様のものとなっている。

●参考文献

Anthony, R. N. [1956, 1960; revised ed, 1964; 3rd ed] *Management Accounting : Text and Cases,* Richard D. Irwin, Inc.（木内佳市・長浜穆良訳編 [1963]『管理会計〔アメリカ経営学大系第10巻〕（改訂版)』日本生産性本部）

Chandler, A. D. Jr. [1962] *Strategy and Structure: Chapters in the History of the Industrial Enterprise,* MIT Press.（三菱経済研究所訳 [1967]『経営戦略と組織―米国企業の事業部制成立史』実業之日本社，有賀裕子訳 [2004]『組織は戦略に従う』ダイヤモンド社）

Chandler, A. D. Jr. [1977] *The Visible Hand: the Managerial Revolution in American Business,* Belknap Press.（鳥羽欽一郎・小林袈裟治訳 [1979]『経営者の時代―アメリカ産業における近代企業の成立（上）（下)』東洋経済新報社）

Dulman, S. P. [1989] "The Development of Discounted Cash Flow Techniques in U. S. Industry," *Business History Review,* Vol. 63, No. 3, pp. 555-587.

Dean, J. [1951] *Capital Budgeting,* Columbia University Press.

Dean, J. [1954] "Measuring the Productivity of Capital," *Harvard Business Review,* Vol. 31, No. 2, pp. 120-130.

Johnson, H. T. and R. S. Kaplan [1987] *Relevance Lost: The Rise and Fall of Management Accounting,* Harvard Business School Press.（鳥居宏史訳 [1992]『レレバンス・ロスト―管理会計の盛衰』白桃書房）

Miller, J. H. [1960] "A glimpse at practice in calculating and using return on investment," *N. A. A. Bulletin,* 41（June), pp. 65-76.

Parker, R. H. [1968] "Discounted cash flow in historical perspective," *Journal of Accounting Research,* Vol. 6, No. 1, pp. 58-71.

高梠真一 [1999]『アメリカ鉄道管理会計生成史―業績評価と意思決定に関連して』同文舘。

高梠真一 [2004]『アメリカ管理会計生成史―投資利益率に基づく経営管理の展開』創成社。

高寺貞男 [1979]「デュポン火薬会社における重層的管理会計の体系化(1)(2)」高寺貞男・醍醐聰『大企業会計史の研究』同文舘，181-218頁。

（篠田朝也）

品質原価計算

1 品質原価計算と品質管理活動の変遷

品質原価計算は，品質管理に関連して発生するコストを測定・集計し，それを管理者に報告するための原価計算である。

品質原価計算の歴史は，品質管理活動の歴史と密接な関連がある。品質管理が生産工程に導入されるようになったのは，20世紀に入ってからである。品質管理活動は，統計的品質管理（SQC：statistical quality control）の時代，総合的品質管理（TQC：total quality control）の時代を経て，現在の総合的品質経営（TQM：total quality management）の時代に至る。

2 統計的品質管理（SQC）の時代

SQCは1920年代にアメリカで提唱された。SQCは生産工程に統計的手法を導入したもので，品質水準としての良品の許容水準を設定し，検査によって不良品を排除し，品質管理を行うというものである。SQCの技法として，抜取検査，パレート図等が開発された。SQCのもとでは，市場の需要や注文が多い場合には，良品の許容水準にぎりぎり満たないような不良品でも最終検査をパスさせたため，企業は製品の出荷後や販売後に故障が起こった場合に備えて，現地で修理できるような仕組みを整えていた。不良品の発生に伴う仕損等の原価は，良品に割り当てられ，製造原価に組み込まれた。これらの原価は，設計仕様どおりに製品が製造されなかったことによって発生するコストであり，現在でいうところの品質不適合コストに該当する。これらのコストの把握はなされていたものの，これらが品質コストとして認識されることは，この時代においてはまだであった。

3 総合的品質管理（TQC）の時代

1960年代に入ると，品質管理活動としてTQCが提唱されるようになった。TQCは1970年代の石油危機以降，日本企業に急速に普及していき，日本的経営スタイルを加味して独自の発展を遂げた。TQCは，品質管理を生産工程だけでなく，企業活動の全領域（企画，設計，購買，人事，生産，販売等）に適用し，しかも経営者から現場の作業員まで全員参加で取り組む品質管理活動である。

アメリカでは1950年代に品質コスト概念が生成し，1960年代になるとPAFアプローチによる品質コストの分類法が提唱され，1970年代以降，品質原価計算の主流として普及していく。図表1のように，PAFアプローチでは品質コストを予防コスト（prevention cost），評価コスト（appraisal cost），および失敗コスト（failure cost）に分類し，失敗コストは内部失敗コストと外部失敗コストに分けられる。

図表1 ■PAFアプローチによる品質コストの分類

品質コスト項目		具体例
予防コスト	不良品の発生を予防するために発生したコスト	品質保証教育費，製品設計改善費等
評価コスト	検査やテストにより不良品を発見するために要したコスト	受入材料検査費，他社製品品質調査費，工程完成品検査費等
失敗コスト	不良品が生じたことによって発生するコスト。不良品の発見が顧客に引き渡す前であれば内部失敗コスト，顧客に引き渡した後であれば外部失敗コストになる。 内部失敗コスト	不良品手直費，仕損費等
	外部失敗コスト	販売製品補修費，返品廃棄処分費等

予防コストと評価コストは，いずれも設計仕様に不適合な製品を発生させないためのコストであり，品質適合コストともいう。失敗コスト

は製品を設計仕様に適合させられなかったために発生するので，品質不適合コストともいう。

　この伝統的な品質原価計算のもとでは，品質と品質コストの関係について，トレードオフが存在すると認識される。これは，予防コストと評価コストを増加させることで失敗コストを減少させることができるが，予防コストと評価コストをかけなければ，失敗コストが増えてしまうというものである。このモデルでは総品質コストはU字型で表され，ある一定の品質水準までは総品質コストは減少するが，一定水準を超えてしまうと総品質コストは増加する。そして，総品質コストが最小となる点を最適品質水準と認識するのである（**図表2**）。

図表2 ■PAFアプローチにおける品質コスト

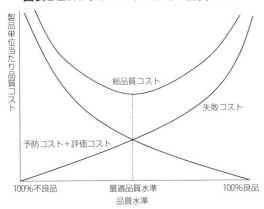

出所：梶原［2011］，188頁を一部修正。

4 総合的品質経営（TQM）の時代

　1990年代に入ると，TQCをベースにしたTQM概念が普及するようになった。TQMは品質管理を経営戦略に組み込もうとするもので，顧客の立場から品質管理を考える。TQMではTQC以上に顧客満足を追求するため，品質管理の対象となる品質は拡大していく。つまり，従来の設計仕様どおりに製品が製造されているかという適合品質に加え，顧客の要求をどれだけ満足させられているかという市場品質，製品の安全性を配慮しているかという安全品質，リサイクルの可能性や環境負荷を配慮しているか

という環境保全品質等が品質管理の対象となっていくのである。さらに不良品に対しても，ある程度の不良品の発生を許容するのではなく，長期的な視点から不良品ゼロ（ZD：zero defects）を目標とする。不良品がゼロになれば失敗コストはほとんどゼロになる。さらに知識や生産技術が発展すれば予防コストや評価コストも低減する。そのため総品質コストが最小となるのは不良品がゼロの場合となる。TQMのもとでは，高品質と原価低減は両立可能なものとして認識されるのである（**図表3**）。

図表3 ■TQMにおける品質コスト

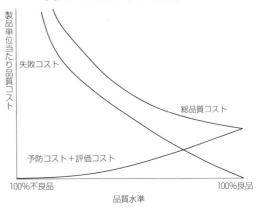

出所：梶原［2011］，195頁を一部修正。

●**参考文献**─────

Kaplan, R. S. and A. A. Atkinson [1989] *Advanced Management Accounting*, Prentice-Hall.（浅田孝幸・小倉昇監訳［1996］『キャプラン管理会計（上）（下）』中央経済社）

Shank, J. K. and V. Govindarajan, [1993] *Strategic Cost Management : The New Tool for Competitive Advantage*, The Free Press.（種本廣之訳［1995］『戦略的コストマネジメント』日本経済新聞社）

伊藤嘉博［1999］『品質コストマネジメント』中央経済社。

梶原武久［2011］「第7章　品質コスト」浅田孝幸・伊藤嘉博責任編集『体系現代会計学第11巻　戦略管理会計』中央経済社所収。

村田直樹・竹田範義・沼惠一［1995］『品質原価計算─その生成と展開（普及版）』多賀出版。

（飯野幸江）

原価企画
—原価企画の誕生から展開，発展について

1 原価企画誕生の背景

　伝統的なコスト・マネジメントのためのツールの１つとして，標準原価計算があるが，これは，日本の高度成長期を担った原価管理手法の代表格といってよいであろう。しかし1970年代頃から生産の下流ないし量産段階で実施される標準原価計算だけでは原価低減の効果が十分に発揮できなくなり，生産の上流ないし源流段階から原価管理を実施することが製造環境として必要となってきた。そこで注目を集めるようになったのが原価企画である。本テーマでは，原価企画の誕生から展開，発展について説明する。

2 原価企画の誕生

　原価企画は，わが国で独自に開発された管理会計のツールである。原価企画の定義自体は論者によって異なるが，本テーマでは，原価企画の定義を「製品・サービスの企画・設計段階を中心に，技術，生産，販売，購買，経理など企業の関連部署の総意を結集して原価低減と利益管理を図る，戦略的コスト・マネジメントの手法」（櫻井［2015］，307頁。筆者が「サービス」を追加）と定義する。原価企画は製品の企画・設計段階で同時並行する関連組織活動であり，経営戦略と結びついた管理会計技法であることを含意した定義である。原価企画がこんにち，新製品・新サービスの企画・設計段階における戦略的コスト・マネジメントの手法であることは広く知られている。とはいっても，現在のように戦略的コスト・マネジメントのツールとしていきなり活用されていたわけではなかった。

　原価企画の起源については諸説がある。まず，原価企画という用語は，トヨタ自動車における原価管理の３本柱（原価企画，原価維持，原価改善）として1963年に位置づけられたのが始まりとする学説がある（水野［1970］；田中（雅）［1995］）。1959年のパブリカの開発段階に市場志向の価格・原価計算の枠組みが形成されたことをもって原価企画の起源であるとする論者（田中（隆）［1994］）もいる。門田（［1993］，43-44頁）は，トヨタではVE導入前の1959年末にパブリカで原価企画に近いことが行われたが，本格的に原価企画が開始されたのはVE導入後の1962年としている。一方，丸田［2011］によれば，1950年代の実践例で，トヨタ自動車で用いられていた「原価企画」という名称が他社で用いられていた形跡は確認できないが，松下電器（現・パナソニック）等家電産業では，「設計原価管理」等の名称が使用され，「原価企画」と類似した活動が行われていたとしている。ただし，丸田［2011］は，1950年代は，原価企画という名称だけでなく，VE/VAが使われていた形跡も見当たらないという。他にも，小林［2017］は，1937年の豊田喜一郎メモ「原價計算ト今後ノ予想」（中日新聞社経済部［2015］，224-226頁）の中に市場志向の計算式の考え方がみられることから，このメモが原価企画の起点であるとしている。結局は，何をもって原価企画とよぶべきかで起源の見解が分かれることになる。

3 原価企画の展開，発展

　原価企画の起源には諸説あるものの，当時は技術者主導のもとで行われていた。その後，技術者だけでなく関連組織を巻き込んだ形で原価企画が行われるようになったのは，石油危機以降である。実態調査（櫻井［1992］，55-74頁，145-148頁）の結果でも，1970年代以降に急増している。1980年代初頭から本格化した工場の自動化は，生産段階における直接工を大幅に削減

させた。直接工の減少は直接労務費の差異分析の意義を低下させ，加工組立型産業における原価管理手段としての標準原価計算の重要性を低下させた。

その結果，日本の主要企業では，生産の上流，すなわち製品の企画・設計段階での原価低減に移行した。その理由は，加工組立型産業では，原価決定に際し，80％前後の原価は生産の上流で決まってしまうからである（**図表**参照）。ここに，製品の企画・設計という源流段階で原価と品質を作り込もうとする原価企画が企業の効果的な管理会計のツールとして位置づけられる背景が見出される。

1990年代に入ると，原価企画は企業のグローバル化とともに，戦略的コスト・マネジメントの手法と捉えられるようになった。単なる原価低減手法としての原価企画ではなく，戦略的な利益管理手段としての利益企画を内包した手法へと発展していったといえよう。

図表■コスト決定曲線と発生曲線

出所：櫻井［2015］，308頁に基づいて筆者加筆。

4 原価企画の発展に伴う課題

原価企画の発展にともない，少なくとも以下に示す3つの課題がある。第1に，設計技術者の疲弊の問題（人間性の充足）がある。目標原価の設定レベルをあまりに厳しく設定しすぎると，現場の技術担当者に過度なストレスを与えたり，下請けいじめにつながりかねない。これは「原価企画の逆機能」とよばれる問題である。

したがって目標原価は必達ではなく，挑戦目標として考えていくことも大切である（櫻井［2015］，297頁）。

第2に，原価企画を適用可能な業界が発展・拡大してきている。これまで原価企画が適する企業は製造業がその対象とされ，とりわけ自動車等を生産する加工組立型産業に効果的であるとされてきた。しかし，非製造業であるサービス産業に対しても原価企画を適用していこうという研究が萌芽してきた（荒井［2010］；岡田［2010］；庵谷［2009］；田坂［2010a，2012］）。さらに，一品生産を中心とした建設業界においても原価企画が適用されている事例（宮本［2004］；木下［2006］；田坂［2010b］）も確認され，従前であれば原価企画の適用が検討されていなかった業界へと広がりをみせ始めている（本書コラム9も参照）。とりわけサービス業へ原価企画を適用できることが確認できれば，サービス業のコスト・マネジメントが機能することを意味するし，サービス業の生産性向上にも貢献できる可能性が高まる。とはいえ，みえるモノが存在せず，生産と消費の同時性が生じるサービス業において製造業での原価企画がそのまま当てはめられるのかについては検討を要する。

第3に，海外進出企業と原価企画の現地化の問題である。自動車企業を例に取ると，日本の自動車関連メーカーが海外にマーケットを求めてグローバル化をはじめ，北米と南米，ヨーロッパ，タイやインドネシア等の新興国に進出を果たしてきた。しかし，日本とは文化・行動様式が異なる地域で，日本で生まれた原価企画を現地化させていくことは容易ではない。さらに，現在の自動車メーカーのグローバル戦略は岐路に立たされている。なぜなら日本の人口減少にともなう自動車市場の規模縮小が起こっている一方で，中国，インド，ASEAN諸国の経済成長にともなう自動車市場の規模増大へかに対応するかという課題を同時に解決しなければならないからである（田坂・小酒井［2017］）。

●参考文献

荒井耕［2010］「日本医療界における診療プロトコル開発活動を通じた医療サービス原価企画の登場—その特質と支援ツール・仕組みの現状」『原価計算研究』第34巻第1号，56-65頁。

庵谷治男［2009］「サービス業におけるコスト・マネジメントの限界と原価企画の適用可能性」『商学研究紀要68』，207-218頁。

岡田幸彦［2010］「サービス原価企画への役割期待—わが国サービス分野のための研究教育に求められる新たな知の体系の構築に向けて」『會計』第177巻第1号，63-78頁。

木下和久［2006］「建設業における原価企画の展開—希望社における原価削減事例調査を中心として」『経済論叢』（京都大学）第178巻第4号，101-116頁。

小林英幸［2017］「豊田自動車の原価企画—コストを作り込む」『日本的管理会計の評価と展望』予稿集13-21頁（メルコ学術団体振興財団10周年記念国際人シンポジウム）。

櫻井通晴［1992］「わが国管理会計システムの実態—CIM企業の実態調査分析」『専修経営学論集』第55号，109-175頁。

櫻井通晴［2015］『管理会計（第6版）』同文舘出版，291-327頁。

田坂公［2010a］「原価企画の新展開と課題—サービス業への適用可能性」『商学研究』（久留米大学）第16巻第2号，49-69頁。

田坂公［2010b］「原価企画の本質と適用可能性—（株）フジタのケースを中心として」『企業会計』第62巻第11号，120-127頁。

田坂公［2012］「サービス業における戦略的コスト・マネジメント—原価企画の本質からの考察」『商学研究（久留米大学）』第17巻第3・4合併号，61-87頁。

田坂公・小酒井正和［2017］「原価企画現地化の課題は何か—マレーシア進出企業への実態調査」『企業会計』第69巻第5号。

田中隆雄［1994］「原価企画の基本モデル—トヨタの原価企画を参考に」『會計』第145巻第6号，1-19頁。

田中雅康［1995］『原価企画の理論と実践』中央経済社。

中日新聞社経済部編［2015］『時流の先へ　トヨタの系譜』中日新聞社。

丸田起大［2011］「原価企画の形成と伝播—1950年代を中心に」『原価計算研究』第35巻第1号。

水野正治［1970］「製品開発の初期段階における原価企画」『トヨタマネジメント』1970年11月号，8-14頁。

門田安弘［1993］「原価企画・原価改善・原価維持の起源と発展」『企業会計』第45巻第12号，42-46頁。

宮本寛爾［2004］「建設業における戦略的原価管理」『企業情報学研究』（大阪学院大学）第4巻第1号，51-62頁。

（田坂　公）

造船業の原価企画

1 造船業で行われている原価企画について

原価企画（Target Costing）は，自動車産業のように多品種少量生産を前提として，製品を繰り返し生産する製造業に適すると考えられてきた。造船業の行う新造船事業（船づくり）は，単品受注（一品生産）の性質が強かったため原価企画へは取り組みにくいと考えられていたが，国内準大手・中手造船企業の中に，自動車を生産するように船舶を建造するという発想をもつ経営者があらわれた。これにより原価企画によるシリーズ船（同じ型の船舶）の開発に取り組む造船企業が登場してきた。具体的には常石造船（広島県福山市）と佐世保重工業（長崎県佐世保市）である。

日本の造船企業が原価企画に取り組んだ理由は，競争国である中国・韓国の新造船事業に対峙するためである。原価企画は，市場志向（顧客志向）を追求した上で製品の源流段階（川上）である企画・設計段階からコストダウンを実現するために原価の作り込みを行う特徴がある。原価の作り込みにあたっては，以下の2点が意識されている。まずは許容原価の考え方であり，予定販売価格（受注価格）－目標利益＝許容原価となる。次にVE（Value Engineering：価値工学）を実行（適用）して材料費，労務費（賃金），外注加工費等の低減を実現させるとともに，製品に必要な機能を維持するこ とが前提となる。

2 歴史的背景

常石造船は，2005年から原価企画への取組みを本格化させ，ばら積み貨物船を中心に原価企画船を開発している。常石造船の経営者は，原価企画の導入は成功であったと考えている。佐世保重工業は，2010年に機構改革の一環として同社営業企画室の中に原価企画室を設置したことで，原価企画への取組みを本格化させた。ここでは，佐世保重工業の原価企画への取組みを概観する。

佐世保重工業での原価企画の導入は，造船市況に対応するために同社経営者の意向を強く反映して，新造船受注におけるニッチ市場を発見してターゲット船（原価企画船＝シリーズ船）の決定を行うことからスタートしている。同社は，船主（海運会社等新造船の発注者）のニッチなニーズに応え，原価企画船において10隻～20隻の受注隻数に成功することでコストダウンを図り，設計費用とイニシャルコストを回収する戦略を立案した。具体的なターゲット船（原価企画船）として，特徴ある84,000トン中型貨物船（船幅が広く，高さが低い，浅い港にも入港・接岸可能な貨物船）への船種の特化，さらには当該ターゲット船の省エネ船化の企画・設計を行った。

（宮地晃輔）

45

Management Accounting

ABC（ABM，ABBを含む）

ABC（Activity-Based Costing；活動基準原価計算）は，資源，活動および原価計算対象の原価と業績を測定し，もって業務を改善するための経営のツールである。ABC では，活動に計算過程の焦点を当て，業務プロセスにおいて製品やサービス等の原価計算対象がこれらの活動をどれだけ必要とするかによって，原価が原価計算対象に跡付けられる。広義で，ABC の目的は，製品戦略，原価低減，および予算管理に役立つ。

1 ABC，ABM，ABB の歴史的発展

ABC を最初に提唱したのは，ハーバード大学准教授（当時）であったロビン・クーパーである。元来が英国で原価計算の教育を受けたクーパーは，米国流のマネジメント志向の原価計算のメカニズムに違和感をもち，活動を中心とする製品原価算定方法が，日本の半導体，産業用ロボットを活用した生産において日本に後れを取っている最大の原因であると考え，ABC を発表（Cooper [1988], p. 45）した。

日本経済の黄金期である1970年代後半から1980 年代にかけてのエズラ．F．ヴォーゲルの Japan as Number One: Lessons for America の影響もあり，ハーバード大学のロバート・S・キャプランがクーパーに加わって著した著書が『コスト戦略と業績管理の統合システム』（Kaplan and Cooper [1998]）である。

この著書においてキャプランとクーパーは，ABC の歴史的な意義，ABCと標準原価計算との関係，ABM（Activity-Based Management；活動基準管理），ABB（Activity-Based Budgeting；活動基準予算）等についても言及し，ABC を管理会計の中心的な概念として位置づけたのである。

2 ABC の意義と本質

ABC はその本来的な意味において，「製品，サービス，顧客といった原価計算対象に原価を正確に割り当てる方法」（Cokins [1996]）である。ABC が伝統的な原価計算と異なるのは，次の2点（Cooper, et. al. [1992]）にある。第 1 は，発生した原価を集計する場所であるコスト・プールが，部門ではなく活動である。第 2 は，活動から原価計算対象への原価の割当てには，原価作用因が用いられる。以上は，**図表**のように描くことができる。

図表■伝統的原価計算とABCによる原価の割当て

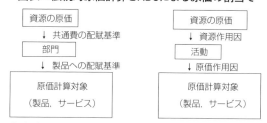

出所：櫻井 [1998]，46頁

伝統的な原価計算では，製造間接費（または共通費）は操業度関連の配賦基準を用いて，原価計算対象である製品に配賦していた。しかし，それでは恣意的な計算になりがちである。ABC によれば，原価を発生させる要因である原価作用因（コスト・ドライバー）を用いることで原価と製品との関係に合理的な因果関係を導くことができる。

3 ABC から，ABM，ABB への変遷

1990年代に至ると，米国の西海岸を中心に，ABC の原価管理への貢献が明らかにされてきた。その流れを決定的にした論文が，ラフィッシュとターニーの論文（Raffish and Turney

［1991］）であった。これを彼らはABM（Activity-Based Management；活動基準管理）とよんで，製品戦略を目的とするABCと区別した。

　現在ではABBとよばれているABC予算を最初に提唱したのは，ターニー（Turney［1991］）である。そのABBの典型的な事例の1つとして，クロラックス社のCFO，アウスファール氏を中心に同社に導入したABBの実態は，櫻井［1998］によって発表されている。

　以上，ABCは，製品戦略を主目的として誕生した。しかし，ABC普及活動の過程で，原価低減や予算管理への役割が明らかになってきた。その歴史的な発展過程から，製品戦略を主目的とした計算システムのことをABCとよび，原価低減を主目的とした計算システムのことをABM，予算管理のための計算システムをABBとよんでいる。

4 時間適用ABC

　広義のABCは理論的には伝統的な原価計算より優れている。しかし，ABCの難点は，実務への適用に時間とコストがかかることにある。それを解決すべく考案されたのがキャプランとアンダーソン（Kaplan and Anderson［2004］）が提唱した時間適用ABC（Time-Driven ABC）である。時間適用ABCによれば，従業員とのインタビューや調査の必要性がなくなるとともに，業務の遂行に時間がかかることから，業務の難易度を計算要素に含めることができる。ただ，その難点は計算結果の正確性が失われることにある。

　以上から，櫻井（［2015］，378頁）は，「時間適用ABCが特定の組織体（銀行，保険会社，官僚組織）にとって有効であることは認めるにしても，遍くすべての組織体にとって問題点を解決して実務に効果的に適用できるかについては，さらなる検討が必要」であると述べている。なお，時間適用ABCは，現在のところ，一部の銀行を除いては，日本企業ではほとんど採用されることはない。

●参考文献

Cokins, Gary［1996］*Activity-BasedCostManagement, Making it work*, Irwin, pp. 40-42.

Cooper, Robin［1988］The Rise of Activity-Based Costing-Part One: What is an Activity-Based Cost Systems? *Journal of Cost Management*, Vol. 2, No. 2.

Cooper, Robin, Robert S. Kaplan, Lawrence S. Maisel, Eileen Morrissey and Ronald M. Oehen［1992］*Implementing Activity-Based Cost Management*, CMA, pp. 9-22.

Ezra F. Vogel［1979］*Japan as Number One: Lessons for America.*（広中和歌子・木本彰子訳［1979］『ジャパン　アズ　ナンバーワン：アメリカへの教訓』TBSブリタニカ）

Kaplan, Robert S. and Robin Cooper［1998］*Cost & Effect — Using Integrated Cost Systems to Drive Profitability and Performances*, Harvard Business School Press.（櫻井通晴監訳［1998］『コスト戦略と業績管理の統合システム』ダイヤモンド社，6頁，173-230頁）

Kaplan, Robert S. and Steven R. Anderson［2007］*Time-Driven Activity-Based Costing, A Simpler and More Powerful Path to Higher Profits*, Harvard Business School Press.（前田貞芳監訳，久保田敬一・海老原崇訳［2008］『戦略的収益費用マネジメント―新時間主導型ABCの有効利用』マグロウヒル・エデュケーション）

Raffish, Norm, and Peter B. B.［1991］Turney, Glossary of Activity-Based Management, *Journal of Cost Management.*

Turney, Peter B. B.［1991］*Common Cants, the ABC Performance Breakthrough.*

櫻井通晴［1998］『新版　間接費の管理―ABC/ABMによる効果性重視の経営』中央経済社。

櫻井通晴［2015］『管理会計（第6版）』同文舘出版。

（櫻井通晴）

研究開発費管理

研究開発費（research & development cost；R&D コスト）とは，新製品・新技術の開発に関する原価である。研究開発費は，その性質から一般に，研究（基礎研究，応用研究）と開発に関するコストに区分される。基礎研究は，将来のシーズとなる科学的知識を増やすために行われる。応用研究は，テクノロジー，材料，工程，方法，装置または技術について，科学的発見または改善の潜在性を十分に引きだし，現在の技術水準を引き上げることを目的とした研究である。開発とは，潜在的なニーズのある新製品あるいは新サービスの設計，工程，方法，装置または技術について，科学的発見または改善の潜在性を十分に引きだし，現在の技術水準を引き上げることを目的とした研究である。

1 研究開発費の重要性の歴史的考察

1960年代から1970年代の初頭頃までの日本は，アメリカから基本技術や新しい独創的な技術を導入することができた。1980年代になると，日本企業は各種の領域でアメリカ企業を凌駕し始めた。その結果，アメリカは日本企業を競争相手とみなして，安易に研究開発の成果を日本に移転しなくなった。1991年のバブル崩壊で，日本企業は急速に国際競争力を失い，急激な円高，韓国・中国の著しい躍進を背景にして，日本企業の多くは海外に工場を移転していった。21世紀以降になると，日本は高い付加価値をもつ革新的な新製品をうみだす必要性がますます高まった。以上のように，現代の日本企業では，研究開発費管理の重要性がますます高まってきている。

2 研究開発費の会計基準

戦後，研究開発費は企業会計原則により繰延

資産への計上が認められていたことから，研究開発費を資産計上する企業が少なくなかった。他方，アメリカでは1974年の会計基準（FAS No. 2）によって，「研究開発費は，すべて発生時に費用処理しなければならない」とされた。日本と同様中小企業を多く抱えるヨーロッパでは，研究費には即時費用化（IAS 38，発効日は1999年1月1日）を求めながらも，開発費については厳密な6つの条件（IAS 38. 53）のもとでの無形資産への計上を認めている。現行のわが国の研究開発費に関する会計基準は，FASにならって，1998年に「研究開発費に係る会計基準の設定に関する意見書」（以下，「意見書」）によって，研究開発目的の研究費は即時費用化が原則となった。

3 研究開発費の管理

研究開発費の管理は予算管理が最適であるとする見解が定説である。具体的には，基礎研究費は一般に，売上高の一定比率（たとえば売上高の1%）を予算に計上する。他方，応用研究費と開発費は企業の技術的な優位度，顧客のニーズ等を勘案して割当型予算として計上される。

研究開発戦略に係る管理会計の実態は，西村（[2007]，117-145頁）によって明らかにされている。西村によれば，研究開発費予算はほとんどの研究・開発拠点で編成されており，研究プロジェクトの投資決定は技術的優位性・顧客ニーズとの適合度・新規事業分野への進出の可能性をもとになされていること，製品開発プロジェクトでは顧客ニーズとの適合度等の非財務尺度だけでなく，投資利益率法，回収期間法，DCF 法等が活用されているとしている。

研究開発管理に関する学界の強い関心は，M&A，インタンジブルズ，企業価値等の面で

見られる。M&A については，鈴木・小倉（[2007]，84頁）は，実証研究の結果から「M&Aによる研究開発活動から経営上のパフォーマンス及び財務指標の改善効果に対する影響はいずれも否定」的であるとする結論を導いた。インタンジブルズとの関係では，西村（[2004]，107-121頁）は，ダウ・ケミカルの事例を基に研究開発と知的資産との関係性を論究している。

緒方（[2005]，39-59頁）は，研究開発投資が無形資産の形成に及ぼす効果の存在を時系列的に分析している。企業価値との関係では，西村（[2003]，43-55頁）が，研究開発投資プロジェクトへのインプット，中間的成果である技術知識ストック，研究開発投資から得られる最終的成果である企業価値との間の関係性を理論的に分析している。

以上の研究結果は，理論として受け入れられているだけでなく，実務的にも研究開発費の管理に活用されている。

研究開発費の管理は，グローバルな国際競争の中で，戦略的中期経営計画が重視されるようになってきた。その中で特に注目されるべき新たな展開は，外部の研究開発資源を取り入れるため他企業との戦略的研究パートナーシップ（strategic research partnership）を展開する企業がパートナーから新しい技術や知識の学習と取得に進出していることである。特に，オープン・イノベーションと呼ばれる，企業内部と外部のアイディアを有機的に結合させて活用（Chesbrough [2006]）し，企業価値を創造している企業が増大していることが注目される。つまり，企業が自社の研究機関だけに頼らず，大学，公的な研究機関，他社等広く社外の技術やアイディアを集めて，新たな研究に取り組む企業が増大しているということである。

● 参考文献 ────────

Chesbrough, Henry W. [2006] Open Innovation: *The New Imperative for Creating and Profiting from Technology*, Harvard Business School Press.（大前恵一郎訳 [2004]『OPEN INNOVATION』産業能率大学出版部）

緒方勇 [2005]「日本の製造業企業の広告宣伝投資と研究開発投資が無形資産形成に与える効果の時系列分析」『管理会計学』第14巻第1号。

鈴木浩三・小倉昇 [2007]「M&Aと提携が財務業績に及ぼす影響─コスト低減の視点を交えた企業間関係の効果測定」『管理会計学』第15巻第2号。

西村優子 [2003]「研究開発投資と企業価値─コスト・ベネフィット分析の視点から」『管理会計学』第11巻第2号。

西村優子 [2004]「研究開発戦略に係る知的資産と管理会計情報」『経営論集』第62号。

西村優子 [2007]「研究開発会計に係る管理会計─郵送質問票調査に基づいて」『青山経営論集』第42巻第3号。

（櫻井通晴）

ライフサイクル・コスティングの誕生と展開

1 ライフサイクル・コスティングの誕生

ライフサイクル・コスティング（Life Cycle Costing）はアメリカの行政機関で誕生した。

この用語は1965年のロジスティクス協会報告書で最初に使われた。1970年代には国防総省が次のように定義した。「ライフサイクル・コスティングとは，ハードウエアおよび関連支援物に関する契約の裁定において，取得価格だけでなく，所有によって発生する運用コスト，保守コストおよび他のコスト等を考慮に入れて取得する，あるいは調達する方法である。ライフサイクル・コストは，研究・開発・試験コスト，調達コスト，運用コスト，支援コスト，廃棄コスト等を含んでいる。」これらのコストがプログラムの意思決定などにおいて利用される。

2 ライフサイクル・コスティングの国別の展開

イギリスでは，『企業活動』を対象とし，経済的ライフサイクル・コストの追求を組織の目標として設定するテロテクノロジーを起点としてライフサイクル・コスティングが展開した。ライフサイクル・コスティングは『モノ』を対象とし，基礎学科目として会計学が強調される。

そして1960年代に日本へライフサイクル・コスティングが導入された。『TPM（Total Productive Maintenance：全員参加の生産保全）』は，ユーザーの設備の一生涯を対象とする総合工学である。デザイン・ツー・コスト等が航空機産業等へ導入されている。デザイン・ツー・コストは，製品あるいはシステムの開発段階で，正確なコスト目標を設定し，性能，コスト，スケジュール間のトレード・オフによってシステム・コストをコントロールし，コスト目標を達成するマネジメントを意味している。デザイン・ツー・コストは，コストを基本設計パラメータとし，品目の物理的特性と性能特性をコストの見積値として表現する点に特徴がある。日本では，デザイン・ツー・コストは，「与えられた目標原価で要求品質・機能を満足させるように設計活動を行うこと」と理解されている。

ドイツの伝統的原価計算理論とライフサイクル・コスティングを一体化させるライフサイクル利益管理は，製品ライフサイクルに依拠するコストおよびレベニュー・マネジメント（Lebensezyklusorientiertes Kosten-und Erlösemanagement）を指向する。レベニューは，ドイツ語の「Erlöse」の訳である。このレベニューとコストの差額が利益，すなわち，収入の余剰を意味している。これらの概念は，製品ライフサイクル全体に関連する概念である。製品特定的な支出と製品特定的な収入に投下資本の計算利子等が加算されて計算される。いわゆるお金の時間価値を考慮に入れるマネジメントを指向するものである。

3 民間産業への展開

1970年代以降は，民間産業においてもライフサイクル・コスティングの考え方が展開した。市場製品では，購入後の使用コストも相当な割合になる。メーカーは，一般市場においてライフサイクル全体にわたって高いコスト・パフォーマンスを示す製品を提供しなければ競争に勝てない。環境保護のためにもライフサイクル・コストを把握する社会的意義が高まっている。供給者ライフサイクル・コスティングと顧客ライフサイクル・コスティングの存在が主張されている。日本では，豊富な原価企画研究の知見の中に，ライフサイクル・コスト研究の課題が指摘されている。

4 2010年代の新たな展開―Should Cost Managementへの展開

2009年のアメリカ兵器取得改革法（Weapon Systems Acquisition Reform Act of 2009）により，Better Buying Power政策が開始された。国防総省は，主要な取得プログラムを対象として，Should CostとWill Costを基礎とするShould Costマネジメントを遂行した。

Should Costの考えは，すでに1965年のArmed Services Procurement Manual に反映されていた。政府は，契約企業の非経済性と非効率性を排除した製造原価を「Should CostあるいはOught to Cost（あるべき原価）」と考えたのである。これに対してWill Costは，過去に発生した原価を基礎として見積られるので，契約企業の非経済性と非効率性を含む製造原価であると考えられた。これらの概念は1967年の軍用機ジェット・エンジンの価格決定に適用されたので，生成期のShould Costの目的は，調達品の価格決定である。

現在のFederal Acquisition Regulation 15. 407-4にShould-Cost Review の条項がある。Should-Cost Reviewは，契約業者の従業員，材料，設備，オペレーティング・システムおよびマネジメント等の経済性と効率性を評価するコスト分析の特殊な形式である。プログラムの主要なシステムの製造原価，特に間接費を対象とするShould-Cost Reviewと契約企業との価格交渉において，相手側の間接費を評価するさいに使用されるShould-Cost Reviewがある。

そして2010年代のBetter Buying Power政策の基本的な内容が，「国防品の主要な能力を達成すると同時にライフサイクル・コストをコントロールすること」である。Should Costは，取得プログラム・ライフサイクルのすべての段階でコストをマネジメントするために導入される方法である。実際に遂行されるあるいは遂行されると期待されるコストをコントロールすることに焦点をおいている。特に，製品支援マネ

ジャーは，Should Costを利用してライフサイクル・コストを構成する運用コストおよび支援コストをマネジメントするために，現在および過去のプログラムの能率，得られた教訓，ベスト・プラクティス等を統合する。Should Costの見積りは，効果性あるいは適切性等の価値を落とすことなしに，コスト・ドライバーの継続的な分析を通じて行われる。Will Costの見積りは，過去に発生した実際のコストを基礎として，提示されるプログラム・コストの分析により行われる。プログラムのWill Costの見積りは，技術，スケジュールおよびプログラム上のリスク等の平均的な水準を仮定して，正常なコンディションの下で行われる。Will Costの見積額は，ベースライン・プログラム予算に利用されるので，Will Costの基本的な機能は，予算編成のための情報を提供することにある。

さらに国防総省は，ライフサイクル・マネジメントを提唱している。ライフサイクル・マネジメントとは，指定されるプログラム・マネジャーによる，国防総省システムのライフサイクルを横断するシステムの取得，開発，製造，運用，支援および廃棄等に関連するすべての活動の遂行，マネジメントおよび監視等である。プログラム・マネジャーは，Should Costを導入し，プログラム全体をマネジメントしなければならない。

Should Costの系譜は，価格決定目的のShould Costに始まり，取得プログラム・マネジメント目的のShould Costまでのおよそ60年に及んでいる。Should Costに関する多くの資料が存在するが，歴史的に体系的な研究は，まだ存在していない。日本においても研究対象として体系的に取り上げられていない。ライフサイクル・コスティングとShould CostおよびShould Cost Managementに関する研究が，今後の課題である。

●参考文献
岡野憲治［2003］『ライフサイクル・コスティング―その特質と展開』同文館出版。

山本浩二編著［2010］『原価計算の導入と発展』森山書店。

Ellsworth H. Morse, Jr. ［1970］ Recent Developments and Future Trends in Government Contract Accounting, *The Federal Accountant,* pp. 13-28.

U. S. Army SAFEGUARD System Office ［1972］ *Should Cost/Will Cost/Must Cost-a theory on the Cause of Cost growth.* National Technical Information Service.

Major David N. Burt ［September-October 1972. ］ "SHOULD COST" A Multimillion-Dollar Savings. *Air University Reviewr.* pp. 38-44.

U. S. Army Materiel Command ［1972］ *AMC Pamphlet AMCP 715-7 Procurement Should-Cost Analysis Guide.*

R. W. Haight ［1974］ *The Applicability of "SHOULD COST" To The Procurement Process.* National Technical Information Service.

The Under Secretary of Defense Acquisition, Technology and Logistics ［2008］ *Memorandum Subject: Implementing a Life Cycle Management Framework.*

Ashton B. Carter and John Mueller ［September-October. 2011］ Should Cost Management: Why? How? *Defense AT&L Magazine.* pp. 14-18.

U. S. Department of Defense The Under Secretary of Defense ［2011］ *Memorandum for Acquisition and Logistics Professionals. Subject: Implementation of Will-Cost and Should-Cost Management.*

U. S. Federal Acquisition Regulation ［2010］ Part15-Contracting By Negotiation Subpart 15. 4- Contract Pricing 15. 407-4 Should Cost Review. *CCH Federal Acquisition Regulation as of January.* Wolters Kluwer. pp. 380-382.

Cory Yonder ［2012］ *An Analysis of the Potential Impacts of Ashton Carter's "Should-Cost" Memorandum on Defense Contracting.* Naval Postgraduate School.

U. S. Department of Defense ［2013］ *Defense Acquisition Guidebook.*

U. S. Department of Defense The Under Secretary of Defense ［2015］ *Memorandum for Military Department Subject Implementation Directive for Better Buying Power 3.0-Achieving Dominant Capabilities through Technical and Innovation.*

U. S. Department of Defense Office of the Secretary of Defense Cost Assistant and Program Evaluation ［2014］ *Operating and Support Cost-Estimating Guide.*

U. S. Department of Defense. David J. ［2016］ Berteau Assistant Secretary of Defense for Logistics & Materiel Readiness. *Operating and Support Cost management Guidebook.*

（岡野憲治）

ドイツのプロセス原価計算（Prozeßkostenrechnung）

　ドイツのプロセス原価計算とは，1980年代に登場したアメリカのABC（活動基準原価計算）と同時期に，ホルヴァート（Horváth, P.）とマイヤー（Mayer, R.）によって提唱されたドイツの原価計算方法である。アメリカのABCと同様にドイツのプロセス原価計算の場合も，間接費の革新的な管理手法として提唱されている。

　ホルヴァートとマイヤーは，アメリカのABCから多大な影響を受けていたが，プロセス原価計算はABCとは異なる原価計算方法であるといえる。ドイツのプロセス原価計算は，ABCよりも，むしろシーメンス社が1975年に作業部会を立ち上げ取り組み始めたプロセス志向原価計算に近似している。プロセス原価計算の特徴は，シーメンス社のプロセス志向原価計算の特徴と同じく，部門横断的な一連の作業過程をプロセスとして認識した上で，部門横断的に原価が把握される点にある。ただし，この特徴は従来の原価計算方法とは異なる特徴になる。

　なお，ABCとプロセス原価計算との相違点としては，①原価計算の適用領域，②原価部門別計算の重要性，③原価計算の利用目的の3点を指摘することができる。

　まず，アメリカのABCでは，製造領域で発生する製造間接費の処理に重点が置かれていたが，ドイツ企業の製造領域には，ABCのような原価計算方法を新たに導入する必要性はなかった。というのも，ドイツの製造業には，限界計画原価計算をはじめとする非常に精緻化された原価計算方法が普及していたからである。そのため，プロセス原価計算の提唱者は，既存の原価計算方法を補完する意味で，プロセス原価計算の適用領域をあくまでも間接領域に特化させた。

　また，アメリカと比較した場合，ドイツでは，非常に数多くの原価部門がきめ細かく設定されている。しかも，ドイツでは，原価部門が製品原価計算ばかりでなく，原価計画および原価統制の中心に位置づけられ，原価部門別計算を重視する伝統が形成されている。プロセス原価計算も，この伝統を継承する形で，部門別計算を基礎としている。そして，その結果として，プロセス原価計算の計算構造は，原価部門と部門横断的なプロセスの双方をコストプールとする重層的な計算構造を成立させている。ABCとプロセス原価計算とでは，原価部門別計算の重要性が異なる。

　さらに，出現当初のABCの利用目的としては，製品原価計算目的が特に強調されていた。しかしながら，製品原価計算目的に終始していたABCとは異なり，ドイツのプロセス原価計算は，提唱された当初から，①製品原価計算，②プロセスの継続的改善，③間接費の予算編成の3つをその利用目的としていた。ABCと比較した場合，プロセス原価計算の方が原価管理的な色彩が強かったといえるだろう。

（森本和義）

48

業績管理会計の生成と発展

　管理会計の実務および理論は，19世紀から20世紀中頃にかけてアメリカにおいて生成・確立された。そこでは，比較的単純な複式簿記に全部原価計算が加わり，合併・買収による企業の巨大化の中で標準原価計算や企業予算，さらには多角化が進む中で，事業部制会計や長期利益計画，資本予算といった技法が付け加えられる形で管理会計が発展してきたとされる（上總［1989］）。

1 業績管理会計の歴史

　経営管理に会計が用いられるようになった当初は，遠隔地の工場管理が主な目的であった。そこではごく簡単な総合原価計算に基づく管理が行われていた。

　1920年代から50年代にかけて，テイラーの科学的管理法の普及に伴い，「作業分析→標準作業量の決定→標準原価の算定」というプロセスの下での標準原価計算が登場した。さらに将来の企業活動を計画し，当該計画に基づき企業活動を統制するための手段として，予算システムが登場する。それまでの会計システムでは主として「過去計算」が行われていたのに対し，そこでは目標利益を獲得するための「未来計算」が行われるようになった点が特徴的である。

　1950年代以降においては，技術革新によるオートメーション化と多角化戦略の下で，アメリカの巨大企業の多くは事業部制組織を採用した。そこでは，各事業部の業績を適切に把握する業績評価システムが不可欠であった。「デュポン式」ともよばれる投下資本利益率（Return on Investment：ROI）とその分解式を用いた体系的な予算管理システムが展開されたのもその頃である。同時に，長期経営計画やそれに対応する長期利益計画が普及する中で，個別投資計画の収益性のより正確な算定を目指して，資本

コスト概念を用いた内部利益率法や現在価値法等の新たな投資経済計算技法等も登場した（上總［1989］）。

2 事業部制会計の発展

　アメリカにおける事業部制組織の特徴は，製品別・市場別等に分化した事業部の責任者（事業部長）に，当該事業の権限を包括的に委譲する，いわゆる自己完結型の構造にある。また，投資中心点として位置づけられているため，ROIを用いた業績評価が中心であった。

　日本においても，経済成長期を中心に，事業部制組織や事業部制会計が多くの企業に導入された。しかし日本においては，各事業部が利益中心点として扱われることが多く，また本社への依存度が高い。また，業績評価の対象としても，事業部なのか事業部長なのか，という点については厳密な区分はなされておらず，多くの企業が本社費・共通費を事業部に配賦し，いわゆる事業部純利益によって事業部の業績評価がなされていた。同時に，職能別事業部制や社内資本金制度等，独自の発展もみられた（森［1995］，伏見［1997］，佐藤［1997］，周［2000］）。

3 EVAの登場

　1960年代頃までに管理会計実務の成立・発展がみられるようになった一方で，1970年代以降，アメリカ企業の活動は停滞した。その頃，経営工学，オペレーションズ・リサーチ（Operations Research：OR），経済学等を応用した意思決定モデルアプローチに関する研究が盛んになったが，管理会計の実務において広く利用されたとは，必ずしも言えないような状況であった（加登［1989］）。

　そのような中で，新たな技法がアメリカを中

心とした管理会計実務に登場する。ABC（Activity-based costing：活動基準原価計算）と並んで，その後の管理会計実務に大きな影響を与えた管理会計技法として，EVA（Economic Value Added：経済的付加価値）が挙げられる。Stewart［1991］は，企業価値創造経営という観点から，発生主義にもとづく既存の利益計算について，在庫評価方法選択の恣意性，研究開発費の費用計上，株主資本コストの非計上等を問題点と指摘した上で，株主価値測定の観点から，以下の算式で求められるEVAにもとづく評価の有用性を主張した。

EVA＝税引後営業利益（Net Operating Profit After Tax：NOPAT）−資本コスト

EVAの最大の特徴は，借入等による負債資本コスト（支払利息等）のみならず，株主資本コストも費用として認識する点にある。「資本コスト」は負債資本コストと株主資本コストの加重平均（weighted average cost of capital：WACC）によって求められる。2000年前後には，多くの日本企業もEVAやそれを独自に改良した指標を導入した。しかしながら，資本コストを意識するあまり，新たな事業への投資が抑制される等，近視眼的な経営をもたらすといった問題点が指摘されており，今日まで引き続きEVAを利用している企業は必ずしも多いとは言えない（川野［2014］）。

●参考文献───────────

Stewart, G. B. Ⅲ［1991］The Quest for Value: A Guide for Senior Manager, New York, Harper Collins Publishers, Inc.（日興リサーチセンター／河田剛・長掛良介・須藤有里訳［2000］『EVA創造の経営』東洋経済新報社）

上總康行［1989］『アメリカ管理会計史』上下巻，同文舘。

加登豊［1989］『管理会計研究の系譜─計量的意思決定モデルから意思決定支援システムへ』税務経理協会。

川野克典［2014］「日本企業の管理会計─原価計算の現状と課題」『商学研究』（日本大学商学部）第30号，55-86頁。

周磊［2000］「日本型事業部制の変容と管理会計システム」『大阪府立大学經濟研究』第45巻第3号，77-97頁。

佐藤康男［1997］「日本企業の事業部管理─予算管理の視点から」『関西大学商学論集』第42巻第4号，259-276頁。

伏見多美雄［1997］「事業部制マネジメント・コントロールにおける"日本型"の探求─マネジメント・コントロールの理論家説を整理するためのノート」『管理会計学』第5巻第1号，3-13頁。

森久［1995］「事業部業績の評価のための会計─実態調査の分析」『経営論集』第42巻第2-4号，39-58頁。

（潮　清孝）

アメーバ経営の生成と発展

アメーバ経営とは，「機能ごとに小集団部門別採算制度を活用して，全ての組織構成員が経営に参画するプロセス」（アメーバ経営学術研究会［2010］）と定義されている。具体的な利益指標としては，京セラをはじめ，多くのアメーバ経営では，時間当り採算が用いられる。

1 アメーバ経営の誕生

1959年4月，「稲盛和夫の技術を世に問う」ことを目指し，京都セラミツク（現京セラ）が設立された。高い技術力が評価され同社は順調に成長する一方，新たに雇用した若手従業員の反発を契機として，「大家族主義」を経営理念として掲げるようになった（稲盛［2006］）。

1963年5月に，滋賀工場が設立されたことをきっかけとし，本社工場（京都）と滋賀工場での生産性比較がなされるようになった。月1回の製販会議の中でさまざまな指標が検討され，比較可能性の観点から，単純な生産高ではなく，原材料等の諸経費を差し引き，労働時間で割った「時間当たり差引売上高」の計算が両工場で行われるようになった。これが1965年4月のことであり，その後も当該指標をベースとした生産比較，さらには経営管理が行われるようになったことから，この時点をもって，アメーバ経営の誕生ということができよう（潮［2013］）。

2 アメーバ経営の発展

その後も順調な成長を続ける中で，「中堅企業への脱皮」のための重要施策の1つとして，「筋肉の引き締まった健康体」を目指すための「各部門独立採算制の確立」が掲げられるようになる。

1967年には「時間当り附加価値1,000円以上」が全社の共通目標として掲げられ，優れた時間当り採算を記録した部門に対する表彰も行われるようになった。その後も，日本全体の経済成長の波に乗り，さらなる成長を掲げる中で，従業員の権利や賃金上昇が，同社における重要なテーマとなる。具体的には，当時社長であった稲盛氏自身が，「欧米並みの高賃金への移行」を提言すると同時に，その源泉として，「時間当りを最低2,000円にする」ことが目標として掲げられる。当初は工場における生産効率の指標だったことから，分子の利益には，労務費が含まれていない，いわゆる付加価値計算であった。そのことが，賃金向上との結びつけを可能にし，従業員全員を家族と捉える大家族主義の理念とも一致する，「事後合理性」（挽［2007］）がもたらされた。

このようなプロセスを経て発展・確立された「アメーバ経営」は，その後社外からも注目されるようになり，1995年には，京セラの経営情報システム事業部が分社・独立し，社外へのアメーバ経営の導入を積極的に行うようになった（潮［2013］，京セラ社内報）。

3 アメーバ経営の現在

2017年9月現在，アメーバ経営導入企業は739社に及んでいる。また，製造業のみならず，小売・卸や医療・介護分野等のサービス事業への導入も進んでいる（KCCS［2017］）。

先の定義にもあるように，アメーバ経営の要点は主に2つある。第1には組織内の機能（すなわち部門）ごとに利益責任を負っている点にある。これは各アメーバのコスト意識を高めると同時に，直接顧客と接しない製造部門等においても，市場価格を常に意識させることを目的としている。多くの企業においては，営業部門は収益中心点として，また製造部門は費用中心点として位置づけられ，利益責任を有している

のは事業部等の上位組織レベルに限られているのとは対照的である。第2には，各部門の採算計算を，可能な限り小さな単位で行うことにある。そうすることで，市価に対する意識，ひいては経営者意識を持った人材を一人でも多く育成することを目指している（潮［2013］）。

　このように，アメーバ経営の重要な目的は，時間当り採算を中心とした部門別採算制度の導入そのものというよりも，それを通じた従業員教育にある。アメーバ経営においては時間当り採算を用いて，月次および年次での予算管理が実施される。その際，結果の集計・分析以上に，「予定」とよばれる時間当り採算の予測計算および当該数値に基づくディスカッションを通じた経営・会計リテラシーの向上に重きが置かれる。たとえば採算表に記された「予定」の数値1つひとつに対して，リーダーのどのような意図や考え方が刻み込まれているか，またそれが企業の方針や理念に即しているか，といった点について，月次会議等において，上位管理者等から質問が繰り返される。末端レベルで扱う指標は1円単位と細かく，かつ項目も多岐にわたるが，光熱費，配送料，材料仕入高，出荷額等，その1つひとつは理解困難なものではない。管理者になる頃には，他部門との共通費配賦や社内金利といった項目等，より広範な組織単位でのマネジメントに関わることで，徐々に高度な経営・会計的知識や高い経営者意識を醸成する仕組みとなっている（Sugahara et al.［2017］）。

●参考文献————————————

Sugahara, S., Daidj, N., Ushio, S.［2017］*Value Creation in Management Accounting and Strategic Management: An Integrated Approach*, Wiley-ISTE.

アメーバ経営学術研究会［2010］『アメーバ経営学—理論と実証』KCCSマネジメントコンサルティング。

稲盛和夫［2006］『アメーバ経営——人一人の社員が主役』日本経済新聞社。

潮清孝［2013］『アメーバ経営の管理会計システム』中央経済社。

KCCS（京セラコミュニケーションシステム株式会社）［2017］「KCCSコンサルティング事業の歩み」KCCSホームページ，2017年12月29日参照。

挽文子［2007］『管理会計の進化—日本企業にみる進化の過程』森山書店。

（潮　清孝）

環境管理会計

1 環境管理会計の誕生

　環境管理会計の出発点は1975年にアメリカの3M社が始めた汚染予防支払い策（3Pプログラム：Pollution Prevention Payment Program）がコスト削減を通じて利益をもたらしたことにあるといわれている。当時は，1969年のカヤホヤ川の河川火災，1978年のラブキャナル事件や1979年のスリーマイル島事故等があり，公害問題が社会的に問題視されていた。各種の環境規制が厳しくなるなか，企業も環境マネジメントに取り組む必要があった。そのため企業は汚染予防策を検討すると同時に，管理会計担当者は，そのコストとベネフィットを正確に見積もるよう求められていた。しかし，伝統的な管理会計では，汚染予防策にかかるコストは把握できても，環境負荷の少ない技術や実務のベネフィットをうまく捉えることができなかった。たとえ汚染予防策を採ることが将来の環境負債リスクの軽減や長期的なコスト節約につながるとしても，短期的には新たなコスト負担につながるため，経営者がその予防策を採用しにくい状況であった。こうしたことから，アメリカ環境保護庁（USEPA）は「企業に環境コストの全体像を理解させ，これらのコストを戦略的な意思決定に統合させることを後押しし，動機づける」ために1992年に環境会計プロジェクトを始めた。そして1995年に「経営管理手法としての環境会計入門：重要概念と用語」を公表し，企業内で生じる環境コストや環境投資評価手法等を例示した。政府やNGOにより開発された手法を企業が採用することで環境管理会計が徐々に広まっていった。

　その他の地域をみると，ヨーロッパでは1996年に欧州委員会（EC）がECOMACプロジェクトを組織し，環境マネジメントと管理会計を結びつけるフレームワークを提供するとともに，ヨーロッパ企業84社への質問票調査の結果と15社のケーススタディをまとめた報告書を出している。1997年には，ヨーロッパ環境管理会計ネットワーク（EMAN）が結成され，2002年以降，環境管理会計に関する書籍が出版されている。また，国連持続可能開発部からは2001年に「環境管理会計手続き及び原則」と「環境管理会計促進のための政策手段」が，国際会計士連盟（IFAC）からは2005年に『国際ガイダンス文章　環境管理会計』が出されている。日本では，2002年に経済産業省から『環境管理会計手法ワークブック』が公表されている。

2 環境コストと環境管理会計手法

　環境管理会計が対象としうる環境コストは，次の7つである。

① 環境保全コスト
② 原材料費・エネルギー費
③ 廃棄物に配分される加工費
④ 製品に配分される加工費
⑤ 製品使用時に生じるエネルギー費
⑥ 製品の廃棄・リサイクル時に生じるコスト
⑦ 環境負荷としての社会的コスト

図表１■環境コストの三層構造

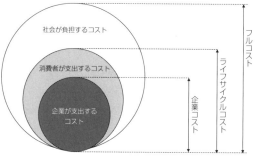

出所：國部克彦他［2007］，27頁

このうち①から④までは企業内部で生じる企業コストであり，⑤と⑥は製品の使用・廃棄段階に企業外部で生じ，消費者が支出するコストである。①〜⑥までを合わせてライフサイクルコストという。⑦は製品やサービスの利用者とは関係のない第三者（社会）が被る被害額であり，経済学では外部コストとよばれる。①〜⑦を合わせたコストをフルコストという。

このような環境コストを対象とする環境管理会計の手法にはさまざまなものがある。経済産業省の『環境管理会計手法ワークブック』では，既存の管理会計手法に環境の要素を付け加えた４つの手法と，既存のシステムではなく独自のコストデータベースを用いる２つの手法を紹介している。

図表2 ■環境管理会計手法の体系

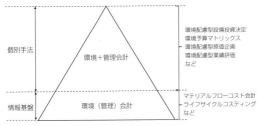

出所：國部克彦他［2007］，37頁

前者には，環境配慮型設備投資決定，環境配慮型原価企画，環境予算マトリックス，環境配慮型業績評価がある。環境予算マトリックスとは，品質原価計算の手法を環境予算に適用したものである。また環境配慮型業績評価システムは，業績評価システムにバランストスコアカードを採用し，そこに環境項目を追加するケースが多いと紹介されている。後者の独自データベースを有する手法にはマテリアルフローコスト会計とライフサイクルコスティングがある。ライフサイクルコスティングとは，既存の原価計算システムで捕捉できる企業内コストだけを対象とするのではなく，製品の使用・廃棄段階までを含んだライフサイクルコストを対象とし，それを最小化するための手法である。

また，上記の他にも，海外では環境配慮型活動基準原価計算が紹介されている。これは，環境コストが直課されるべき工程や製品ではなく，製造間接費に含められるという問題に対処するためである。環境コストとコストドライバーの関係を重視した環境配慮型活動基準原価計算を採用することで，環境コストをより正確に製品に配賦し，経営管理者の意思決定に役立てようとするのである。

●参考文献————

経済産業省［2002］『環境管理会計手法ワークブック』。
國部克彦編著，経済産業省産業技術環境局監修［2004］
　『環境管理会計入門―理論と実践』産業環境管理協会。
國部克彦・伊坪徳宏・水口剛［2007］『環境経営・会
　計』有斐閣。

（長野史麻）

マテリアルフローコスト会計

1 マテリアルフローコスト会計（MFCA）とは―環境管理会計手法としての発展

　マテリアルフローコスト会計（Material Flow Cost Accounting：MFCA），環境管理会計という言葉をご存じだろうか？

　環境管理会計とは，環境負荷低減と企業利益向上に同時に資する経営情報を提供するマネジメント手法を指す。そして，その具体的な環境管理会計手法として，MFCAは世界でも有名な手法である（中嶌・國部［2008］）。さらに，企業事例での成果を背景に，MFCAはISO14051（MFCAの基本的枠組みが2011年に発行）に代表されるように環境マネジメント（ISO14000ファミリー）において，国際規格化されている環境管理会計手法でもある。

　1999年に始まる日本の経済産業省委託事業において，2000年からMFCAは日本企業において実証研究が行われた。多年にわたる実証事業において環境管理会計手法としての有用性を得，その結果2007年日本発でISO提案された。現在もMFCAに関する国際規格がガイダンスとして検討され発行されている。ISO14052サプライチェーンでのMFCAが2017年に発行され，ISO14053中小企業でのMFCAが2017年から検討されている（2020－2021年に発行予定）。

　国際規格されたこともあって，MFCAは経済的メリットのある環境マネジメント手法の1つとして国際的に認知され普及している。MFCAは今も国際的に環境管理会計手法としてさまざまな企業やビジネスプロセスで発展し歴史を創っている（國部・中嶌［2018］）。

2 MFCA生成の歴史記背景

　MFCAの歴史をひもとくと，日本ではなく，

その発祥はドイツ，アウグスブルクにある。アウグスブルク大学B. ワグナー教授（博士）とその弟子であるM. ストローベル博士によって発案され，ドイツの企業実務において検証・発展させられた手法である。

　彼らは1992年に研究所としてIMU（Insitut für Management und Umwelt, Augsburg Germany）を設立し，エコエフィシェンシー（環境効率）の考えのもと，まずはエコバランスというマネジメント情報を開発し，さらに企業が環境保全と利益向上を同時に達成するためのマネジメント手法としてMFCAを1990年代末に開発した。そのMFCAが，2000年に日本に渡り，先に説明したように，日本で環境管理会計手法として活用され，国際規格へと発展することになる。

3 MFCAの基本概念と具体的な測定法

　MFCAにおいて，投入資源（理論的にはエネルギーも含める）で製品を物理的に構成する重量と構成しない重量に区分してプロセスを図式化（**図表**に示すようなマテリアルフロー図の作成）し分析する。製品歩留まりが100％であれば，当該生産プロセスにムダは存在しないが，MFCAの観点からは投入資源量の30％がロスになっており，それを削減すれば，投入資源が削減でき，同時にコストも削減できる。

　このように，生産プロセスを価値観点からではなく，物質収支（たとえば，100kgのインプットは，生産プロセスで姿を変えても，100kgのアウトプットとして排出される）の観点から見るのがMFCAの基本概念である。

　たとえば，図表に示すように，生産プロセスに対して，製品100個の生産命令があり，その生産のために500kgの材料が投入されたとする。図では，結果として，良品である100個の製品

が無事に生産でき，当該生産プロセスの管理者としては，本生産命令に対して製品歩留まり100%ということで，完璧な生産結果である。

しかし，MFCAでは500kgの投入材料が果たして何kg製品としてアウトプットされたかをみる。また，同様に，何kgの投入材料が製品を構成せずにマテリアルロスとなったかをみる。図表1の例では，投入材料のうちの150kg，すなわち30%がマテリアルロスとなっている。筆者の経験ではこのようなマテリアルロス率は珍しいものではない。

伝統的な生産管理情報では，製品歩留まり100%で完璧と評価され，MFCAでは30%のマテリアルロスを発生させる不完全な生産プロセスと評価できる。

このマテリアルロスを削減することで，当該生産プロセスの資源生産性が向上する。このように，MFCAは，環境管理会計の目的を効果的かつ効率的に果たすことができる。

図表■マテリアルフロー図の一例

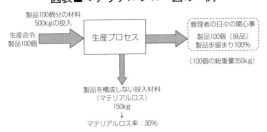

うに，製品歩留まりが100%でも，投入物質のマスバランスでは投入量の30%のマテリアルロスが発生していることが見える化する。

このマテリアルロスを削減することは，資源効率の観点から社会のサステナビリティに貢献し，企業にとっては新たなコスト削減を実現する。MFCAは資源効率の向上を目的にマテリアルロスをコスト評価し経営意思決定に有用な情報を提供する。コスト評価によるコスト削減手法という点では，これまでの原価計算・管理会計の連続的な発展史のなかに位置づけることもできる。

ただし，MFCAによるマテリアルフローという見える化が，新たな（自然）資源の不効率性を見える化し，マテリアルロスの削減によって社会の環境保全（資源効率化）に寄与するという点からは，新たな環境管理会計史の発展と位置づけられる。

●参考文献─────────────
國部克彦・中嶌道靖編著［2018］『マテリアルフローコスト会計の理論と実践』同文舘出版。

中嶌道靖・國部克彦［2008］『マテリアルフローコスト会計─環境管理会計の革新的手法（第2版）』日本経済新聞出版社。

（中嶌道靖）

4 管理会計史におけるMFCAの特徴と意義

MFCAが新たな管理会計手法であるのは，価値ある資源の範囲と経営へのインパクト要因（優先度）の歴史的な変化に適応したからである。

MFCAを単に材料歩留まりに注視する手法とするならば，たとえば，工場立ち上げ時の生産プロセス設計において材料歩留まりは検討されていることから，必ずしも新たな手法とはいえない。しかし，MFCAでは，上記のマテリアルフロー図に示したように，マスバランスの観点で投入物質（材料）がどのように生産プロセスをフローするのかをみる。図表に示したよ

バランスト・スコアカード

1 バランスト・スコアカードとは

バランスト・スコアカード（Balanced Score-card：以下BSC）には，多様な形態がみられるが，広義には，財務指標だけではなく，非財務指標を併用して多面的に企業業績を管理する業績管理システムと捉えることができる。ここで財務指標とは，利益，収益，費用といった会計数値，もしくは，会計数値によって構成される指標である。他方，非財務指標とは，顧客満足度，不良率，従業員の離職度等，会計数値以外の指標である。1992年に当時ハーバード大学教授であったKaplanとBSC開発プロジェクトを主導したコンサルタントであったNortonによってBSCは*Harvard Business Review*誌において初めて提示された。

図表1■バランスト・スコアカードの基本形

	戦略目標	業績指標	基準値	実行プラン
財務の視点				
顧客の視点				
社内ビジネス・プロセスの視点				
学習と成長の視点				

出所：Kaplan and Norton［1996］を基に作成

図表1はKaplanとNortonによって提示されたBSCの基本形を簡略化したものである。このようにBSCは，①財務の視点，②顧客の視点，③社内ビジネス・プロセスの視点，④学習と成長の視点という4つの視点で構成され，それぞれの視点は，各視点で実現すべき戦略目標，戦略目標の達成度を測定する業績指標，業績指標に関して達成すべき目標値である基準値，業績指標の値を向上するための実行プランという4つの項目で表されている。

①財務の視点は，企業が最終的にどのような財務成果を目指す必要があるのかについて明確

にする。たとえば，財務の視点には，経常利益，売上高等の会計数値や総資本経常利益率等の経営指標，キャッシュフロー等の財務リスクを表した業績指標が入る。

②顧客の視点は，企業が重要だと考えている顧客層がその企業やその企業が提供する商品やサービスをどのようにみているのかを示す。顧客の視点に含まれる業績指標の例として，市場シェア，顧客満足度，顧客維持率等がある。

③社内ビジネス・プロセスの視点は，企業がターゲットとする顧客へ価値を提供できるように業務が遂行できているのかについてみる。社内ビジネス・プロセスの視点には，たとえば，新製品開発，品質，コスト，アフターサービス，環境負荷，社会貢献度に関するもの等，多様な指標が選択される。

④学習と成長の視点は，長期的な成長と業績改善を行うための組織基盤がどれくらい企業内で整備されているかを表す。学習と成長の視点は，従業員，情報インフラの整備度，組織文化に関する指標等が含められる。

一般的にBSCの中に業績指標は最大で24個程度設定され，企業の事業戦略を明確に表すように4つの視点にすべて行きわたらせる必要がある。

BSCの設計において重要な点は，事業戦略の遂行度が把握できるように業績指標を設定することである。そこで，KaplanとNortonは，まず自社の事業戦略を明確にし，そこから戦略目標，さらには戦略目標を達成するための業績指標を設定するアプローチを推奨する。事業戦略から戦略目標を設定するのをサポートするツールは戦略マップとよばれ，BSCを作成する前に用いる。

2 バランスト・スコアカードが開発された 背景およびその発展

　企業の財務業績の良否は自社の存続に対して直接的に影響を与えるため，財務情報は企業にとって重要な情報である。特に欧米においては株主からの受託責任を果たすため，トップマネジメントが自社の業績を把握・管理する際には短期的な財務指標を主に用いる傾向にある。

　しかし1980年代になると，技術の急速な変化，製造業における組織革新，および情報化社会の到来等によって，経営環境が劇的に変化した。BSCの開発者の一人であるKaplanは，BSCを提示する前にJohnsonと1987年に著した"*Relevance Lost: Rise and Fall of Management Accounting*"において，その当時の管理会計システムは，経営環境の変化に十分対応できなくなっており，企業の計画策定や業績管理を歪ませていると問題提起した。この問題提起を契機にして，管理会計研究者により，従来の管理会計システムの再検討や新しい管理会計システムの模索が行われた。

　業績管理に関しては，特に財務情報に偏重していることが問題視された。たとえば主なものとして，①顧客や品質等，企業にとって重要であるにもかかわらず，財務指標で直接測定することができない情報が存在すること，②財務指標のみによる業績管理は，長期的な成長を犠牲にした短期的な利益向上を助長すること，③財務情報は収集され，集計されるまでに時間がかかるために，タイムリーな意思決定にむかないことが弊害としてあげられた。これらの弊害を克服する具体的な手段として，財務指標だけではなく，非財務情報を併用した業績管理システムであるBSCが模索されることとなる。

　具体的には，1990年にNortonが中心となり組織された12社の重役達による新しい業績測定指標の開発プロジェクトをKaplanが支援したことからBSCは誕生した。この開発プロジェクトに参加していたAnalog Device社が用いてい

たコーポレート・スコアカードとよばれる多元的な指標を用いた業績管理システムを出発点として改良が加えられ，4つの視点から総合的に企業の業績を管理するBSCとなった。

　その後BSCはKaplanとNortonによる一連の著作を通じて，総合的な業績管理システムから戦略管理システムへの進化を遂げる。すなわち，1996年に出版された"*Balanced Scorecard: Translating Strategy in Action*"を皮切りに，BSCは経営戦略の策定や実行を支援するシステムへと広がりをみせ，管理会計のみならず，経営学においても注目されるシステムとなった。

●参考文献──────

Johnson, T. H., and R. S. Kaplan [1987] *Relevance Lost: The Rise and Fall of Management Accounting*, Harvard Business School Press.（鳥居宏史訳 [1992]『レレバンス・ロスト―管理会計の盛衰』白桃書房）

Kaplan, R. S., and D. P. Norton [1992] The Balanced Scorecard: Measures that Drive Performance, *Harvard Business Review*, Vol. 70, No. 1, pp. 71-79.（本田桂子訳 [1992]「新しい経営指標"バランスド・スコアカード"」『DIAMOND ハーバード・ビジネス』第17巻第3号，81-90頁）

Kaplan, R. S., and D. P. Norton [1996] *The Balanced Scorecard: Translating Strategy into Action*, Boston, MA: Harvard Business School Press.（吉川武男訳 [1997]『バランス・スコアカード―新しい経営指標による企業変革』生産性出版）

（河合隆治）

インタンジブルズ

1 インタンジブルズの意義

　インタンジブルズを最初に問題視したのは
Barney［1991］である。Barneyは戦略論の研究
者の立場から，資源ベースの視点（resource-based
view：RBV）を提唱した。Barneyの持続可能な
競争優位という内部資源がインタンジブルズで
ある。それ以前の戦略論では，Porter［1980］が
提唱する外部との競争優位の構築が主流であっ
た。ここに内部資源としてのインタンジブルズの
戦略的意義が認識されることになった。

　会計学研究では，無形資産としてのれんは買
入のれんに限定して，資産として認識されるよ
うになっていた。ところが，1990年代後半以降，
急速にインタンジブルズの重要性が認識される
ようになった。Lev（［2001］, p. 9）はスタンダー
ド・アンド・プアーズ社（S&P）500の株式純資
産倍率（PBR：price-to-book ratio）を調査した。
その結果，1980年ごろに１倍だったものが2000
年には７倍を超えるほど企業評価が高まった。

　このインタンジブルズはLev（［2001］, p. 5）に
よれば，知的資産，知的資本，無形資産と同義
語に扱っている。Levによれば，インタンジブル
ズは，イノベーションというインタンジブルズ
の創出要因，独自のコンピタンス，人的資源か
らなる資産であると解釈している。たとえば，
特許，ブランド，原価低減をもたらす独自の組
織構造等をインタンジブルズに含めている。こ
のように，インタンジブルズは資産としてストッ
クと捉えるのが一般的であるが，ある期間の活
動としてフローと捉えることもできる。ここで
は両方の意味で捉える。

2 インタンジブルズのオンバランス化

　財務会計研究では，株価や株価収益率と利益，
キャッシュフロー，純資産といった財務指標と
の関連性が弱まっている（Lev and Zarowin
［1999］）。このことから，財務報告書の有用性
が喪失するとして，インタンジブルズをいかに
オンバランスするかという研究が行われた。イ
ンタンジブルズをオンバランスするには，資産
性という測定ルールに準拠して測定しなければ
ならない。Blair and Wallman（［2001］, pp. 51-
56）によれば，資産とはのれんのように，すで
に所有しており，売却可能な資産でなければな
らない。開発途上の研究開発投資やコーポレー
トレピュテーションは，支配可能だが分離して
売却できない資産である。さらに，人的資産や
組織資産のように，企業が完全には支配できな
いものもある。インタンジブルズをオンバラン
スすることは難しい。

3 インタンジブルズの情報開示

　IIRC（International Integrated Reporting
Council：国際統合報告評議会）によりインタン
ジブルズの情報開示が大きく進展した（**図表１**）。

図表１■統合報告書によるインタンジブルズの開示

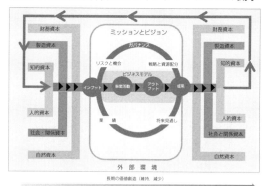

出所：IIRC［2013］, p. 13

　IIRCは人的資本，知的資本，社会・関係資
本からなるインタンジブルズ情報の開示を提唱
している。

ところで，統合報告書は企業の任意開示であり，具体的な開示の仕方も企業に任せている。開示ルールはないが，インタンジブルズの開示についての研究が大きく進展したことは間違いない。

4 インタンジブルズのマネジメント

管理会計研究では，インタンジブルズをいかにマネジメントすべきかが取り扱われている。たとえばIttner［2008］は，インタンジブルズを無形のバリュー・ドライバーと解釈している。このような立場から，インタンジブルズが財務業績や株価等にどのような影響を及ぼしているかが研究された。また，報酬制度にインタンジブルズを取り込むことの是非といった研究も行われている。

インタンジブルズを戦略と結びつけて管理することを提唱したのがKaplan and Norton［2004］である。Kaplan and Nortonは，バランスト・スコアカード（Balanced Scorecard：BSC）の提唱者（**図表2**）でもあるが，インタンジブルズのマネジメントの研究者としても知られている。

図表2 ■バランスト・スコアカードによるインタンジブルズのマネジメント

出所：Kaplan and Norton［2004］，p. 53

インタンジブルズ（intangible assets）を「人的資本，情報資本，組織資本からなる学習と成長の視点の3つの要素」からなるとしている。企業価値創造プロセスの下支えとする学習と成長の視点こそがインタンジブルズであると解釈

している。また，レディネスという成熟度評価の概念を取り込んで，インタンジブルズをフローとしての活動だけでなく，ストックとしても評価することを提案している。

●参考文献

Barney, J.［1991］Firm Resources and Sustained Competitive Advantage, *Journal of Management*, Vol. 17, No. 1, pp. 99-120.

Blair, Margaret M. and Steven M. H. Wallman［2001］*Unseen Wealth*, Brookings Institution Press, Washington, D. C.（広瀬義州訳［2002］『ブランド価値評価入門』中央経済社）

IIRC［2013］*Consultation Draft of the International <IR> Framework*, International Integrated Reporting Council.

Ittner, Christopher D.［2008］Does measuring intangibles for management purposes improve performance? A review of the evidence, *Accounting and Business Research*, Vol. 38, No. 3, pp. 261-272.

Kaplan, R. S. and D. P. Norton［2004］*Strategy Maps : Converting Intangible Assets into Tangible Outcomes*, Harvard Business School Press.（櫻井通晴・伊藤和憲・長谷川惠一監訳［2005］『戦略マップ』ランダムハウス講談社）

Lev, B.［2001］*Intangibles: Management Measurement, and Reporting*, Brookings Institution Press, Washington, D. C.（広瀬義州・桜井久勝監訳［2002］『ブランドの経営と会計』東洋経済新報社）

Lev, B. and P. Zarowin［1999］The Boundaries of Financial Reporting and How to extend them, *Journal of Accounting Research*, Vol. 37, No. 2, pp. 353-385.

Porter, E. M.［1980］*Competitive Strategy*, The Free Press.（土岐坤・中辻萬治・服部照夫訳［1982］『競争の戦略』ダイヤモンド社）

（伊藤和憲）

北米の鉄道会社における経営分析

19世紀における米国鉄道は最も巨大な組織を形成し，その運営において多くの経営的・会計的課題に直面した。

米国の鉄道建設は1820年代に開始され，1840年代以降，飛躍的な発展を遂げることとなる。鉄道会社は建設に巨額の資本を必要とするため当初から株式会社形態を採用し，多様な株式・社債を発行して資金調達を実施した。また，鉄道網の拡張に伴って多数の従業員を雇用する必要が生じ，たとえば1880年代に米国最大の企業となり，他鉄道に多大な影響を与えたペンシルベニア鉄道では，約5万人の従業員を擁していた。路線の地理的拡大は，やがて管区という分権的管理組織を形成し，トップ・マネジメント，ミドル・マネジメント，ロワー・マネジメントからなる階層的管理組織を構築するに至る。同時に鉄道業は，それ以前の企業と比較して管理に必要とされる意思決定が格段に複雑となったため，トップ・マネジメントとして専門経営者が雇用された。

初期のペンシルベニア鉄道では，旅客・貨物列車別の機関車に関し，走行マイル数，100マイルあたり燃料費，100マイルあたり修繕費，100マイルあたり総費用等に関するデータを収集した。現業活動の中心となる機関車をコスト・センターと位置づけ，業績比較・評価を行っていたのである。最も効率的な運転を行った機関士に対する表彰制度も創設され，業績評価にもとづく動機づけ・統制に活用した。管区や総管区が形成されると，上記のデータに加えて100マイルあたり平均での燃料費・修繕費等が算出され，管区間の業績比較・評価が実施さ

れるようになる。

その後，管区別トン・マイルあたり貨物（平均）収入や人・マイルあたり旅客（平均）収入の分析，営業比率分析等が開始され，各管区別の損益計算を行うことで，管区はプロフィット・センターとなる。さらに勘定科目別諸費用構成比率表が作成され，特に相対的に高い比率を占める諸費用に関しては，原価管理的視点からの把握・評価を可能とする綿密な費用分析が行われた。

ルイビル・ナッシュビル鉄道では，競争の激化や固定費の圧迫を契機として，固定費・変動費への分解（固変分解）にもとづく原価分析が行われた。鉄道は固定費の割合が高い（したがって損益分岐点が高い）業種であり，輸送量のわずかな減少で赤字に陥ってしまう。特に貨物輸送は，復路で空荷となれば利益に多大な影響を与えるため，固変分解による料金設定に利用された。さらに，路線の拡張（鉄道における設備投資政策）に伴う貨物量の増加が，貢献利益の増大を通じて会社全体の固定費回収や収益性向上に寄与しているかという観点から，固変分解による原価・営業量・利益関係の基本的把握がなされた。

【更なる学習のために】

足立浩［1996］『アメリカ管理原価会計史─管理会計の潜在的展開過程』晃洋書房。

上總康行［1989］『アメリカ管理会計史（上巻）』同文舘。

中村萬次［1991］『英米鉄道会計史研究』同文舘。

（春日部光紀）

第**3**部

監　査

スコットランドにおける会計プロフェッションと会計士監査制度の成立

1 会計プロフェッションの成立における スコットランドの先進

何をもって或るプロフェッションの成立とするか。むろん，これはなかなかに難しく，説もかなり分かれる問題だが，その1つの指標は団体の設立，すなわち会計プロフェッションについては会計士団体の成立に求めることができる。

イギリスにあって最初の会計士団体は1853年，スコットランドの首都エディンバラで設立されたエディンバラ会計士協会だった。同協会は翌1854年に勅許（御上のお墨付き）を得て勅許団体となり，その会員は「勅許会計士」と称することとなった。1853年にはスコットランド最大の都市グラスゴーでも会計士の団体が設立され，1855年に勅許を受けたそれはグラスゴー会計士保険数理士協会だった。また，3つ目の会計士団体もスコットランドに誕生をみ，1866年に設立され，翌1867年に勅許を受けたそれはアバディーン会計士協会だった。

なお，「エディンバラの団体およびグラスゴーの団体による勅許の申請書は，いずれも，裁判所のためにする仕事，破産管財人の仕事，および保険数理士の仕事を強調し，他方，監査，税務，および原価計算にはおよそ言及していない」（R. H. パーカー）。

イングランドは会計プロフェッションの成立においてスコットランドの後塵を拝していた。イングランド初の会計士団体がリバプールで設立されたのは1870年のことだったし，イングランド初の勅許会計士団体イングランド＆ウェールズ勅許会計士協会が設立をみたのは1880年，すなわちエディンバラ会計士協会の勅許に四半世紀以上も後れをとっていた。

そもそもスコットランドとイングランドにおいて「会計士」という名称はおよそ異なる意味を有していた。スコットランドでは会計の専門家として理解されていた会計士というものが，しかし，イングランドでは単なる帳簿係程度のものとみなされていた。スコットランドの会計士は古くからかなりのステータスを有していた。スコットランドの会計士は早くから司法と密接に結びついていた。この国の裁判所はさまざまな業務を会計士の手に委ねていた。そのため，スコットランドにあって会計士は司法プロフェッションの一員とみなされており，したがって，司法プロフェッションの有するステータス，その恩恵に浴していた。

2 破産関係業務による専業化

1つのプロフェッションが確立をみてゆくそのプロセスはどのプロフェッションにおいても大差なく，まずは兼業から専業へ，すなわちまずは専業化だった。会計プロフェッションの場合であれば，当初は○○兼会計士だったものが，要するに，会計士の仕事だけで食えるようになる，ということだった。

会計士の専業化は主として破産関係の仕事がこれを可能にした。既述のように，スコットランドの会計士は早くから裁判所と関係をもち，この国の裁判所はさまざまな仕事を会計士の手に委ねていたが，その多くは破産関係の仕事だった。

ただしまた，破産関係の仕事には問題があった。会計士は，破産によって稼ぐ者，という烙印を捺されていた。スコットランドの会計士がグラスゴーの雑誌*Bailie*に「腐肉にむらがるカラス」と譬喩されたのは1878年のことだった。スコットランドにあって最多の支店数を誇るシティ・オブ・グラスゴー銀行が支払い停止を余儀なくされたのは同年10月のことだった。会計士にとってはこれまた稼ぎどきだった。*Bailie*

いわく、「勅許会計士の団体が今秋のように豊かな収穫を手にしたことは終ぞない」。

3 会計士監査制度の成立

叙上のように、スコットランドにあって最多の支店数を誇るシティ・オブ・グラスゴー銀行が支払い停止を余儀なくされたのは1878年のことだった。この銀行は、無謀な投機的経営によって、莫大な不良債権と債務を抱えるに至っていたが、そうした実態は粉飾決算によって隠蔽されていた。この粉飾倒産によって、シティ・オブ・グラスゴー銀行の株主達はその多くが破産に追い込まれ、悲劇の主人公となったが、それはこの銀行が無限責任株式会社だったからだった。また、この銀行における粉飾はその手口自体は極めて稚拙なものだったが、そうした粉飾が可能だったのは監査が行われていなかったからだった。

そして、この倒産事件において示された2つの問題、すなわち無限責任の問題と監査の問題の解決策として設けられたのが1879年の会社法だった。この会社法は無限責任会社の有限責任会社化を容易にし、また、爾後、有限責任会社として登記されるすべての銀行に監査を強制していた。同法の発効後、銀行における監査は急増をみ、しかも、その多くが会計士による監査だった。この1879年法は「勅許会計士にとって重要性をもつ最初の法律」（F. W. ピクスリー）ともいわれる。

ただしまた、ここにみられた銀行における監査の導入は、実のところ、まずはこの会社法の要求とは無関係になされたことだった。すなわち、1879年法が監査を強制したのは一部特定の銀行に対してだけだったが、シティ・オブ・グラスゴー銀行の事件は、この銀行だけの問題に止まることなく、銀行業界全体の信用低下を招き、諸銀行、とりわけスコットランドの諸銀行の株価は急落、そうした中、スコットランドの諸銀行はこの会社法の要求とは無関係に監査を導入、これは直ちに株価の回復をもたらすに至ったのだった。

こうした諸銀行の行動をもたらしたのはシティ・オブ・グラスゴー銀行の株主達の悲劇がもたらした社会的状況、すなわち、監査が行われなければ株主が納得しない、という社会的状況だった。この株主達の悲劇は、むろん、無限責任形態によってもたらされたものだったが、また、監査が行われていなかったことによる粉飾、これもその原因だった。すなわち、監査が行われていなかったことによる粉飾がこの事件の規模（不良債権や債務の額）を増大させていた。すなわち、この銀行の無謀な経営は粉飾によって支えられていた。もしも粉飾が行われていなければ、この銀行は早期に破産していただろうし、また、その損害にしても遙かに少額だっただろう。

このように、人々が目にしたシティ・オブ・グラスゴー銀行の株主達の悲劇、すなわち監査が行われていなかったことによる悲劇は、監査が行われなければ株主が納得しない、という社会的状況をもたらすに至り、そうした社会的状況が監査制度（監査を行う、という社会的な約束事）をもたらすのだった。

しかも、ここで諸銀行が導入したのは会計士による監査だった。すなわち、そこにあったのは、会計士による監査が行われなければ株主が納得しない、という社会的状況だったし、また、そうした社会的状況をもたらしたのは、早くに生成をみていたスコットランドの会計プロフェッションの存在、だった。

会計士というプロフェッショナルの存在を知る人々とすれば、会計士による監査でなければ納得できない、ということであり、そうした社会的状況が会計士監査制度（会計士による監査を行う、という社会的な約束事）をもたらすのだった。

4 スコットランドという国

「イギリスは4つの国からなっている」といわれても、日本人の多くは今一つピンとこない

だろう。「４つの国」とはいっても，４つの地方ではないか，と思うだろう。しかしまた，サッカーやラグビーの国際大会の際，イギリスからだけは複数のチームが参加していたりして，どうしてだろう，と思ったりもするだろう。

この４つの国とはイングランド，ウェールズ，スコットランド，北アイルランドのことであり，ちなみに「イギリス」という日本語は漢字では「英吉利」と表記されるが，これは「イングランド」が語源であって，そういう意味では適切な呼称ではない。

それはさておき，日本からみた場合には，前述のように，「４つの国」とはいっても，４つの地方ではないか，というところであり，たとえ長年，イギリスに居住していたとしても，たとえばロンドンに住んでいる限り，いつまで経ってもスコットランドは単に北の方の一地方にしかすぎないが，エディンバラやグラスゴーに住んでみれば，日本人であっても，ここスコットランドは別の国，ということが実感される。

スコットランドの人々はイングランドのことを「south of the border」，すなわち「国境の南」とよんでおり，また，４つの国の中でも特にvs. の関係にあるのがイングランドとスコットランド，すなわちイングランドvs. スコットランドである。

そうしたイングランドとスコットランドはさまざまな制度等を異にしている。たとえばイギリスの中央銀行であるイングランド銀行の紙幣は，むろん，スコットランドでも使用することができるが，スコットランドでは，それに加えて，スコットランド銀行，スコットランド・ロイヤル銀行，クライズデール銀行の３つの銀行が独自の紙幣を発行しており，このことは「スコットランドの地域独自性を示す好例」（北政巳）ともされる。

イングランドとスコットランドは1707年までは別々の国であり，しかも，叙上のように，1707年以降もスコットランドからみたイングランドはsouth of the border，すなわち国外にある別の国なのである。

●参考文献────────────

北政巳 [1985]『近代スコットランド社会経済史研究』同文舘出版。

小林章夫 [2001]『スコットランドの聖なる石─ひとつの国が消えたとき』日本放送出版協会。

松井理一郎 [2005]『スコットランドの原点─スコットランドが映し出す「イギリス」の光と影』あるば書房。

ロザリンド・ミチスン編，富田理恵・家入葉子訳 [1998]『スコットランド史─その意義と可能性』未來社。

R. H. パーカー著，友岡賛・小林麻衣子訳 [2006]『会計士の歴史』慶應義塾大学出版会。

フランク・レンウィック著，小林章夫訳 [1994]『とびきり哀しいスコットランド史』筑摩書房。

T. C. スマウト著，木村正俊監訳 [2010]『スコットランド国民の歴史』原書房。

友岡賛 [1995]『近代会計制度の成立』有斐閣。

友岡賛 [1996]『歴史にふれる会計学』有斐閣。

友岡賛 [2005]『会計プロフェッションの発展』有斐閣。

友岡賛 [2006]『会計の時代だ─会計と会計士との歴史』筑摩書房。

友岡賛 [2010]『会計士の誕生─プロフェッションとは何か』税務経理協会。

友岡賛 [2018]『会計の歴史（改訂版）』税務経理協会。

（友岡　賛）

コラム
12

戦前日本における英国勅許会計士と電力外債

1　戦前日本における英国勅許会計士

　英国勅許会計士協会図書館（ICAEW Library）には，第二次世界大戦前における会員名簿（The official ICAEW list of members）が残存しており，会員名簿には，地域ごとに開業している英国勅許会計士の氏名が記載されている。1910年代から1930年代の名簿から，日本で開業していた英国勅許会計士の存在が確認できる。

　会員名簿から，英国勅許会計士が初めて日本で開業するようになった時期は，1910年頃だと考えられ，Bell Harold Cyril Spencerという人物が，横浜に開業したようである。その後，1914年頃にMaurice Jenks, Percival & Isitt，1917年頃にHarold Bell, Taylor, Bird & Co.，という2つの英国勅許会計士の事務所が設立された。1922年には10名の，1932年には11名の英国勅許会計士が，日本で活動し，彼らの主要な活動拠点は東京，横浜，神戸であった（北浦 [2014]，167頁）。

　日本における会計専門家に関する最初の法律は，1927年に制定された計理士法であった。それ以前の時期から英国勅許会計士が活動していた点は，興味深い事実である。一方で，1920年代から1930年代に活動していた英国勅許会計士の人数は，10名程度にすぎず，彼らの活動は，限定的であったといえる。

2　電力外債における英国勅許会計士

　英国勅許会計士は，日本でどのような活動をしていたのだろうか。日本における英国勅許会計士が行っていた業務の1つとして，電力外債に関わる会計監査業務が挙げられる。

　日本の大手電力会社は，1923年から1931年にかけて，イギリスおよびアメリカで外貨建社債を発行した。そのなかの1社である東邦電力の英文営業報告書には，Harold Bell, Taylor, Bird & Co.，の監査報告書が添付されている（北浦 [2014]，170-171頁）。また，New York Times等から，Harold Bell, Taylor, Bird & Co.，が，東邦電力以外にも，東京電灯や大同電力といった大手電力会社による外債発行に付随する会計監査に関与していたことが判明している（北浦 [2014]，168頁）。

　日本の電力会社は，1920年代に外債を含む社債を積極的に発行し，それによって得た資金を利用して，発電所の建設や送電網の拡充を図った。その結果，1920年代には電気料金が低下し，電気需要，特に産業用の電気需要が増加した。すなわち，1920年代の電力産業の発展は，産業用電気需要の拡大という形で，日本経済の成長を支えたのである。

　以上を踏まえると，日本で活動していた英国勅許会計士は，電力会社に対する会計監査を通じて，電力外債の発行，さらには，1920年代の電力産業の発展や日本経済の成長をサポートしていたといえる。

●参考文献

北浦貴士 [2014] 『企業統治と会計行動―電力会社における利害調整メカニズムの歴史的展開』東京大学出版会。

（北浦貴士）

55

会計士監査制度の歴史 (英国と米国)

1 英国における初期の展開

現在の財務諸表監査の起点は，英国の1844年の「登記法」にある。そこでは，一般出資者保護の見地から，取締役に対して，会計帳簿の適切な保全，貸借対照表の作成とその株主への送付等の義務を課し，また，株主の中から監査役（auditor）を選任し，監査役は，取締役の作成した貸借対照表の監査を行い，その結果を株主総会において報告しかつ監査報告書を貸借対照表とともに株主に送付すること等を定めた。そして，翌45年，会計士は監査役の補助者として決算監査を行うことができる資格を認められた。

ロンドン郵便局の1845年版の住所録によれば，当時の"シティ"（金融・商業の中心地）には205の会計事務所があったという。

1854年には「エディンバラ会計士協会」が組織され，1880年には「イングランド・アンド・ウェールズ勅許会計士協会」も設立された。

そして，1900年会社法は，すべての会社に対して年次株主総会において監査人を選任することを要求した。これにより，英国では勅許会計士監査が大きく展開したのである。

2 米国における任意監査の時代

米国においては，1880年代年中頃にはニューヨークやフィラデルフィアを中心に，自らを「公会計士」（public accountant）とよび，会計業務を行っていた者がいた。

1887年，今日のアメリカ公認会計士協会（AICPA）の起源となる「アメリカ公会計士協会」（American Association of Public Accountants）が，全米初の職業会計士団体として会員31人をもって設立された。

1888年末から1889年初めにかけて，スコット

ランドやイングランドの会計士が大挙して渡来している。彼らは，当時米国で評判のよい醸造会社を買収するための準備調査として派遣されたのである。そして，会計職業を展望した彼らは，1890年代アメリカに「支店」を開設するのである。

1896年，ニューヨーク州において全米初の「公認会計士法」（Act to Regulate the Profession of Public Accountants）が成立した。このニューヨーク州公認会計士法は，試験合格者に対して自らを"Certified Public Accountant"（CPA）とよぶことを認めた。そして，1921年までには全米が公認会計士法を制定した。

職業会計士への認識を一層高めたのは，第1次大戦に係る所得税法である。1917年と1918年歳入法による高率課税や連結納税制度は"プロフェッショナル"としての会計士を必要とした。また，1890年代から導入された株主宛財務諸表に対する監査も1920年代に大きく展開した。

3 米国における法定監査の時代

1929年からの大恐慌の中で，資本主義を再興するために会計・監査制度の改革が行われ，1933年の有価証券法（Securities Act）と1934年の証券取引所法（Securities Exchange Act）の成立により，ニューヨーク証券取引所上場会社等の財務諸表に対する職業会計士による監査が法定化された（「法定監査の開始」）。1934年に設置されたSEC（米国証券取引委員会）は，財務諸表作成のための会計原則設定権限を会計士業界に委ねた。

米国会計士業界は，1939年から1971年まで30年余りの間「一般に認められた会計原則」の設定に努力したが，結局は失敗した。大手会計事務所間の利害が対立したのである。この間，会計事務所は，本来の監査業務と税務業務ととも

にコンサルティング業務が拡大，大規模化かつ国際化した。1973年からは新たに設立された「財務会計基準審議会」（FASB：Financial Accounting Standards Board）が「一般に認められた会計原則」を設定することになった。

　1970年代には，企業倒産とともに会計事務所に対する訴訟が増大した。社会の人々が公認会計士に期待していることと公認会計士が達成できることとの間の"ギャップ"（エクスペクテーション・ギャップ）が問題になった。米国公認会計士協会は，「会計不正」（意識的に利益を操作すること）を発見することを監査の最大の目標とすることを決断し，公認会計士が職業専門家としての「懐疑心」（skepticism）を保持して監査を行うことを監査実務指針に盛り込んだ。

　1980年代には，「監査リスク・アプローチ」が導入された。このアプローチは，重要な虚偽表示のある財務諸表に対して監査人がその事実に気づかず無限定適正意見を表明してしまうリスクを「監査リスク」（audit risk）とし，その監査リスクを合理的に低い水準に統制するような監査計画の立案と監査業務の実施を監査人に要求したのである。

　1990年代には銀行や貯蓄組合等の金融機関が倒産し，監査人に対する訴訟がいっそう増加した。また，2001年には業界最大手であるアーサー・アンダーセン会計事務所が崩壊し，会計士業界の信用は失墜した。その結果，「公開会社の会計を監督するための委員会」（Public Company Accounting Oversight Board）による監査事務所の検査，会計事務所が同一の監査顧客に対してコンサルティング業務を実施することの禁止，経営者の内部統制報告書に対する監査，監査人（監査事務所ではない）の5事業年度ごとの交代（"ローテーション"）等が実施されることになった。

4 グローバルな監査の展開

　現在は，国際会計士連盟（International Federation of Accountants）の下に組織された「国際監査・保証基準審議会」（The International Auditing and Assurance Standards Board）の定める「国際監査基準」（International Standard on Auditing）をベースに，各国の公認会計士が活躍している。

　世界の4大監査法人と日本の4大監査法人も，**図表**のように提携し，国際展開する大手企業の連結財務諸表を監査している。

図表■国際提携関係の変遷（上：1980年代半ば，下：現在）

アーサー・アンダーセン（Arthur Andersen）	－英和監査法人
アーサー・ヤング（Arthur Young）	－監査法人朝日親和会計社
クーパーズ・アンド・ライブランド（Coopers & Lybrand）	－中央監査法人
デロイト・ハスキンズ・アンド・セルズ（Deloitte, Haskins & Sells）	－監査法人三田会計社
アーンスト・アンド・ウィニー（Ernst & Whinney）	－太田昭和監査法人
ピート・マーウィック・ミッチェル（Peat, Marwick, Mitchell）	－港監査法人
プライス・ウォーターハウス（Price Waterhouse）	－青山監査法人
トウシュ・ロス（Touche Ross）	－サンワ・等松青木監査法人
アーンスト・アンド・ヤング（Ernst & Young）	－EY新日本有限責任監査法人
デロイト・トウシュ・トーマツ（Deloitte Touche Tohmatsu）	－有限責任監査法人トーマツ
KPMG	－有限責任あずさ監査法人
プライス・ウォーターハウス・クーパース（Price Waterhouse Coopers） 　－PwCあらた有限責任監査法人（加えてPwC京都監査法人もメンバーファーム）	

（千代田邦夫）

日本の会計士制度

1 商法制定と会計士制度

　わが国の会計士制度は，明治維新後わが国が近代国家として歩みを始める過程で形成されていった。近代国家にとって不可欠なのは，経済活動の担い手である会社制度の確立であった。わが国の会計士制度の歴史を考えるにあたっては，わが国の明治維新以後の会社法制の展開と結びつけて考察する必要がある。文末に資料として，会社法制と会計士法制の展開年表を掲げた。

　明治23年商法が制定され（旧商法），近代的会社制度が創始された（明治32年改正：新商法）。この商法はドイツ商法を範としたもので，監査役が会計監査とともに業務監査を担うものであり，監査役の資格に会計専門家は求められておらず，またわが国にはまだ職業会計士は存在していなかった。

　明治20年代には，会計を業務とする先進的な会計事務所も存在したが，明治40年代に至り，大日本製糖会社のような政界を巻き込む会社不正が発生して（日糖事件），監査を担う職業会計士制度の必要性が論じられてきた。

2 計理士法の制定

　明治末期から大正期にかけて，会計士法立法運動が展開された。欧米の会計士制度の移植の機運が高まり，昭和2年に計理士法が制定された。イギリスの会社法制では，会社の会計監査は職業会計士が担う制度であり，発達したこのイギリスの会計士制度にならって制定されたものである。

　計理士法が職業会計士法制として制定されたが，会社の法定監査の担い手としては位置づけされず，職業的基盤は弱いものであった。多数

の登録計理士が誕生したが，実際に会計業務に携わったものは少数であった。森田熊太郎，東奭五郎等が会計士制度形成に貢献した。第2次世界大戦後アメリカにならった公認会計士法が制定され，計理士法は廃止された。

3 証券取引法・公認会計士法の制定

　第2次世界大戦後，戦後経済の復興の過程で，アメリカの会社法制が導入された。昭和23年アメリカの制度にならった，証券取引法および公認会計士法が制定された。証券取引所に上場する会社は，公表する財務諸表に新設の公認会計士による監査証明書を付すことが求められた。こうして証券取引法による企業内容開示制度の一環として，公認会計士による強制監査が制度化された。いわゆる証券取引法監査であり，現在の監査制度の基礎が形作られた。

　昭和25年の商法改正では，監査役の職務権限は，従来の会計監査と業務監査から会計監査に限定され，将来公認会計士が監査役の職務を担うことが予定されていた。商法監査は監査役監査として実施され，公認会計士監査は証券取引法監査として実施されることとなり，株式会社監査は2つの法律で規制されることとなった。証券取引法監査では，昭和24年によるべき会計基準として企業会計原則が設定され，法定監査の部分実施を経て，昭和32年によるべき監査基準が設定され，全面実施に移っていった。

4 監査法人制度の創設

　昭和30年代の終わりから40年代の初め，証券取引法による公認会計士の法定監査の根づく過程で，山陽特殊製鋼等の大規模会社の粉飾決算が明るみに出て，法定監査の見直しがなされた。その中で昭和41年に公認会計士法が改正され，

組織的監査の担い手として監査法人が制度化された。また日本公認会計士協会の特殊法人化がなされ，会計士業界の地位が強化された。

昭和49年，商法改正とともに商法特例法（株式会社の監査等に関する商法の特例に関する法律）が制定され，大規模会社の特例として，公認会計士による法定監査を義務づけた。大規模会社（資本金5億円以上，負債総額200億円以上）は決算書類に，会計監査人（公認会計士または監査法人が任命される）による監査証明を付すこととなった。こうして証券取引法監査と商法監査が法的に一体となり，両監査のための会計基準また監査基準の調整が行われた。

昭和49年改正商法では会計監査人の任免は，取締役会の権限であったが，昭和56年改正商法において，その権限が株主総会に移行され，会計監査人の独立性の確保が図られた。その後大会社の監査制度の強化が繰り返し行われ，平成5年に社外監査役制度の導入，平成14年には，アメリカ型の企業統治形態である委員会等設置会社制度の導入が図られた。大会社には会計監査人の任命が求められた。

5 会社法・金融商品取引法の制定

平成17年に商法が会社法として，また同18年には証券取引法が金融商品取引法として衣替えし法制度が整備された。会社法では企業統治形態として，監査役設置会社と委員会等設置会社の両制度の選択適用を認め，いずれの制度においても会計監査人の設置を求めた。この両法律の制定によって，大規模株式会社の会計基準，監査基準の整備，会社監査の体制の調整がなされてきた。

平成26年改正会社法において，監査等委員会設置会社制度が新たに設けられ，その結果従来の委員会等設置会社は，指名委員会等設置会社と名称を変更することとなった。この改正会社法において，公開会社かつ大会社は，いずれの統治機構を採用するとしても，会計監査人は必須の機関とされた。

現在わが国の法定監査業務の大部分は，4大監査法人によって担われ，それぞれの監査法人は国際会計事務所と提携して，国際的に業務を展開している。したがってよるべき会計基準また監査基準の設定・改訂については，わが国の会計専門家が国際的基準設定主体に加わり，会計基準また監査基準の設定の国際的役割を担うものとなっている。

6 会計監査の進展

株式会社制度の基礎は，健全な企業内容開示制度の確立であり，職業会計士は第三者の立場で独立性を維持しつつその制度を支えることが監査制度上の基盤である。第2次世界大戦後証券取引法監査による法定監査の開始後まもなく，大規模な会計不正，粉飾決算が明るみに出た。昭和41年の公認会計士法改正によって，監査法人の制度化，日本公認会計士協会の特殊法人化がなされ，監査の独立性向上が図られた。また同年の監査基準改訂において，実査，立会，確認等の実証監査手続が強化された。

平成3年の監査基準改訂において，不正問題に対する役割期待に対応して，監査上の危険性（監査リスク）が強調された。平成14年の改訂では，リスク・アプローチが明確化され，継続企業の前提への対処また職業的懐疑心の保持が規定された。平成18年金融商品取引法により，適正な監査実施のための制度として内部統制報告書監査が制度化され，また企業内容開示のさらなる進展として，四半期報告と四半期レビューが制度化された。

これまで述べてきたように，日本の会計士制度は，第2次世界大戦後，アメリカにならって形成された公認会計士制度の下で発展してきた。今や大規模化し，国際的に業務を展開するものとなっている。監査を巡る問題性は，国際的に取り組まれてきており，わが国の公認会計士・監査法人は，その中で国際的役割を担うものとなっている。現在監査業界では，会計不正に対処するために監査法人の組織的運営，監査の国

際化への対応また監査手法の高度化に取り組む必要性等が論じられており，わが国の会計士業界は，職業会計士監査の信頼性の確保のためにさらなる発展が期待されている。

● 参考文献─────────

會田義雄［1983］『現代会計監査（全訂版）』慶応通信。

日下部與市［1975］『新会計監査詳説（全訂版)』中央経済社。

八田進二・町田祥弘［2006］『逐条解説　改訂監査基準を考える』同文舘出版。

原征士［1989］『わが国職業的監査人制度発達史』白桃書房。

原征士［2006］『株式会社監査論（第4版)』白桃書房。

山浦久司［2008］『会計監査論（第5版)』中央経済社。

【資料】会社法制・会計士法制展開年表

	会社法制	会計士法制
明治23年	商法制定（旧商法）	
明治32年	商法改正（新商法）	
明治40年		森田熊太郎「森田会計調査所」開設
明治42年		大日本製糖会社破綻（日糖事件）
大正3年		会計士法立法運動始まる
大正5年		東奭五郎「東会計人事務所」開設
大正10年		日本会計士会設立
昭和2年		計理士法制定
昭和23年	証券取引法制定	公認会計士法制定
昭和24年		企業会計原則設定
昭和25年	商法改正	
昭和32年		監査基準設定
昭和41年		公認会計士法改正
昭和49年	商法改正・商法特例法制定	
平成5年	商法・商法特例法改正	
平成14年		監査基準改訂
平成15年		公認会計士法改正
平成17年	会社法制定	
平成18年	金融商品取引法制定	
平成26年	会社法改正	

（原　征士）

日本の計理士制度の形成

1　計理士法の制定

わが国で初めての会計士制度である計理士法（法律第31号）は，1927（昭和2）年3月に公布され，同年9月に施行された。計理士法は全13条と附則から構成されており，計理士試験や計理士登録に関する規定は，計理士法施行令（同年9月公布，施行）に別途設けられた。同年11月には計理士試験と計理士登録が開始された。

計理士登録は，原則として筆記と口述の試験を突破した合格者に認められた（計理士法第2条）。一方で，例外として無試験で登録できる規定があり，会計学を修めた学士や専門学校卒業生（計理士法第3条）には無試験で登録を認めた。また，第3条の要件に漏れた現業者に対する経過措置があった（附則第3項，第4項）。

2　計理士法の問題点

計理士という資格や職業の認知という観点からは，法制化は一定の役割を果たしたであろう。しかし，無試験登録を認めたことで制度の問題点も顕在化した。計理士試験は1927（昭和2）年から1947（昭和22）年まで計19回実施され（途中，戦争により2年間中止），最終合格者は累計113名であったが，その間の計理士登録者数は25,683名に及ぶ。すなわち，無試験で計理士登録できた者が25,570名にも達したことになる。要するに，第3条要件を満たす学業を修めた者が，とりあえず登録する，という状況が続いたのである。計理士制度では，登録後に実務能力レベルを試される機会はなく，登録者が計理士実務を行っているのかを確認される機会もなかった。

他にも，計理士法には問題点があった。計理士法第1条に，計理士は「計理士ノ称号ヲ用ヒテ」業とするもの，と規定されたが，計理士の称号を用いなければ計理士でなくても計理士業務を行うことができる，といった解釈を可能としたのである。これらの問題点を解消すべく，法改正運動が起こった。

3　計理士法改正運動

法改正案は，いくつかの計理士団体によって提案された。主な提案内容として，無試験登録の撤廃や計理士の独占業務保護規定の他，計理士団体の統一化，計理士業務の職域等が挙げられる。たとえば，計理士業務範囲について，計理士法第1条には「会計ニ関スル検査，調査，鑑定，証明，計算，整理又ハ立案ヲ為ス」と明記されていたが，計理士の質向上を図る計理士団体からは「検査，調査，鑑定，証明」業務と，「計算，整理，立案」業務との分離が主張された。加えて，「税務代理」業務は計理士業務とは分化すべきであるとの主張もされた。

計理士法成立直後の1929（昭和4）年から1940（昭和15）年までの帝国議会に改正法案は何度も提出されており，計理士団体による計理士法改正運動は活発に行われたといえる。その後，1941（昭和16）年に計理士会が発足し，計理士団体の統一化は果たされたが，これは戦時体制下の挙国一致政策によるもので，計理士団体の主義主張が統一された結果とは言い難い。

計理士法改正運動は業界内で統一した主義主張が取りまとめられることはなく，法改正は実現しなかった。計理士法改正には至らなかったが，1942（昭和17）年に税務代理士法が制定され，戦後に創設された公認会計士制度や税理士制度の構築につながるような議論展開がなされたことは，わが国における会計士制度草創期の見落とせない史実である。

（平野由美子）

57

Audit

公認会計士法

1 公認会計士法制定の背景

1927年に「計理士法」が公布・施行され，わが国における初めての職業会計人が法律によって規定された。計理士法は，計理士が「計理士ノ称号ヲ用ヒテ会計ニ関スル検査，調査，鑑定，証明，計算，整理又ハ立案ヲ為スコトヲ業トスルモノトスル」と定めた。もっとも，計理士の称号を用いてこれらの業務を行うことができるのであって，独占業務とされていたわけではなかった。実際に従事した業務の多くは，記帳代行や税務に関するものであったとされる。さらに，計理士の資格付与に問題があり（計理士試験の合格者のみならず，大学または専門学校で会計学の単位を修得して卒業した者まで幅広く付与），財務諸表の監査への関与は，その能力に関して実務界や会計学者から不安視されていた。

このような計理士制度の実情に加え，第2次世界大戦の敗戦により，わが国の経済社会の復興と発展を民主的に進めていく必要性に迫られていた。証券民主化（財閥解体等による証券投資の一般大衆化）と外国資本の導入が要請され，これに伴い企業の財務報告制度や職業会計人制度の整備が問題となった。これらを背景に，1948年4月に証券取引法が制定されている。証券取引法は「国民経済の適切な運営及び投資者の保護に資するため，有価証券の発行及び売買その他の取引を公正ならしめ，且つ，有価証券の流通を円滑ならしめることを目的」とし，有価証券の募集・売出をしようとする会社は有価証券届出書を，その後の各事業年度に有価証券報告書を，それぞれ大蔵大臣（当時）に提出しなければならないことを定めた。そして，有価証券届出書または有価証券報告書のうち，投資者等にとって重要な判断材料となる貸借対照表，損益計算書その他の財務書類については，「監査と会計に関する職業専門家」による監査証明

を受けなければならないこととされた。ここに財務諸表監査の担い手として，計理士に代わる専門資格者が必要とされたのである。

2 公認会計士法制定と監査の実施

公認会計士法は，1948年8月1日に施行された。法案は，証券民主化と外国資本の導入がGHQ（連合国軍最高司令官総司令部）による占領政策からの要請であり，迅速に審議が進められた。資格名称については，旧制度の計理士との相違を明らかにすることや，従前からあった会計士と区別するために，公認会計士という名称になったといわれる。

同法は，公認会計士の業として，他人の求めに応じ報酬を得て財務書類の監査または証明を行うこと（第2条1項），公認会計士の名称を用いて，財務書類の調製，財務に関する調査，立案，相談の業務（同条2項）ができるとした。前者を独占業務とすることが明記された（第47条）。特定の利害関係のある場合，監査業務はできないこととされ，財務書類の証明をする場合は，その範囲および利害関係の有無および内容を明示しなければならない旨が明記された。

公認会計士試験については，1次・2次・3次試験の3段階とした。1次試験は一般的学力試験（大学卒業者等は免除），2次試験は専門的学識の試験で，合格者は会計士補として実務補習1年および実務補助2年を経て3次試験を受験することができた。3次試験は専門的応用能力試験で，合格すると公認会計士名簿への登録を受けて公認会計士となった。

公認会計士が行う監査の基準や手続等については，1950年に「監査基準」と「監査実施準則」が企業会計審議会の前身である企業会計基準審議会によって制定された。監査の基準や手続が整備されたことによって，1951年7月1日以後に開始する事業年度から，証券取引法に基

づく財務諸表の監査が段階的に実施され，正規の監査は1957年1月1日以降に開始される事業年度から実施されることとされた。

公認会計士法の施行に伴い，段階的な特例措置を経て，計理士制度は廃止となった。現在は「計理士の名称の使用に関する法律」（1967年）により，計理士の名称のみが残っている。

3 粉飾決算の多発と，監査制度の実効性向上に向けて―1966年の改正を中心に

1964年から1965年にかけて会社の倒産や破たんが相次ぎ，会社の粉飾決算が社会問題化した。山陽特殊製鋼をはじめとする上場会社の破たんと巨額な粉飾決算は，公認会計士による監査の実効性が問われることとなった。このため，監査体制の充実，自治機能の強化，商法における監査制度の強化等の措置が講じられることとなった。

1966年に公認会計士法が改正され，監査法人が制度化，監査体制の充実が図られた。無限連帯責任の社員である5人以上の公認会計士によって組織される監査法人が，共同組織体として監査証明業務を行うことを認める制度である。また，日本公認会計士協会の特殊法人化と，同協会への公認会計士の加入登録が義務づけられ，自治機能の強化が図られた。

商法における監査制度の強化については，1974年の商法改正によって実現した。①監査役は会計監査の他に業務監査も行い，その監査機能を強化すること，②商法特例法の適用を受ける「大会社」については，監査役監査の他に，計算書類と附属明細書について，株主総会で選任された会計監査人たる公認会計士または監査法人による監査を受けることが義務づけられた。ここに「会計監査人監査」が制度化された。

4 公認会計士法の抜本改正―2003年の改正

わが国資本市場の活性化，監査と会計の複雑化・多様化・国際化，わが国の会計監査に対する国際的な信認の確保等のために，2003年に

1966年以来の公認会計士法の抜本改正が行われた。この背景には，グローバル化に伴う公認会計士業務の変化や，わが国におけるバブル経済の崩壊後の粉飾決算事件や破たん企業の増加，米国におけるエンロン，ワールドコム等の会計不正事件と企業改革法の成立等があった。

具体的には，①公認会計士の使命（第1条）と職責（第1条の2）の明確化，②監査人の独立性の強化，③公認会計士・監査審査会の設置，④試験制度の見直し（3段階5回の試験体系を1段階2回＋実務補習終了と簡素化，会計専門職大学院の修了者への試験科目の一部免除等），⑤指定社員制度の導入が規定された。

5 監査法人制度の発展と監査人の独立性の向上―2007年の改正

2006年初めにかけて，カネボウ等の有価証券報告書の虚偽記載事案が発覚し，ディスクロージャー制度の信頼性を確保するための対応の必要性が再び生じた。2007年に公認会計士法を改正し，①監査法人の品質管理・ガバナンス・ディスクロージャーの強化（監査法人における業務管理体制の整備強化，情報開示の義務づけ等を規定），②監査人の独立性と地位の強化（監査法人社員の就職制限の範囲拡大，ローテーション・ルールの整備），③監査法人等に対する監督・責任のあり方の見直し（課徴金納付命令や，有限責任組織形態の監査法人制度の創設）等が行われた。

●参考文献―――――
（「59 監査法人制度」の参考文献も参照）

新井益太郎［1999］『会計士監査制度史序説』中央経済社。

西野嘉一郎［1985］『現代会計監査制度発展史―日本公認会計士制度のあゆみ』第一法規出版。

羽藤秀雄［2009］『新版公認会計士法―日本の公認会計士監査制度』同文舘出版。

原征士［1989］『わが国職業的監査人制度発展史』白桃書房。

（山下修平）

監査基準

1 概要

監査基準は，公認会計士が財務諸表監査を行う際に準拠することが求められる規範であり，金融庁企業会計審議会によって定められ，継続的に改訂されている。公認会計士が監査基準に違反した場合には，財務諸表等の監査証明に関する内閣府令における「一般に公正妥当とされる監査の基準」に反すると判断され，行政上および民事上の責任を問われる可能性がある。

「一般に公正妥当とされる監査の基準」は，監査基準に加え，金融庁企業会計審議会の公表する「監査に関する品質管理基準」「監査におけるリスク対応基準」，日本公認会計士協会の公表する「監査基準委員会報告書」，さらに国際監査・保証基準審議会（IAASB）の公表する国際監査基準（ISA）までを含んだ幅広い概念である。本デーマでは，金融庁企業会計審議会公表の監査基準について解説する。

2 財務諸表監査とは

公認会計士が行う財務諸表監査とは，会社等から独立した立場の監査人である公認会計士が，当該会社等が作成した財務諸表に対し，信頼性を担保するために証拠に基づき検討し，その結果を監査報告書として当該会社等や利害関係者に伝える行為をいう。これにより，会社等の公正な事業活動や財務諸表利用者の保護等を図り，最終的には，投資者および債権者等の財務諸表の利用を円滑化し，健全な経済発展の基盤を築くことが期待されている（公認会計士法第1条）。

3 監査基準制定までの歴史

財務諸表監査制度は，株や債券を売買する証券市場の成長と関わりが深い。財務諸表監査は，企業規模の拡大や資本投資の増大等を通じ，任意の制度から始まり，やがて関連法規等の整備によって監査が制度化された。さらに，不正事例の蓄積により，財務諸表監査の果たす役割に対する社会的期待が高まり，監査基準が制度化された（**図表1**）。

図表1■監査基準制度化までの歴史的経緯

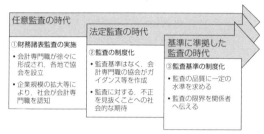

出所：筆者作成

近代的証券市場が最初に発達した英国では，産業革命以降，鉄道業や運河建設業等で資本投資が拡大した。会計の専門知識をもつ職業集団による任意の財務諸表監査が広がり（①），投資家の経済的意思決定や，会社の株主への配当額の決定に財務諸表が利用された。しかし，法的な財務諸表監査制度も監査基準も未整備であった。やがて会計専門職による協会が各地で組織されると，1948年に株式会社に会計専門職による財務諸表監査が義務づけられ（②），1976年に監査基準が制定された（③）。

米国では，1920年代までに各州で公認会計士制度が発足し（①），1934年には証券取引法により基本的に上場企業に財務諸表監査が義務づけられた（②）。しかし，1938年，上場する医薬品会社のマッケソン・ロビンス社で，会社の幹部が長年にわたり粉飾を行っていたことが発覚し，監査人たる公認会計士等が不正を見抜けなかったことで社会的な非難を招いた。この事件では，監査人の責任を問う議論とともに，そもそも監査が警察による犯罪捜査と異なり強制捜査権を持たず，時間的・経済的にも制約があることの限界について議論された。最終的には規制当局である証券取引委員会も議論に加わり，

1948年，アメリカ公認会計士協会が監査基準を制定し公表した（③）。その性質は，監査人に対して監査の品質に一定の水準を求める側面とともに，それ以外の関係者に対し，監査の限界を明らかにし，監査人への訴訟リスクをコントロールする側面もあったといわれる。

わが国では，第2次世界大戦後，証券取引法（現在の金融商品取引法）に基づき法定財務諸表監査が初めて実施されるにあたり（②），1950年に大蔵省企業会計審議会（当時：現在の金融庁企業会計審議会）から「監査基準」が公表された（③）。

4 監査基準の内容

金融庁企業会計審議会公表の監査基準は，監査実務の中に慣習として発達したものの中から，一般に公正妥当と認められたところを帰納要約したものとされる。しかしわが国においては，監査基準制定当時には会社の財務諸表監査の知識が十分でなかったため，当初は監査実務に対する啓蒙的な役割も見られた。

監査基準の内容は，監査の目的，監査人の適格性と業務上守るべき規範を明らかにした一般基準，監査手続実施の基本の原則や監査計画の策定等を明らかにした実施基準，および監査報告書の記載要件を定める監査報告書基準から構成されている（**図表2**）。

図表2 ■監査基準の主な構成

監査の目的	• 財務諸表の表示が適正か監査人の意見を表明すること
一般基準	• 監査人の適格性の基準 • 監査人の業務上守るべき規範
実施基準	• 監査手続実施の基本の原則 • 監査計画の策定と実施の基準
報告基準	• 監査報告書の記載要件

出所：筆者作成

監査基準は継続的に改訂されているが，その中でも大きな改訂は，1991年と2002年に行われた。1991年の改訂では，監査の高度化，国際化等に対応するために，総括的に監査を行うのではなく，経済環境，会社の特性等を勘案し，財務諸表の重要な虚偽記載に繋がるリスクのある項目に対して重点的，効果的に監査を行うべきとした。また，監査基準を補足する具体的な実務の指針を示す役割は，規制当局の金融庁ではなく，わが国の公認会計士の自主規制機関である日本公認会計士協会に委ねられた。2002年の改訂では，虚偽表示のリスクに応じた監査手続上の対応を行うリスク・アプローチの概念が明確化された。

5 類似の第三者による財務情報等の検討行為

財務諸表監査と同様に，財務情報等を第三者が検討する行為としては，憲法上の機関である会計検査院が，国や法律で定められた機関の会計に対して行う会計検査がある。財務諸表監査と会計検査は，ともに独立の立場から財務関連情報を吟味する行為であるという点で共通する。一方，目的には違いがあり，財務諸表監査は会計情報を対象とし利用者の経済的意思決定を誤導しないことを目的とするのに対し，会計検査は会計情報を含んだ業務情報全体を対象とし，手続的正当性や効率性の評価を目的とするという違いがある。

●参考文献
鳥羽至英［1994］『監査基準の基礎（第2版）』白桃書房。
野口昌良［2012］「第6章 株式会社と会計専門職業の形成」千葉準一・中野常男 責任編集『体系現代会計学第8巻 会計と会計学の歴史』中央経済社。
村田直樹［2012］「第4章 株式会社会計における財務報告の源流」千葉準一・中野常男 責任編集『体系現代会計学第8巻 会計と会計学の歴史』中央経済社。

（三原武俊）

59

監査法人制度

1 監査法人制度の創設

　監査法人制度は，複数の公認会計士による組織的な監査を推進するための共同組織体として，1966年の公認会計士法の改正により創設された。企業規模の拡大や経営の多角化等に伴い，監査証明に係る業務が増大・複雑化している事情に対応するため，組織的監査を推進し，監査の水準の向上を図ることを目的としていた。また，公認会計士の経済的な基盤の強化による監査の独立性の確保，監査法人の職員として若手の公認会計士を監査実務に従事させ実務経験を豊富にさせる等の効果も期待されていた。

　この背景には，1964年から1965年にかけて会社の倒産や破たんが相次ぎ，会社の粉飾決算が社会問題となったことが挙げられる。山陽特殊製鋼をはじめとする上場会社の破たんと巨額な粉飾決算は，公認会計士による監査の実効性が問われることとなった。山陽特殊製鋼は，当時のわが国有数の特殊鋼メーカーであり，多方面に深刻な衝撃を与えたこともさることながら，個人の公認会計士が粉飾を黙認していた点が問題視された。

　1965年11月，公認会計士審査会による答申では，公認会計士の共同組織体の必要性として，①被監査会社の経営規模が著しく拡大し，個々の公認会計士の単独監査では適正な監査が実施できない現状にあること，②被監査会社の適正な監査を実施するためには，それぞれの業種部門に精通した公認会計士の共同の監査が望ましいこと，③個人である公認会計士では独立性を保つことが必ずしも容易ではないこと，④監査に伴う債務不履行または不法行為による損害賠償責任を必ずしも十分に果たし得ないこと，⑤適正な監査を実施するために必要な物的設備の整備には，個人である公認会計士では限界があること，⑥企業活動が継続して行われているた

め，その監査には継続性が必要であるが，個人である公認会計士ではその要件が満たされないことを挙げている。

　これらを受けて，監査体制の充実を図るため，1966年に公認会計士法の改正が行われ，監査法人制度が誕生した。

2 監査法人の誕生

　1967年1月，監査法人の第1号として，監査法人太田哲三事務所が設立された。設立当時の法人の規模は，社員8名，有資格者の使用人12名というものであった。その後も監査法人が設立されたが，個人事務所をそのまま法人に変更した程度の規模であった。他方，わが国経済の国際化の進展とともに，監査法人も国際水準を持つものの登場が強く要請され，大蔵省は1968年2月に「おおむね2年後には，一定規模以上（たとえば資本金50億円以上）の会社に係る証券取引法監査は監査法人に限ることが望ましい」との方針を明らかにした。

　これらを背景に，複数の個人事務所が合同して大規模な監査法人を設立する動きが活発になった。1968年5月には，社員24名，使用人48名，全国の5ヵ所に事務所を有する，等松・青木監査法人が設立され，監査法人中央会計事務所（1968年12月設立），監査法人朝日会計社（1969年7月設立）等，全国的規模のものを含め監査法人の設立が相次いだ。1972年には，監査法人の設立と公認会計士事務所の協同化を促進するために，大蔵省は監査法人の認可基準の緩和を図った。

3 監査法人の増加，再編，そして国際化と寡占化

　大蔵省は1980年，監査法人の設立および公認会計士事務所の協同化を促進するため，さらなる認可基準の緩和を図った。その結果，監査法

人数は，1974年末の33社から，1983年末には83社に増加した。その後，監査の国際化，組織化のために監査法人の合併が進み，大規模な監査法人が出現するとともに，有力監査法人といわゆるビッグ8とよばれる国際会計事務所との業務提携が進んだ。1980年代半ばにおけるわが国の監査法人の国際提携の関係はテーマ55の図表の通りである。1985年前後には，NTT，JT，JR各社のような企業が誕生したことも，監査法人の大型化の背景として挙げられる。

その後，日本の監査法人の提携先である国際会計事務所ビッグ8のあいだで合併が行われて，規模的にはますます巨大化していった。2002年には，アメリカのエネルギー大手エンロン社の破たん・不正会計事件に端を発し，アーサー・アンダーセンが解散・解体された。ここに国際会計事務所は，ビッグ4の時代を迎える。わが国においても，国際会計事務所の再編とも相まって，2000年には，「4大監査法人」（監査法人太田昭和センチュリー，朝日監査法人，中央青山監査法人，監査法人トーマツ）時代に突入する。2006年には，カネボウの粉飾事件に中央青山監査法人の関与社員が加担していたことが明らかになり，同監査法人は2ヵ月の業務停止の行政処分，みすず監査法人への名称変更を経て，2007年に解散した。

現在（2019年）は，EY新日本有限責任監査法人，有限責任監査法人トーマツ，有限責任あずさ監査法人，PwCあらた有限責任監査法人が4大法人に数えられ，上場企業の8割弱を監査している。

④ 監査法人制度の見直し―2003年と2007年の公認会計士法改正

2003年の公認会計士法の改正により，監査法人制度の一部見直しが行われた。これは，監査法人の大規模化や大手監査法人による寡占化等，制度創設当時の想定と乖離がみられる実情を踏まえたものである。具体的には，①指定社員制度が導入され，②事前監督から事後監視への規制緩和の観点等から，監査法人の設立の認可制が届出制に改められた。

2007年の公認会計士法の改正により，監査法人制度の抜本的な見直しが行われた。一部の監査法人は社員数が数百人を数え，制度創設時の状況とは乖離した大規模化が一層進んでいたことが背景にある。また，公認会計士監査をめぐる非違事例等監査の信頼性を揺るがす事態が生じていたことや，企業活動の多様化・複雑化・国際化が進展する中で監査業務も複雑化・高度化を遂げており，組織的監査のあり方が根本から見直された。具体的には，①監査法人の品質管理・ガバナンス・ディスクロージャーの強化の観点から，業務管理体制の整備の徹底，監査法人による情報開示の義務づけ等の処置が講じられた。また，②監査人の独立性と地位の強化の観点から，監査法人社員の就職制限の範囲拡大や，ローテーション・ルールの法定化を図った。そして，③監査法人の責任のあり方の見直しの観点から，有限責任組織形態の監査法人制度が新設された。2019年現在，4大監査法人はすべて有限責任監査法人体制に移行した。

●参考文献―――――――――――
（「57　公認会計士法」の参考文献も参照）

池田唯一・三井秀範監修［2009］『新しい公認会計士・監査法人監査制度―公正な金融・資本市場の確保に向けて』第一法規。

遠藤博志・小宮山賢・逆瀬重郎・多賀谷充・橋本尚編［2015］『戦後企業会計史』中央経済社。

川北博［2001］『会計情報監査制度の研究―日本型監査の転換』有斐閣。

日本公認会計士協会年史編纂特別委員会編［2000］『50年のあゆみ』日本公認会計士協会。

原征士［2003］「わが国監査法人の展開―国際会計事務所の再編成とわが国監査法人」『経営志林』第39号，175-184頁。

（山下修平）

監査人の職業的懐疑心（監査人の責任）

1 監査人の責任

わが国の会計記録の検査の起源は，文献上遡れる範囲では，『日本書紀』に記されている雄略天皇時代の蘇我麻智宿禰の「檢校三藏」である。監査という用語は，非常に広く用いられているが，大学では，財務諸表監査を中心に学ぶことになろう。

財務諸表監査における監査人の責任は，監査人（監査法人）が実施した監査に基づいて，独立の立場から意見を表明することにある。監査人は，意見を表明するまでに指導機能を発揮して適正な財務報告となるように助言しているが，その実態が外部から窺えることは稀であり，監査人が果たした役割の多くは目に見えない。しかし，ひとたび不正な財務報告が発覚すれば，監査人の監査責任が問われることになる。

不正の発見に関する「期待ギャップ」は，幾度となく論争されてきたが，不正に関する第一義的責任は経営者にあり，監査人の不正発見は副次的目的にすぎない。監査固有の限界のため，一般に公正妥当と認められる監査の基準に準拠して適切に監査計画を策定し適切に監査を実施しても，重要な虚偽表示が発見されないという回避できないリスクがあり（監査基準委員会報告書240，5項），監査人は監査の基準に準拠して職業的専門家としての正当な注意を行使していれば，監査を失敗しても免責されてきた。

2 職業的専門家としての正当な注意と監査の基準

監査人は，職業的専門家としての正当な注意の行使により免責されるが，正当な注意の行使は監査の基準の準拠で判断される。正当な注意の概念は，法律上の合理的な注意概念に基づい

ており，監査に正当な注意の概念が入った契機も監査人に対する訴訟に由来する。その嚆矢は，1895年，イギリスのLondon and General Bank事件控訴審判決とされている。この判決では，監査人に合理的な注意と技能の行使を求め，それによる免責の判断規準が示された。職業的専門家としての正当な注意の行使による免責規準は，今日に至るまで国際的に用いられている。

正当な注意が監査基準の中に明記されたきっかけは，アメリカのSamuel J. Broadによる，1941年のアメリカ会計士協会年次総会の講演である。当時は，正当な注意の行使が監査人の連邦証券諸法上の責任の有無を決定する重要な判断要素であったため，正当な注意の水準を定めた監査基準を設定し，それによる免責の必要性が主張された。その後，アメリカでは正当な注意が監査基準一般基準に明記され，わが国の「監査基準」にも引き継がれた。

わが国の「監査基準」の端緒は，昭和25年経済安定本部企業會計基準審議會第3部会の中間報告である。昭和25年「監査基準」では，第一，監査一般基準，三「監査人は，監査の実施及び報告書の作成については，職業的専門家としての正当な注意をもってこれを行わなければならない」とされた。現在も求められている内容は同じであるが，平成14年改訂の際，「懐疑心を保持して」が強調されている。

一般に公正妥当と認められる監査の基準は，平成3年以降，このような「監査基準」に日本公認会計士協会が公表した実務指針等を含むとされている。平成3年より前は，「監査実施準則」に通常の監査手続が具体的に示されており，「監査実施基準」および「監査実施準則」に準拠して監査を行い，それを監査調書に記録していれば監査人は無過失とされてきた（当時の多数説は商事法務研究会編『改正証券取引法の解説』[1971]等）。平成元年から平成3年にかけて

「監査基準」,「監査実施準則」および「監査報告準則」が見直され,財務諸表に重大な影響を及ぼす不正行為等の発生の可能性に対処するためにリスク・アプローチが導入されると,監査基準の純化が図られ,具体的な監査手続については日本公認会計士協会の実務指針等によることとなった。リスク・アプローチを本格的に導入した平成14年改訂で「監査実施準則」も廃止された後は,監査人の責任は,実施した監査手続によって個別具体的に判断されている。

3 監査の基準における懐疑心

懐疑心の用語は,検討する,考慮する,思慮深く尋ねる,という意味を有する「懐疑的な」(skepsis) というギリシャ語に由来している。疑問を持って情報を探し求めることである。国際監査基準の定義では,疑念的探究心（a questioning mind）という用語で説明されている。

1970年代までの監査は,経営者の誠実性を前提としていた。「反証がないかぎり経営者は誠実であって,不正に関係していないことを前提とする」(Mauts & Sharaf [1961], *The Philosophy of Auditing*, p. 53) とされ,懐疑心は正当な注意の中に包摂されて考えられていたこともあり,1977年のアメリカ監査基準書（SAS）第16号も経営者の誠実性を前提としていた。

期待ギャップ基準書と位置づけられる1988年のSAS第53号でようやく,経営者を誠実とも不誠実とも仮定してはならないとした。不正概念を拡張した1997年のSAS第82号では,経営者は不正直であるとも何の疑いもなく正直であるともいずれも仮定してはいけない,との中立的な懐疑心を規定した。その後,アメリカでは,2001年12月に発覚したEnron事件（余談であるがEnron社の標語は*Ask Why?* である），2002年のWorldCom等の倒産の調査で監査人の疑い不足が判明し,懐疑心がより求められ,2002年のSAS第99号では,それまで維持されてきた中立的な職業的懐疑心の水準の記述をすべて削除し,疑いを持つ心と監査証拠に対する批判的評価を

含む姿勢を求めたのである。

わが国でも,バブル破たん後の倒産,また監査基準の国際化を踏まえ,同じ2002年の平成14年「監査基準」改訂により,懐疑心が明示強調された。実務指針では,「誤謬又は不正による虚偽表示の可能性を示す状態に常に注意し,監査証拠を鵜呑みにせず,批判的に評価する姿勢をいう」(監査基準委員会報告書200, 12項(11)) と定義され,「監査人は,財務諸表において重要な虚偽表示となる状況が存在する可能性のあることを認識し,職業的懐疑心を保持して監査を計画し,実施しなければならない」(同14項) としている。わが国の現行の監査の基準は,中立的懐疑心を前提としており,平成25年の「不正リスク対応基準」においても,「監査を行うに際し,経営者が誠実であるとも不誠実であるとも想定しないという中立的な観点を変更するものではないことに留意が必要である」(4(2)職業的懐疑心の強調) とされている。監査にあたり,全過程を通じて職業的懐疑心を保持し,不正による重要な虚偽表示リスクについては懐疑心を発揮し,不正によるか誤謬によるかを問わず,全体として重要な虚偽表示がないことについて合理的な保証を得ることが,現在の監査人の責任なのである（監査基準委員会報告書240,11項,F11-2項）。

●参考文献————

American Accounting Association, Committee on Basic Auditing Concepts [1973] *A Statement of Basic Auditing Concepts*, AAA.

Commission on Auditors' Responsibilities [1978] *Report, Conclusions, and Recommendations*, Commission on Auditors' Responsibilities.

鳥羽至英 [2017]『ノート 財務諸表監査における懐疑』国元書房。

村山徳五郎編 [2000]『SEC「会計連続通牒」〈2〉1970年代(1)』中央経済社。

福川裕徳編 [2018]『SEC会計監査執行通牒1982年-1985年』国元書房。

（檜山 純）

リスク・アプローチ

1 リスク・アプローチの意義と考え方

　リスク・アプローチとは，財務諸表に重要な虚偽の表示が含まれている場合に，それを看過して誤った監査意見を表明する可能性，すなわち監査の失敗，を一定水準に抑制するために，監査の有効性を確保しつつ効率性を達成するための監査戦略をいう。具体的には，財務諸表に重要な虚偽の表示が含まれる可能性を評価し，当該可能性の高い財務諸表項目に相対的にヨリ多くの監査資源を投入することによって，監査の有効性を確保しつつ効率的に監査を実施する考え方である。リスク・アプローチは，以下の等式によって説明される。

IR（固有リスク）$\times CR$（統制リスク）$\times DR$（発見リスク）$=AR$（監査リスク）

　右辺ARは監査が失敗する確率，すなわち財務諸表に重要な虚偽の表示がある場合に，それを看過して誤った結論を表明する確率である。それは社会が許容する水準であって，監査人にとっては所与となる。逆に$1-AR$は監査人が達成すべき保証の水準であり，合理的保証の水準と称される。またIRは，特定の財務諸表項目がもともと虚偽表示されやすい可能性であり，売掛金と建物を比べると，売掛金の方が通常はIRが高くなる。さらにCRは，財務諸表項目の持つIRの程度に応じて，当該項目が虚偽表示とならないように経営者が設けた内部統制をすり抜けて虚偽表示となってしまう可能性を意味する。これには，内部統制の整備が不十分なために虚偽表示が発見できなかったケースや，経営者不正のように経営者自身が内部統制を迂回ないし無視したケースが含まれる。売掛金を例にとると，売掛金勘定に同じ収益未収入項目である未収金が含まれないように，あるいは架空

の掛け売上の計上に伴って売掛金の過大計上がなされないように，売掛金取引を正確に管理・記録する内部統制を設けたとしても，最終的な期末売掛金残高に虚偽の数値が残ってしまう確率である。このような監査リスクの3つの構成要素の関係を図示したものが，次頁の**図表**である。

　この結果，$IR \times CR$は，特定の財務諸表項目に虚偽表示が潜在する確率であり，重要な虚偽表示のリスク（$RoMM$）と称される。したがって，具体的な監査のプロセスとして，監査人は，財務諸表項目の$RoMM$の程度に応じて，DRを引き下げねばならない場合は，強い証拠力のある監査証拠を入手できる監査手続を追加的に選択するのに対して，逆にDRが高くても良い項目に対しては，監査時間を短くしたり検査範囲を縮小したりできる。たとえば，ある企業の売掛金に関する監査リスクが5％と措定された場合，監査人が当該売掛金の固有リスクIRを80%，統制リスクCRを60%と評価すると，虚偽表示のリスク$RoMM$は48%となり，目標である発見リスクDRを約10%に下げられるような，証拠力の強い証拠を入手できる監査手続を重点的に適用する必要がある。これに対し，同じARが5％で，IRが40%，CRが30%の財務諸表項目の$RoMM$は12%となるので，DRの目標は約42%まで高くても良いことになり，それほど強い証拠力のある証拠を入手するための監査手続でなくても良く，また検査のサンプル数を減らしても良い，という考え方である。

2 リスク・アプローチ導入の歴史的背景

　リスク・アプローチという監査戦略を初めて導入したのは，アメリカ公認会計士協会（AIC-PA）が1988年に公表する一連のいわゆる期待ギャップ監査基準である。この背景には，1970

年代に多発した企業倒産に関連し，財務諸表監査を担当した会計事務所に対する監査の失敗を原因とした多数の損害賠償請求訴訟の提起と会計事務所側の敗訴があった。代表的な粉飾決算に起因した訴訟事件としてEquity Funding社事件があるが，当該事件で架空の貸付金計上を発見できなかった監査人の監査手続の杜撰さが指摘された。これ以外にも多くの会計不祥事が顕在化したことから，新聞や雑誌で「独立監査人はどこにいた?（Where was the independent auditor?)」という記事が目立つことになった。

このためAICPAは，1974年に「監査人の責任に関する委員会」（委員長の名を採って通称「コーエン（Cohen）委員会」と称する）を組織し，当委員会は1978年に11項目に及ぶ財務諸表監査の課題を提示した「報告，結論，勧告」（通称「コーエン委員会報告書」）を公表した。このなかでも，特に財務諸表に虚偽の表示をもたらす経営者による不正の発見に対する監査人の責任を強調した。AICPAとしては，会計事務所が

図表■監査リスクと３つの構成要素の関係

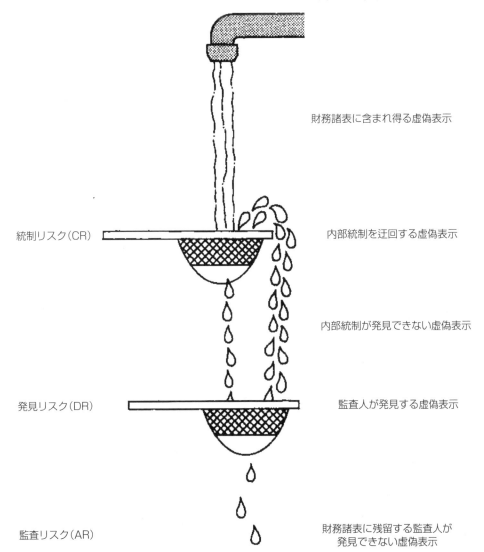

固有リスク(IR)

財務諸表に含まれ得る虚偽表示

統制リスク(CR)　　内部統制を迂回する虚偽表示

内部統制が発見できない虚偽表示

発見リスク(DR)　　監査人が発見する虚偽表示

監査リスク(AR)　　財務諸表に残留する監査人が発見できない虚偽表示

出所：AICPA［1985］*Auditing Procedure Study: Audits of Small Business*, AICPA, New York: NY, p. 44に一部加筆・修正。

被告となるような監査の失敗に起因した訴訟において，必要な監査手続が実際に一定の根拠のもとに有効に行われた事実を，陪審等に対してヨリ客観的に証明する必要性を認識し，リスク・アプローチに基づく数値による客観化が志向された。

また当時のアメリカにおけるクライアント企業の国際化・大規模化や経営活動の複雑化は，会計事務所に大規模化・国際化を求めることになり，システム投資や監査人員等の投入される監査資源の増加は監査コストの増大をもたらしたのに対し，クライアント企業からは監査報酬の引き下げ要求をもたらした。このため会計事務所においては，監査の有効性を確保しつつ監査コストを抑えなければならないという効率的な監査手法が求められることになった。

このように監査の有効性と効率性というトレードオフの関係にある2つの条件を合理的に充足させる監査戦略として，リスク・アプローチがアメリカにおいて開発された。

3 わが国のリスク・アプローチ基準

わが国においても，1980年代から90年代にかけて企業活動の多角化・国際化に伴いディスクロージャー制度の改革が行われ，連結財務諸表を含む有価証券報告書が整備されたが，一方で1991年頃からのバブル崩壊とともに，大口の法人顧客に販売した特定金銭信託に生じた損失を補塡する飛ばしや，担保価値の下落による大量の不良債権の発生を隠蔽するために行われた財務諸表の虚偽表示に対して，わが国会計事務所の監査が何の効果も果たさず，投資者は虚偽を含んだままの財務諸表を利用することになった。代表的な監査の失敗に起因して損害賠償請求訴訟が提起されたケースとしては，住宅金融専門会社の日本住宅金融による乱脈融資で生じた不良債権の過小評価を看過したとされるケースや，日本債券信用銀行や日本長期信用銀行による不良債権の隠蔽を見逃したケース，さらには山一證券の飛ばしに起因した粉飾決算を見抜けな

かったケースなどが挙げられる。

このような監査の無機能化を前にして，前回改訂の1965年以来の大改訂が1991年に監査基準に対して行われることとなった。1991年改訂監査基準では，「……最近，内外ともにいわゆる不正問題に関連して公認会計士の監査機能に対する社会の期待の高まりがみられる折から，監査上の危険性に対する十分な考慮を求めるとともに経営環境の適切な把握と評価の必要性について明言」（1991年改訂前文）し，アメリカで開発されたリスク・アプローチがわが国の監査基準に「監査上の危険性」という鍵概念とともに導入された。

1991年監査基準にリスク・アプローチが導入された後10年経過し，その定着による監査の有効化が期待されたにもかかわらず，2002年にカネボウによる粉飾決算が発覚する。カネボウの場合も，バブル崩壊以降の含み損を抱えた有価証券を子会社に飛ばし続けていたことが露見し債務超過となることを恐れ，押し込み販売等の手法で架空売上を計上し債務超過を隠すという粉飾決算であったが，それを監査人は発見できなかったとされる。このように，直前決算において公認会計士の適正意見が付されていたにもかかわらず，破綻後に大幅な債務超過となっていたものや，破綻に至るまで経営者が不正を行っていたものがあったのに対し，「公認会計士監査でこれらを発見することができなかったのか，公認会計士監査は果たして有効に機能していたのか等の厳しい指摘や批判」が行われた。こういった事情に加え，わが国企業の活動の複雑化や資本市場の国際的な一体化を背景として，公認会計士監査による適正なディスクロージャーの確保とともに，公認会計士監査の質の向上に対する要求が国際的に高まった（2002年改訂前文）。

これらの問題に対応するため，リスク・アプローチがわが国の実務に浸透するに至っていないと判断し，その徹底を図るために，リスク・アプローチについて「重要な虚偽の表示が生じる可能性が高い事項について重点的に監査の人

員や時間を充てることにより，監査を効果的かつ効率的なものとすることができることから，国際的な監査基準においても採用されているものである。」と2002年改訂監査基準に明記した。その上で，わが国の監査実務においてもさらなる浸透を図るべく，リスク・アプローチに関するリスクの諸概念や用語法について詳細に解説することになった。

　その後，2005年に工事進行基準による収益認識を操作して収益の架空計上を行ったことが発覚したメディア・リンクス事件，ならびに2007年に発覚する循環取引や架空取引を用いた加ト吉のケースのように，取引自体が経営者による不正の意図をもって行われたり，業界慣行として日常的に行われていたケースに対して，従来のリスク・アプローチが十分に機能しなかったことが判明する。すなわち，これらの経営者不正や業界慣行による虚偽表示では，個別の取引に関する証憑が揃っており，財務諸表項目レベルに監査人の判断が集中する傾向が強い従来のリスク・アプローチでは看過してしまう可能性が高かった。また固有リスクと統制リスクが実際には複合的な状態で存在することもあるため，両者を結合リスクたる「重要な虚偽表示のリスク（RoMM）」として一括評価し，発見リスクの水準を決定することも認めた。この結果，2005年改訂監査基準では，クライアント企業の事業環境や経営者の姿勢などのビジネス・リスクも，重要な虚偽表示リスクの観点から評価することを監査人に要求する「事業上のリスク等を重視したリスク・アプローチ」として，従来のリスク・アプローチを拡張し制度化することになった。

　さらに監査人によるリスク・アプローチの適用において，重要性の判断が金額ないし量的基準に基づいて行われることから，金額面では重要性がないと判断されるような不正リスクを伴う場合，取引が複雑であったり，財務情報の測定に主観的な判断を伴う場合，会計上の見積りを必要とする場合，さらには関連当事者との重要な取引であるような場合には，それらが財務

諸表に重要な虚偽の表示をもたらす可能性があるため，監査人はそれら項目が重要な虚偽の表示をもたらしていないかどうかを確かめるために，職業的懐疑心の発揮と向上による実証手続の実施，また必要に応じて当該取引に関する内部統制の整備状況の調査や運用状況の評価が求められている（2013年不正リスク対応基準）。

（松本祥尚）

監査手続
―実証手続・分析的手続・その他各種手続

1 監査手続の意義・種類

　監査人は，財務諸表項目の立証命題ないし監査要点を立証することのできる十分かつ適切な監査証拠を入手するために，有効な監査手続を選択し適用しなければならない。この場合，監査証拠を入手するために監査人が採るすべての行為が監査手続と称される。監査計画の策定の段階で，監査人は各監査要点を立証するのに最適な監査証拠を予め想定し，当該監査証拠を入手するために最も望ましい監査手続を選択する。入手すべき監査証拠は，立証すべき監査要点に適しているかどうかという適合性と信頼できるかどうかという信頼性（証明力ともいう）からなる証拠の質（証拠力ともいう）の条件と，必要なサンプル量の検証という量の条件から決定される。この質の面を証拠の適切性，量の面を十分性と称し，特定の監査要点を立証できる証拠を十分かつ適切な監査証拠と称する。

　監査要点とは，特定の財務諸表項目に含まれる経営者のアサーションから，監査人が証明すべき立証命題として選択したものを指す。監査基準では，ほぼすべての財務諸表項目に当てはまる一般監査要点として，物財が本当に存在するのかという実在性，すべてのものが記録・表示されているかという網羅性，計上された物財が企業に所属するか否かという権利と義務の帰属，期末評価の金額が適切か否かに関する評価の妥当性，正しい会計期間に計上されているかという期間配分の適切性，開示が適切かどうかという表示の妥当性といったものが挙げられている。

　特定の財務諸表項目の監査要点を直接的に立証するための監査手続を実証手続と称し，個々の監査要点における重要な虚偽の表示を看過しないように実施する手続である。この実証手続には，取引種類，勘定残高，開示等に対して適用される詳細テストと，計上されている数値について監査人が独自に算定した推定値と比較するような分析的手続が含まれる。

　代表的な詳細テストとしては，取引先に対して質問状を発送して回答を得る確認，物財の存在を監査人自ら調査する実査や，クライアント企業の商品棚卸に監査人が出向いて観察する立会，さらには取引が実際に存在しそれが適切に記帳されたか否かを検証する証憑突合といった手続も存在する。これらの手続は，個々の監査要点を直接立証するのに適した手続であり，当該項目の実態が適切に財務諸表の数値に変換されたかどうかを検証する，いわゆる事実と記録の照合手続である。

　確認は，財務諸表に関連した特定の取引や事実の存在，その内容や金額について，クライアント企業の取引先その他の第三者に対して文書により直接照会し，相手先から文書によって回答を入手する監査手続をいう。確認によって得られる証拠は，クライアント企業の影響力の及びにくい外部証拠として文書で入手されるため，その証明力（信頼性）は非常に強いものとされる。また確認に適している監査対象は，現金，売掛金，貸付金等の資産項目であり，その実在性を立証するために適用されることが多い。

　また立会は，主に商品等の棚卸資産の実地棚卸や車両運搬具等の有形固定資産の現物調査の現場に，監査人自らが出向いてその実施状況を観察し，これら資産の数量（実在性）を検証するとともに，予め定められた棚卸計画通りに実地棚卸が行われていることを点検する。また必要に応じて抜取検査を実施することも含まれる。この手続は，資産の実在性と棚卸に関する内部統制の有効性を検討する二重目的テストと解される。

　さらに分析的手続は，財務データ相互間また

は財務データ以外のデータと財務データとの間に存在する関係を利用して推定値を算出し，推定値と財務情報を比較することによって財務情報を検討する監査手続であるが，具体的には，数期間にわたる金額の趨勢の分析（趨勢分析）や，財務諸表項目間での比率の比較（比率分析），さらには合理性テストや回帰分析も含まれる。

これらの実証手続は，財務諸表項目の数値を直接立証する手続であり事実と記録を照合するものであるが，これとは別に最終的な財務諸表上の項目や金額が算定されるプロセスの有効性を検証する手続として記録と記録を照合する内部統制の運用評価手続がある。

このように監査計画で選択され，現場で適用された監査手続には，運用評価手続と実証手続が存在することが判るが，これらをリスク対応手続と称し，当該手続を選択する監査計画の段階で，監査人が実施する手続としてリスク評価手続がある。この重要な虚偽表示のリスクを識別・評価する手続は，監査対象としての財務諸表項目の属性や当該項目に関する内部統制の整備状況を考慮することで遂行される。具体的なリスク評価手続としては，経営者やその他企業構成員に対する質問，分析的手続，観察，ならびに記録や文書等の閲覧によって実施される。

2 監査手続の発展と歴史的背景

監査手続の強化は，経営者による粉飾決算を見抜けなかった監査の失敗の反省に基づいて行われてきた。以下では，代表的な実証手続である確認，立会，分析的手続について必須の監査手続として強制に至る経緯を検討してみたい。

監査手続は，もともとは個々の監査人の自由な職業専門的判断に基づき，特定の監査対象に対して好適なものが選択されていた。しかしアメリカで1938年に発覚したMcKesson & Robbins社による粉飾決算において，架空売上による売上債権の架空計上や在庫の過大計上を監査人が発見できなかった。このような棚卸資産や売掛金等の架空計上を見抜けなかった理由とし

て，社長と側近による共謀によってすべての偽計取引に送り状，通知書，契約書等の証憑書類が備え置かれていたことがあり，それが故に監査人が行った証憑突合では発見できなかったとされる。この監査の失敗に起因し，アメリカ会計士協会（AIA）は「監査手続の拡張」を1939年に公表し，記録と記録の照合による証憑突合のみでは不十分とし，事実と記録の照合を求める売上債権の確認と棚卸の立会を一般に認められた監査手続として規定するに至った。

一方，わが国では，確認については，1965年までは「特に必要ある場合」に限って，取引先に対する確認や実地棚卸の立会を求めるとされていた。しかし1965年に山陽特殊製鋼が会社更生法の適用申請をして，資産の過大評価や子会社に対する架空の売上計上，さらには売上原価の圧縮といった粉飾決算が発覚した。これを機に，監査実施準則に「原則として，債務者に対して確認を行なう」「棚卸資産については実地棚卸の立会を行ない」と規定し，実施可能にして合理的で有る限り，売掛金に対する確認と実地棚卸に対する立会が強制されることとなった。

さらに分析的手続は，リスク・アプローチのもとで監査計画における役割が重視されている。すなわち，虚偽表示のリスクを識別・評価するリスク評価手続に基づき，虚偽表示のリスクの高低に応じて監査資源の配分を決定する。このリスク評価手続では，異常値や異常取引の捕捉が求められることから，趨勢分析や比率分析，合理性テスト，回帰分析といった分析的手続の実施が不可欠となった。一方，リスク対応手続として財務諸表項目の重要な虚偽の表示を発見するためや，監査の最終段階で企業に関する監査人の理解と財務諸表が整合しているか否かに関する全般的な結論を形成するために，実証手続として分析的手続が実施される。このようにリスク評価手続としての分析的手続と監査の最終段階における分析的手続は必ず実施することが求められる。

（松本祥尚）

63

継続企業の前提に関する監査

1 継続企業の前提に関する監査の問題

継続企業（Going Concern：GC）の前提とは，いわゆる会計公準の１つであり，企業は特段の事情がない限り継続するという前提に立つ，というものである。このことは，企業が継続し続けるのであれば，企業活動の終了を待って全財産を清算するのではなく，人為的に区切った会計期間ごとの損益計算が許容されることとなる。それゆえGCの公準は，期間損益計算の公準ともよばれている。

たしかに，期間損益計算はGCを前提に行われている。減価償却や退職給付計算も，あるいは見越・繰延項目も，すべて次期以降にわたって企業が存続していることを前提として，複数の会計期間にわたる原価配分等の会計処理が行われているといえよう。

仮に，企業が次年度に存続していないとすれば，それらの会計処理は不適切であり，財務諸表全体も不適正といわざるを得ない。ここに，GCが監査上の重要な課題となる理由がある。監査手続を実施して財務諸表が会計基準に準拠して適正であると判断したとしても，当該企業がGCでないとすれば，財務諸表の作成・表示の前提が崩れてしまうからである。

GCに関する監査の問題が顕在化したのは，1970年代のアメリカにおいてであった。当時，不景気に伴って企業の経営破たんが多発する中，破たん企業の株主達は，監査人は経営破たんを知りうる立場にあったのであるから，予め監査報告書において情報提供すべきだったとして，監査人を訴えたのである。

監査人側は，そうした情報提供は監査の役割ではないとして争ったものの，監査報告書が作成された時点ですでに経営破たんが明らかであったケースについては，監査人の責任を認め

る判決も散見された。そこで監査人達は，訴訟リスクを回避すべく，監査基準にGC手続の規定がない中，自主的に監査報告書においてGCに係る記載を行うようになったのである。

当時，監査基準の設定主体であったアメリカ公認会計士協会は，GC監査には消極的であり，そうした記載を禁止する監査基準案を公表した。しかしながら，訴訟リスクに晒される監査人達の反対に押されて，1988年，監査報告書において，監査意見とは区分した「説明文節」においてGCに関する記載を行う監査基準書を公表するに至った。こうして世界で初めて，GC監査手続が制度化されることとなったのである。

2 わが国における導入

わが国のGC監査も，監査実務が先行する形での導入であった。すなわち，1990年代のバブル崩壊後の不況の中で，なみはや銀行の1999年３月期の監査報告書において，わが国で初めてGCへの言及が記載されたことを端緒として（なみはや銀行は，その後８月７日に経営破たん），その後，赤井電機の2000年３月期の監査報告書等においても，同様にGCへの言及が行われたのである。

こうした記載は，当時，わが国の監査基準においてGCに関する監査手続が規定されていなかったため，アメリカ等の動向を踏まえて，監査人の自発的な判断によって行われた。当時の監査報告で認められていた「特記事項」という記載区分を利用したのである。特記事項とは，監査人が「重要な偶発事象，後発事象等で企業の状況に関する利害関係者の判断を誤らせないようにするため特に必要と認められる事項」（監査報告準則五）と規定され，その内容の判断は監査人に任されていたからである。

こうした実務先行の状況に対応する形で，

2002年の改訂監査基準において，GC監査手続が導入されることとなった。それによれば，監査人は，「継続企業の前提に重要な疑義を抱かせる事象又は状況」を識別した場合，当該事象または状況に対する経営者の評価および当該疑義を解消させる経営計画等の合理性を検討した上で，経営者に対して，財務諸表に「継続企業の前提に関する注記」を実施させ，同時に，監査人も，監査報告書において，当該注記を強調すべく，追記情報として，「継続企業の前提に関する追記」を行うことが求められる。

こうしたわが国のGC監査手続は，第1に，監査人が「継続企業の前提に重要な疑義を抱かせる事象又は状況」を識別することによって開始され，監査人の判断によって，GCに関して財務諸表における注記と監査報告書における追記が行われるという点に特徴がある。これは，2002年監査基準が参考にしたアメリカの監査手続と同様である。それに対して，国際監査基準は，国際会計基準において，経営者に対して自社がGCであるか否かの判断を求めていることから，それを受けて監査手続を実施するという点で相違がある。

また第2の特徴としては，わが国では，2008年度から導入された四半期レビューにおいても，GCに係る手続が求められているという点が挙げられる。レビュー手続は，質問と分析的手続からなるものであり，実証手続を含まないため，本来GCの検討は行われないはずであるが，わが国では，GCに関してはその重要性に鑑みて，年度監査の一環として，四半期レビューのタイミングも一定の検討を行うという，グローバルに見ても特徴的な枠組みを設けているのである。

3 金融危機時の改訂

その後，GCに関する監査については，2008年の金融危機に対応する形で，2009年4月に監査基準が改訂されている。

この改訂は，前年に本格化した世界金融危機の影響を受けて企業の業績が急激に悪化し，

2008年12月期の四半期レビュー報告書において，GCの注記／追記が，例年の数倍に及ぶ事態となったこと，ならびに，NY証券取引所に上場していたわが国の大規模企業が，アメリカではGCに関する記載が行われなかったにもかかわらず，わが国監査基準の規定による限り，GC注記／追記が記載される可能性が高まったことが背景にある。まさに緊急対応としての監査基準改訂であった。

それまでのGC監査手続では，「継続企業の前提に重要な疑義を抱かせる事象又は状況」を識別した場合に，ほぼ機械的に，監査報告書にGC追記が記載されていた他，経営者が翌年度末までの経営計画を示さなければ，意見不表明にするといった監査実務が行われていた。

そこで，「継続企業の前提に重要な疑義を抱かせる事象又は状況」を識別した場合であっても，監査人は，経営者の示す対応策等を検討し，それでもなお，当該企業が翌年度末までの間，継続企業として存続することに「重要な不確実性」がある場合に限って，財務諸表にGC注記を求め，監査報告書上で追記を行うこととした。また，経営計画等に関しても，翌年度末までの計画が示されなかったからといって，直ちに意見不表明としてはならないことが明記された。

こうして2002年に導入されたGC監査手続は，「重要な不確実性」という概念の導入によって，GC注記および追記が厳選され，その件数も絞り込まれることとなったといえるのである。

●参考文献────

東誠一郎編著［2007］『将来予測情報の監査──ゴーイング・コンサーン情報等の分析』（日本監査研究学会リサーチ・シリーズV），同文舘出版。

八田進二編著［2001］『ゴーイング・コンサーン情報の開示と監査』（日本監査研究学会研究叢書），中央経済社。

林隆敏［2005］『継続企業監査論──ゴーイング・コンサーン問題の研究』中央経済社。

（町田祥弘）

64

継続企業の前提に関わる監査──津島毛糸紡績株式会社の1961年12月期の監査報告書に注目して

1 「継続企業の前提が疑わしい」状況において監査人が表明する「限定付適正意見」

　企業が作成する財務諸表は，その企業が将来にわたって事業活動を継続するとの前提（継続企業の前提）のもとで作成されるが，(1)：その企業にとって，資金調達が困難である場合，あるいは，その企業が債務超過である場合のような，「継続企業の前提が疑わしい」状況において，(2)：その企業が作成した財務諸表を監査する監査人が，その財務諸表に，「一般に公正妥当と認められる企業会計の基準に準拠していない」という意味の重要な虚偽表示がある，と判断して表明する意見のうち，「限定付適正意見」について，日本公認会計士協会［2011］のA23項では，次の監査報告書の記載例が示されている（**図表1**）。この図表1は，「財務諸表における注記が適切でない場合」（日本公認会計士協会［2011］，19項）の監査報告書の記載例であるため，この図表1の「限定付適正意見の根拠」に見られる，「財務諸表には，当該事実が十分に開示されていない」という記述は，財務諸表の「注記」に，「当該事実が十分に開示されていない」ことを意味していることがわかる。

図表1 ■日本公認会計士協会［2011］，A23項で示されている記載例

> 「限定付適正意見の根拠
> 　会社の借入金の返済期限は平成X1年7月X日に到来し，一括返済することになっている。会社は，当該借入契約について借換交渉が難航しており，また代替的な資金調達の目途がたっていない。したがって，継続企業の前提に重要な疑義を生じさせるような状況が存在しており，重要な不確実性が認められるが，財務諸表には，当該事実が十分に開示されていない。」（傍線筆者）

　ここで，次の問題が生じる。それは，①：図表1で想定されているような，「継続企業の前提が疑わしい」状況（図表1に見られる記述を用いれば，「継続企業の前提に重要な疑義を生じさせるような状況」）において，監査人は，「継続企業を前提として財務諸表を作成することが適切である」と判断しているが，②：図表1で想定されている状況とは異なり，監査人が，財務諸表の注記ではなく，財務諸表の本体に重要な虚偽表示がある，と判断した上で，「限定付適正意見」を表明する場合に，その「限定付適正意見」の根拠は，どのような形で監査制度上の監査報告書の記載例に示されるのか，という問題（※）である。

2 津島毛糸紡績株式会社の1961年12月期の監査報告書

　この問題を考察するに当たって，以下の津島毛糸紡績株式会社（以下，「津島毛糸紡績」とする）の『有価証券報告書』に所収されている，同社の1961年12月期の監査報告書を見てみよう（**図表2**）。この図表2の「下記…(2)に掲げる事項を除き」という記述を踏まえると，津島毛糸

紡績の監査人は,「(2)に掲げる事項」が,「一般に公正妥当と認められる企業会計の基準に準拠」していないと判断している,と推察される。そして,図表2の内容より,「(2)に掲げる事項」は,「上記借入金」,すなわち,「期末残高438,000千円」の借入金に対して,津島毛糸紡績が,「当期負担すべき利息の計上を行つておらない」ことを指している,と推察される。

図表2 ■津島毛糸紡績の1961年12月期の監査報告書

> 「1　私は,証券取引法第193条の2に基づく監査証明を行うため,この有価証券報告書に記載されている津島毛糸紡績株式会社の昭和36年7月1日から昭和36年12月31日までの第28期事業年度の財務諸表,すなわち,貸借対照表,損益計算書,欠損金計算書,欠損金処理計算書及び付属明細表について監査を行つた。
>
> 　この監査に当つて,私は,一般に公正妥当と認められる監査基準に準拠し,正規の監査手続及び私が必要と認めた監査手続を実施した。
>
> 2　監査の結果,下記…(2)に掲げる事項を除き会社の採用する重要な会計処理の原則及び手続は,一般に公正妥当と認められる企業会計の基準に準拠…また,財務諸表の表示方法は法令の定めるところに準拠しているものと認められた。
>
> 　よつて,下記事項はあるがこれを概観するに,私は上記の財務諸表は,津島毛糸紡績株式会社の昭和36年12月31日現在の財政状態及び同日をもつて終了する事業年度の経営成績をおおむね適正に表示しているものと認める。
>
> 　　　　　　…
>
> (2)　伊勢湾台風による痛手を回復し,会社の財政状態を健全にし,収益力を増進することに協力するため東海銀行外2行より借入金のうち,期末残高438,000千円に対し元本の返済,利息の支払時期を昭和40年12月31日まで猶予し,借入金の利率は一応定めてあるが実行利率は猶予期間満了後会社の経営成績等を考慮し,双方

> 協議の上改めて決定することに承諾を得たため,会社は上記借入金に対し当期負担すべき利息の計上を行つておらない。
>
> 　所謂棚上げ債務の利率が未確定で計上額の算出困難であり,支払期が5カ年以降である等の理由で会社が未払利息の計上をしなかつた事については一応理解し得る点もあるけれども猶予期間満了後において,果して無利息の取扱を債権者が承諾するか否か,確たる保証はなく,また仮に約定利率で支払うことになるとすれば当期の支払利息は約17,300千円ほど増加する結果になる事実を考慮し,適正な期間損益を表示する必要からも毎期相当額の支払利息を引当て計上すべきであるが適正額については監査人の判定の限りでない。なお同様理由で会社は前年度も約17,000千円の本件に対する利息を計上しておらない。」(傍線筆者)

一方,〈1〉:図表2に見られるような,「元本の返済,利息の支払時期」の「昭和40年12月31日」までの「猶予」との関係で問題になる,「「期末残高438,000千円」の借入金の「元本」の返済及び「利息」の支払い」から示唆を得て,一般には,「「借入金」の「元本」の返済及び「利息」の支払いができない可能性がある」状況を想定することができるが,そのような状況は,日本公認会計士協会[2009]の「4.継続企業の前提に重要な疑義を生じさせるような事象又は状況」で想定されているような,「継続企業の前提が疑わしい」状況を生み出す原因となる状況になりうる。また,〈2〉:図表2に見られるような,「「期末残高438,000千円」の借入金について,「元本の返済,利息の支払時期を昭和40年12月31日まで猶予」し,借入金の「実行利率は猶予期間満了後会社の経営成績等を考慮し,双方協議の上改めて決定すること」に「承諾」を得たこと」は,「継続企業の前提が疑わしい」状況を生み出す原因となる状況になりうる,上の〈1〉で示した「「借入金」の

「元本」の返済及び「利息」の支払いができない可能性がある」状況を，「解消し，又は改善する」ための，経営者による「対応策」（日本公認会計士協会［2009］の「5．対応策の検討」を参照），と一般に理解することができる。そして，〈3〉：図表2の「…猶予し，…承諾を得たため」（傍線筆者）という記述に見られる，「ため」という理由を表す記述を踏まえると，図表2においては，**図表3**に示したような，経営者による「対応策」があることによって，津島毛糸紡績の監査人は，「期末残高438,000千円」の借入金に対して，津島毛糸紡績が「当期負担すべき利息の計上を行つておらない」と判断した，と推察される。

図表3 ■津島毛糸紡績の「対応策」

「期末残高438,000千円」の借入金について，「元本の返済，利息の支払時期を昭和40年12月31日まで猶予」し，借入金の「実行利率は猶予期間満了後会社の経営成績等を考慮し，双方協議の上改めて決定すること」に「承諾」を得たこと

3 監査報告書の分析から得られる示唆 ―過去に公表された監査報告書を知ることの意義

他方，図表2には，監査人による次の記載がある。それは，①：「猶予期間満了後」に，「無利息の取扱を債権者が承諾するか否か」，監査人には「確たる保証」がない旨の記載，および②：「仮に約定利率で支払うことになるとすれば当期の支払利息は約17,300千円ほど増加する結果になる事実」を考慮し，「適正額については監査人の判定の限りでない」ものの，「適正な期間損益を表示する必要」からも，「毎期相当額の支払利息を引当て計上すべきである」旨の記載である。この①および②で示した記載は，図表2において，「期末残高438,000千円」の借入金に対して，津島毛糸紡績が「当期負担すべき利息の計上を行つておらない」ことが，

「一般に公正妥当と認められる企業会計の基準に準拠」していない，と監査人が判断した根拠を示している，と解釈できる。そうであれば，［1］：監査人は，前節の〈2〉を踏まえて，一般的に想定されるところの，「継続企業の前提が疑わしい」状況を生み出す原因となる状況を解消し，または改善するための，経営者による「対応策」を評価することによって，「継続企業を前提として財務諸表を作成することが適切である」と判断するが，［2］：そのような「対応策」があることによって，その監査人が，財務諸表の本体に，「一般に公正妥当と認められる企業会計の基準」に準拠していない，という意味の重要な虚偽表示がある，と判断した上で，「限定付適正意見」を表明する場合に，上記の①および②で示した記載は，「限定付適正意見」の根拠についての，監査制度上の監査報告書の記載例を作る上で，考慮されうる記載であることがわかる。そうすると，第1節で提示した問題（※）については，「限定付適正意見」の根拠は，上記の①および②で示した記載の形で，監査制度上の監査報告書の記載例に示される余地がある，ということになる。

2002年以降，今日までに改訂された監査基準において，「継続企業の前提」に関する規定が設けられる際に，考慮された状況は，網羅されていない可能性がある。そうであれば，図表1のような，その時点での監査制度の特徴を理解するための素材として，また，将来の監査制度の設計に当たって考慮されうる状況を，一般的な形で取り出すための素材として，2002年の監査基準の改訂前に公表された図表2のような，過去に公表された監査報告書を知ることは，非常に重要である。

●参考文献

日本公認会計士協会［2009］日本公認会計士協会，監査・保証実務委員会報告第74号，「継続企業の前提に関する開示について」，2009年4月21日改正。

日本公認会計士協会［2011］日本公認会計士協会，監査基準委員会報告書570，「継続企業」，2011年12月22日。

監　査　報　告　書

　　　津島毛糸紡績株式会社
　　　　取締役社長　井　上　宗　市　殿

作　成　日　昭和37年3月27日
事務所所在地　名古屋市東区白壁町1丁目11番地
事　務　所　名　公認会計士　丸山慶夫事務所
公認会計士　丸　山　慶　夫　㊞

1　私は，証券取引法第193条の2に基づく監査証明を行うため，この有価証券報告書に記載されている津島毛糸紡績株式会社の昭和36年7月1日から昭和36年12月31日までの第28期事業年度の財務諸表，すなわち，貸借対照表，損益計算書，欠損金計算書，欠損金処理計算書及び付属明細表について監査を行つた。

　　この監査に当つて，私は，一般に公正妥当と認められる監査基準に準拠し，正規の監査手続及び私が必要と認めた監査手続を実施した。

2　監査の結果，下期(1)(2)に掲げる事項を除き会社の採用する重要な会計処理の原則及び手続は，一般に公正妥当と認められる企業会計の基準に準拠しかつ，下記注記事項を除いては前事業年度と同一の基準に従つて継続して適用されており，また，財務諸表の表示方法は法令の定めるところに準拠しているものと認められた。

　　よつて，下記事項はあるがこれを概観するに，私は上記の財務諸表は，津島毛糸紡績株式会社の昭和36年12月31日現在の財政状態及び同日をもつて終了する事業年度の経営成績をおおむね適正に表示しているものと認める。

(1)　減価償却については会社が毎期採用する基準に従い当期は償却範囲相当額を繰入れ，超過額2,363千円は過年度の償却不足額修正として剰余金計算書に掲記しておるが過年度における不足額の累積は尚約45,600千円に及んでおる。従つてこの不足額は欠損金計算書の過年度損益修正として処理すべきであるから財務諸表に計上された当期の繰越欠損金期末残高は約45,600千円過少に表示されておることになる。

(2)　伊勢湾台風による痛手を回復し，会社の財政状態を健全にし，収益力を増進することに協力するため東海銀行外2行より借入金のうち，期末残高438,000千円に対し元本の返済，利息の支払時期を昭和40年12月31日まで猶予し，借入金の利率は一応定めてあるが実行利率は猶予期間満了後会社の経営成績等を考慮し，双方協議の上改めて決定することに承諾を得たため，会社は上記借入金に対し当期負担すべき利息の計上を行つておらない。

　　所謂棚上げ債務の利率が未確定で計上額の算出困難であり，支払期が5カ年以降である等の理由で会社が未払利息の計上をしなかつた事については一応理解し得る点もあるけれども猶予期間満了後において，果して無利息の取扱を債権者が承諾するか否か，確たる保証はなく，また仮に約定利率で支払うことになるとすれば当期の支払利息は約17,300千円ほど増加する結果になる事実を考慮し，適正な期間損益を表示する必要からも毎期相当額の支払利息を引当て計上すべきであるが適正額については監査人の判定の限りでない。なお同様理由で会社は前年度も約17,000千円の本件に対する利息を計上しておらない。

　　注　記
　　　　従来主な棚卸資産の評価基準は総平均法による原価法を採用し一期間の総平均値を求めていたが当期からは月次総平均法に改めた。月次決算を行う当会社がこの方法を採用したことは正当の理由があるものと認める。

3　津島毛糸紡績株式会社と私との間には利害関係はない。
　　　上記の通り報告いたします。

（坂柳　明）

65

不正リスク対応

1 不正の発見に対する監査人の責任

　財務諸表監査において，「不正リスク対応」とは，企業の不正が財務諸表における重要な虚偽表示をもたらしている可能性を，監査リスクの一部として，これを識別し，評価し，これに対応する一連の監査人の対応を意味している。

　不正リスクに対する監査人の手続レベルでの対応が強調された基底的要因として，リスク・アプローチの浸透と職業的懐疑心の発揮への要請がある。1970年代のウォーターゲート事件等，不適切支出に関する企業不正は，監査人の不正発見への社会的意識を高めた。

　1978年に公表されたアメリカ公認会計士協会（AICPA）の監査人の責任に関する委員会（コーエン委員会）の報告書（Commission on Auditors' Responsibilities [1978] *Report, Conclusions, and Responsibilities.* 鳥羽至英訳 [1990]『財務諸表監査の基本的枠組み 見直しと勧告 コーエン委員会報告書』白桃書房）では，「監査は，財務諸表が重要な不正による影響を受けていないこと，ならびに，重要な金額の企業資産に対して経営者の会計責任が適切に遂行されていることについて，合理的な保証を与えるものでなければならない」とし，「財務諸表監査において，独立監査人は，不正の防止を目的とした統制やその他の手段が十分であるかどうかに関心を払うとともに，不正を見つけ出す義務を負い，職業的専門家としての技倆と注意を行使するならば通常発見しうる不正については当然発見する，と期待されている」と主張した。さらに，監査上発揮されるべき懐疑心の程度として，「経営者は不誠実であるとの前提に基づいて監査を行うことは非現実的であったとしても，監査人は経営者の誠実性を前提としてはならない」とした。

　1977年1月に公表されていた監査基準書（SAS）第16号「誤謬および異常事項の発見に対する独立監査人の責任」では，一般に認められた監査基準に基づく監査において，独立監査人は「監査の過程で重要な誤謬や異常事項の存在する可能性のあることが示唆される場合には，監査手続の拡張が必要とされる」とする一方で，必要とされる職業的懐疑心に関しては，「そうでない明らかな証拠がないかぎり，経営者が重要な虚偽表示を行っていない，あるいは，統制手続を無視していないことを監査人が前提とすることは合理的である」としていた。

2 不正な財務報告と監査人の責任

　監査人の不正発見の責任に関しては，1985年から1986年にかけてのディンジェル委員会において再び検討された。そうしたなか，AICPAがアメリカ会計学会等と共同して立ち上げた不正な財務報告に関する全米委員会（トレッドウェイ委員会）の1987年の報告書（National Commission on Fraudulent Financial Reporting [1987] *Report.* 鳥羽至英・八田進二共訳 [1991]『不正な財務報告—結論と勧告—』白桃書房）では，SAS第16号は異常事項を見つけ出す方法について何ら具体的な指針を示していないと指摘し，監査基準において，独立監査人に対し，不正な財務報告リスクを評定するために積極的な手段を講ずること，不正な財務報告の発見について合理的な保証を提供しうる監査計画を編成することを要求すべきであると勧告した。そして，もはや，監査人は，経営者の誠実性を前提としてはならず，職業的懐疑心をもって経営者の誠実性を判断するべきであると強調した。また，監査の指針には不正な財務報告の可能性を増大させる特定の要因を示しておくべきであると提言した。

　折しもAICPAは，1985年からSASの大改訂を進めており，1988年4月には，期待ギャップ

への対応として9つの新たなSASを公表した。その1つがSAS第53号「誤謬と異常事項の発見と報告に対する監査人の責任」である。SAS第53号は、「監査人は、誤謬および異常事項が財務諸表に重要な虚偽表示をもたらすリスクを評価しなければならない。この評価に基づいて、監査人は、財務諸表にとって重要な誤謬および異常事項を発見することを合理的に保証するための監査を計画しなければならない」と規定し、そのために「監査人は相応の職業的懐疑心を発揮しなければならない」とした。そして、その懐疑心に関して、「監査人は、経営者は不誠実であるということも、また疑問の余地のないほど誠実であるということも前提としてはならない」と書き直された。

3 財務諸表監査における不正対応

しかしながら、1990年代には、さらに期待ギャップが拡大していると認識された。AICPAは、1997年2月、SAS第82号「財務諸表監査における不正の検討」を公表し、こうした状況に対応した。SAS第82号は、SAS第53号を改訂し、不正による重要な虚偽表示に対する監査人の対応について取り扱っている。SAS第82号は、不正による重要な虚偽表示のリスクは監査リスクの一部であるとした上で、「監査人は、特別に、財務諸表における不正による重要な虚偽表示のリスクを評価し、実施すべき監査手続を決定するにあたってその評価を検討しなければならない」と規定した。そして、不正による重要な虚偽表示のリスクを評価するにあたって監査人が検討すべき不正リスク要因を、不正な財務報告から生ずる虚偽表示に関連するものと資産の不正流用から生ずる虚偽表示に関連するものとに分類し、例示した。その上で、不正による重要な虚偽表示リスクの評価結果に対する監査人の対応手続について詳細な指針が提示されている。さらにまた、SAS第82号は、監査プロセス全体を通じての職業的懐疑心の堅持を強調して、これを職業的専門家としての正当な注意の基準の中核として位置づけている。

また、2000年8月に公表された、監査の有効性に関する専門委員会の報告書（Panel on Audit Effectiveness [2000] *Report and Recommendations.* 山浦久司監訳 [2001]『公認会計士監査—米国POB「現状分析と公益性向上のための勧告」—』白桃書房）では、財務諸表監査に「不正捜索型実務のフェーズ」を導入することを勧告した。これは不正摘発自体を目的とする監査（fraud audit）への移行を意味するのではなく、「不正捜索型のフェーズでの一般に認められた監査基準に基づく監査の特徴は、監査人の懐疑心の程度における態度の変化を伝えようとするものである」と強調された。

不正が発生する際に、「動機・プレッシャー」、「機会」、「姿勢・正当化」の3つの状況が存在するという不正のトライアングルの考え方は、エンロン事件後の2002年12月に公表されたSAS第99号「財務諸表監査における不正の検討」において、監査基準に反映されることとなった。SAS第99号は、監査の各段階に合わせ、不正による重要な虚偽表示のリスクの識別、評価、そして対応手続を詳細に規定している。さらに、「不正のもつ特質のために、不正による重要な虚偽表示のリスクを検討する際には監査人による職業的懐疑心の発揮がとりわけ重要である」と職業的懐疑心の発揮を強調している。また、付録では、不正リスク要因が、「動機・プレッシャー」、「機会」、「姿勢・正当化」に分類され、例示されている。

不正のトライアングルという考え方を基礎とした不正リスク対応は、その後、アメリカのみならず、多くの国で監査基準に反映された。日本公認会計士協会監査基準委員会報告書240「財務諸表監査における不正」（平成23年）においても反映されていた。そして、平成25年3月、オリンパス社等の一連の不正会計事件を背景に、「監査基準」の一部改正とともに、新たに「不正リスク対応基準」が設定され、監査基準における対応がなされた。

（岡嶋　慶）

監査意見

1 金商法監査における監査意見

　監査人は，経営者が作成した財務諸表が，一般に公正妥当と認められる企業会計の基準に準拠して企業の財政状態，経営成績及びキャッシュ・フローの状況をすべての重要な点において適正に表示しているかどうかについて意見を表明しなければならない（「監査基準」日本公認会計士協会・企業会計基準委員会編集『会計監査六法　平成29年版』2017年）。監査人の意見が表明される監査報告書には，表題，宛先，監査報告書日，監査人の署名，監査の対象，財務諸表に対する経営者の責任，監査人の責任，監査意見，利害関係が記載される。監査報告書は，監査人の監査意見を表明すると同時に，監査人の責任範囲を明確にする機能を有している。

　監査意見は，大きく無限定適正意見，限定付適正意見，不適正意見，意見不表明に分類される。監査人は，経営者の作成した財務諸表が一般に公正妥当と認められる企業会計の基準に準拠して，企業の財政状態，経営成績及びキャッシュ・フローの状況をすべての重要な点において適正に表示していると認められると判断した場合には，無限定適正意見を表明する。財務諸表に重要な虚偽表示が存在する場合に，当該事項が財務諸表を全体として虚偽の表示に当たるとするほどではないケースでは，除外事項を付した限定付適正意見が，財務諸表全体として虚偽の表示に当たるとするほどに重要であるケースでは，不適正意見が表明される。また，監査人が重要な監査手続を実施できなかった場合に，その影響が財務諸表全体に対する意見表明をできないほどではないケースでは，除外事項を付した限定付適正意見が，財務諸表全体に対する意見表明のための基礎を得ることができなかったケースでは，意見不表明が表明される。

　監査意見とは別に次の場合，監査報告書に追加の情報が記載される。1つは財務諸表に表示または開示されている事項について，監査人が当該事項を強調して利用者の注意を喚起する必要があると判断した場合に記載される強調事項である。もう1つは，財務諸表に表示または開示されていない事項について，監査人が監査報告書において説明する必要があると判断した場合に記載されるその他の事項である。

　法定監査においては，監査報告書が示された文例に基づいて作成され，実施した監査の内容やその結果が逐一記載されない。このような監査報告書を短文式報告書という。短文式報告書の採用理由は，一般に公正妥当と認められる監査の基準（GAAS）が社会的に受け入れられており，通常実施される監査手続の内容が監査意見の利用者に理解されていると考えられているためである。それに対して，実施した監査の内容とその結果が逐一記載される監査報告書を長文式報告書という。会計監査に対する社会的な理解が十分になされていない初期段階では，監査人が実施した監査手続の内容と結果を丁寧に説明する必要性が出てくるため，監査報告書の文面は，長文式報告に近くなると考えられる。

2 日本における監査意見の歴史的変遷

　日本の会計専門家に関する最初の法律は，1927年の計理士法であるが，1916年には神戸高商教授であった東奭五郎が会計事務所を設立した。東は一般企業に対する会計監査を「調査」とよび，調査結果を「財産状態並びに収益状況調査報告書」として，長文形式で報告した。会計監査制度の導入初期においては，十分な監査慣行が社会的に形成されていなかったため，長文形式が採用された（北浦［2014］，225-228頁）。

　日本の電力会社は1920年代英米で外貨建社債

を発行したが，その際に英米の会計士による監査が導入された。大同電力は，1926年から1937年までの英文半期報告書に，米国の大手会計事務所であったHaskins & Sellsの監査報告書を添付した。Haskins & Sellsは，要約貸借対照表及び損益計算書の勘定に対して，一般的な監査を実施し，貸借対照表及び損益計算書が基本的に適正に作成されているという監査意見を表明した。1920年代の時点で，アメリカでは一般的な監査という監査慣行が定着しており，監査報告書も短文式報告書に近いものになっていたことが判明する（北浦［2014］，173-174頁）。

1951年より，証券取引法に基づく公認会計士監査が上場企業に対して開始された。1950年に監査基準が制定され，その中に監査報告基準が設けられた。監査報告基準によれば，監査報告書は，監査の概要と企業の会計処理・財務諸表に対する意見によって構成された。監査の概要には，監査範囲の概要，監査の監査基準に対する準拠性，正規の監査手続等の実施の有無が記載された。財務諸表に対する意見の表明に当たっては，会社処理の原則及び手続の企業会計原則への準拠性，会計処理の原則及び手続の継続性，表示に関する意見という個別意見が記載された。また，必要に応じて補足的説明事項と監査人の責任限定が記載された（「監査基準・監査実施準則」『會計』第58巻第3号，1950年）。

1956年に監査基準が改正され，監査報告準則が発表された。監査意見として，個別意見に加えて，監査人は財務諸表が企業の財政状態及び経営成績を適正に表示していると認めるかどうかという総合意見が記載されるようになり，意見差控についても規定が設けられた。ただ，監査制約による除外事項と虚偽表示による除外事項の区別，不適正意見と意見差控の区別が明確ではなかった（「監査基準・監査実施準則，監査報告準則」『會計』第71巻第2号，1957年）。

1966年改正の監査報告準則では，監査制約は監査の概要に，虚偽表示は意見区分に記載されることとなった。また監査意見についても，不適正意見と意見差控が明確に区別された（「企業会計審議会，監査基準，監査報告準則の改訂を答申」『旬刊商事法務研究』第379号，1966年）。1991年改正の監査基準及び監査報告準則では，補足的説明事項が廃止され，特記事項が新設された（「改訂監査基準・実施準則・報告準則および中間財務諸表監査基準」『企業会計』第44巻第2号，1992年）。1998年改正の監査基準及び監査報告準則では，監査の概要における監査の対象の記載箇所にキャッシュ・フロー計算書が，監査意見の区分にキャッシュ・フローの状況が加えられた（「監査基準」）。

2002年の監査基準の全面改訂に伴って，監査報告準則が廃止された。監査報告書も全面的に改訂され，監査意見の形成と表明に当たっての監査人による判断の規準の明示（個別意見の廃止），二重責任の原則・監査が試査を基礎として実施されること・経営者によって行われた見積りの評価も含まれることの明記，除外事項を付した限定付適正意見の明確化，継続企業の前提に関する監査人の意見表明についての判断基準と監査報告書に記載すべき事項の明示，特記事項の廃止と追記情報の新設といった変更が加えられた。2010年の監査基準改訂において，追記情報に関して，強調事項とその他の説明事項が明確に区分され，2014年の監査基準改訂では，特別目的の財務諸表に対する監査の場合の追加情報が新設された（「監査基準」）。

（付記）本稿は2017年5月に脱稿されており，脱稿時以降の制度改正は言及されていない。

●参考文献

伊豫田隆俊［2016］「近年における監査基準の改訂と展開—監査報告書改革を視野に入れながら」『甲南会計研究』第10巻。

北浦貴士［2014］『企業統治と会計行動—電力会社における利害調整メカニズムの歴史的展開』東京大学出版会。

八田進二［2004］「『監査基準』の改訂と今後の監査上の課題」『青山経営論集』第38巻第4号。

（北浦貴士）

内部統制監査

1 概要

内部統制監査は，経営者が作成した内部統制報告書の妥当性を確かめるために，当該会社等から独立した立場にある監査人が，証拠に基づき検討し，その結果を経営者等に伝える行為である。

金融商品取引法では，同法で規定する上場会社等に対し，2008年4月以降に開始される事業年度について，財務報告に係る内部統制の有効性を評価し，その結果を内部統制報告書として報告することを定めている。内部統制報告書は，外部の監査人の監査証明を受ける必要がある。内部統制の経営者による評価とそれに対する監査人による監査は，いずれも金融庁企業会計審議会が公表した「財務報告に係る内部統制の評価及び監査の基準」に準拠し，事業年度毎に行われる。経営者による内部統制の評価等の妥当性に関する監査人の意見は，原則として財務諸表監査における監査報告書に合わせて記載され，金融庁へ提出されるとともに公表される。そのため，内部統制監査は，財務諸表監査と一体として実施され，原則として同一の監査人によってなされる。

2 内部統制の内容

わが国における内部統制の目的は，
(1) 業務の有効性及び効率性の向上
(2) 財務報告の信頼性の確保
(3) 事業活動に関わる法令等の遵守
(4) 資産の保全
の4点である。このうち，内部統制監査の対象となる範囲は，(2)財務報告の信頼性の確保を目的とした内部統制である。

内部統制の構成要素としては，
① 統制環境
② リスクの評価と対応

③ 統制活動
④ 情報と伝達
⑤ モニタリング（監視活動）
⑥ IT（情報技術）への対応
の6つの基本的要素があるとされるが，会社等の状況により一律ではない。その理由は，内部統制の内容は，内部統制の基本的枠組み（統合的フレームワーク）を利用し，個別におかれた環境や事業の特性等を基に決定されるものであるためである。内部統制の基本的枠組みは，1992年に米国の内部統制に関連する民間団体であるCOSOが公表した統合的フレームワークを基礎としている。経営者をはじめとする組織内のすべての者が，内部統制の機能と役割を効果的に達成し得るよう工夫していくべきものとされている。なお，内部統制監査の対象となる内部統制は，**図表1**の(2)である。

図表1 ■ わが国の内部統制の基本的枠組み

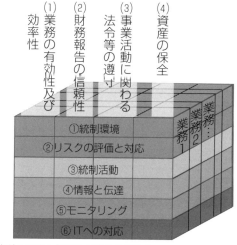

出所：COSO［2013］を基に筆者作成。

3 内部統制監査の目的

内部統制監査の目的は，経営者の作成した内部統制報告書がすべての重要な点について適正な表示をしているかについて，監査人が独立の

立場から意見を表明することにある。わが国の内部統制監査では，監査人は経営者による内部統制の評価を前提に，「財務報告に係る内部統制の評価及び監査の基準」に準拠し内部統制監査を行い，その結果を監査意見として取りまとめる。監査人は，財務諸表監査における監査意見と同様に「無限定適正意見」「不適正意見」「限定付適正意見」「意見不表明」のいずれかを表明し，経済的意思決定の基礎として有価証券報告書とともに利害関係者へ提供する。

4 財務諸表監査との関わり

　財務諸表監査が経営者の作成した財務諸表に対する監査であるのに対し，内部統制監査は経営者の作成した内部統制報告書に対する監査であるという違いがある。財務諸表監査の一部には，当該会社の内部統制の有効性を評価するプロセスが含まれるため，両者は互いに関連している。これは，企業規模が拡大し，財務諸表監査が監査対象の仕訳等の会計情報を全件調べることが時間的にもコスト的にも困難となり，各企業内の内部統制が有効であることを前提に，会計情報を抜取検査するようになったためである。このため，監査人が内部統制監査の過程で得た監査証拠は，財務諸表監査における内部統制の評価に係る監査証拠として利用され，また逆に，財務諸表監査の過程で得られた監査証拠も内部統制監査の証拠として利用されることがある（図表2）。

5 内部統制と内部統制監査の法制化

　内部統制の構築義務が会社に法令で課されるようになったのは，1977年の米国の海外不正支払防止法が始まりといわれており，この法令では事業獲得等の目的で海外の政府高官へ資金を渡すことが禁じられた。その後2000年代に入り大型の粉飾事件が起きたことを受け，米国では2002年に企業会計改革法（通称：SOX法）が施行され，上場企業等に対して経営者による内部統制報告書提出の義務と，独立した監査人による監査証明の義務が定められた。

図表2■財務諸表監査と内部統制監査

項目	内部統制監査	財務諸表監査
監査対象	内部統制報告書	財務諸表
監査人	会社等から独立した公認会計士（原則として同一の監査人）	
経営者の責任	内部統制の構築・運用・評価・内部統制報告書の作成	財務諸表の作成
監査人の責任	内部統制監査の結果の意見表明	財務諸表監査の結果の意見表明
監査意見	原則として，財務諸表監査における監査報告書に，財務諸表監査の意見と内部統制監査の意見が合わせて記載される。	
評価基準	一般に公正妥当と認められた内部統制の評価の基準	一般に公正妥当と認められた企業会計の基準
監査基準	一般に公正妥当と認められた内部統制の監査の基準	一般に公正妥当と認められた監査の基準
その他	内部統制監査の対象となるのは，財務報告の信頼性目的の内部統制のみで，すべての内部統制が対象となるわけではない。	内部統制監査とは別に，財務諸表監査の目的で，監査人独自に会社等の内部統制を評価する部分もある。

出所：筆者作成。

　わが国でも，米国のSOX法を参考に2006年の金融商品取引法の制定により（通称J-SOX法），上場企業等に対して経営者による内部統制報告書提出の義務と，独立した監査人による監査証明の義務が定められた。

●参考文献
千代田邦夫［2011］「第1章　財務諸表監査の目的」千代田邦夫・鳥羽至英　責任編集『体系現代会計学第7巻　会計監査と企業統治』中央経済社。
Committee of Sponsoring Organizations of the Treadway Commission [2013] *Internal Control-Integrated Framework: Internal Control Over External Financial Reporting: a Compendium of Approaches and Examples*, Committee of Sponsoring Organizations of the Treadway Commission.

（三原武俊）

《編者紹介》

野口　昌良（のぐち　まさよし）
東京都立大学大学院経営学研究科教授　PhD（Wales）University of Wales Cardiff
〈主要業績〉Noguchi, M., Nakamura, T., and Shimizu, Y. Accounting control and interor-ganisational relations with the military under the wartime regime: The case of Mitsubi-shi Heavy Industry's Nagoya Engine Factory, *The British Accounting Review*, Vol. 47, No.2, 2015, pp. 204-223.

清水　泰洋（しみず　やすひろ）
神戸大学大学院経営学研究科教授　博士（経営学）神戸大学
〈主要業績〉『アメリカの暖簾会計－理論・制度・実務』中央経済社，2003年

中村　恒彦（なかむら　つねひこ）
桃山学院大学大学院経営学研究科教授　博士（経営学）神戸大学
〈主要業績〉『会計学のイデオロギー分析』森山書店，2016年

本間　正人（ほんま　まさと）
秀明大学総合経営学部准教授　博士（経済学）埼玉大学
〈主要業績〉「軍需品の原価計算－陸・海軍の運用の違いと戦後への継承」『会計プログレス』第17号，2016年

北浦　貴士（きたうら　たかし）
明治学院大学経済学部教授　博士（経済学）東京大学
〈主要業績〉『企業統治と会計行動－電力会社における利害調整メカニズムの歴史的展開』東京大学出版会，2014年

会計のヒストリー80

2020年4月10日　第1版第1刷発行
2024年1月25日　第1版第4刷発行

編　者　野口昌良
　　　　清水泰洋
　　　　中村恒彦
　　　　本間正人
　　　　北浦貴士

発行者　山本　継
発行所　㈱中央経済社
発売元　㈱中央経済グループパブリッシング

〒101-0051　東京都千代田区神田神保町1-35
電　話　03（3293）3371（編集代表）
　　　　03（3293）3381（営業代表）
https://www.chuokeizai.co.jp
印刷／㈱堀内印刷所
製本／誠製本㈱

© 2020
Printed in Japan

会計と会計学の到達点を理論的に総括し、
現時点での成果を将来に引き継ぐ

体系現代会計学 全12巻

■総編集者■

斎藤静樹(主幹)・安藤英義・伊藤邦雄・大塚宗春

北村敬子・谷　武幸・平松一夫

■各巻書名および責任編集者■

第1巻　企業会計の基礎概念────────────斎藤静樹・徳賀芳弘

第2巻　企業会計の計算構造　─────────北村敬子・新田忠誓・柴　健次

第3巻　会計情報の有用性　───────────伊藤邦雄・桜井久勝

第4巻　会計基準のコンバージェンス───────平松一夫・辻山栄子

第5巻　企業会計と法制度───────────安藤英義・古賀智敏・田中建二

第6巻　財務報告のフロンティア─────────広瀬義州・藤井秀樹

第7巻　会計監査と企業統治──────────千代田邦夫・鳥羽至英

第8巻　会計と会計学の歴史─────────千葉準一・中野常男

第9巻　政府と非営利組織の会計──────────大塚宗春・黒川行治

第10巻　業績管理会計──────────谷　武幸・小林啓孝・小倉　昇

第11巻　戦略管理会計──────────────淺田孝幸・伊藤嘉博

第12巻　日本企業の管理会計システム───廣本敏郎・加登　豊・岡野　浩

中央経済社